全球电子竞技
发展报告
(2022~2023)

REPORT ON DEVELOPMENT OF GLOBAL ESPORTS

(2022-2023)

主　编 / 骆红秉

执行主编 / 张　弘　何文义

副主编 / 晋延林　张姣怡　刘子溪

社会科学文献出版社
SOCIAL SCIENCES ACADEMIC PRESS (CHINA)

《全球电子竞技发展报告（2022～2023）》
编委会名单

编 委 会

主　　任：薛继军　廖祥忠

专家委员：薛其坤　夏学平　张玉萍　张国有　李文新
　　　　　李岭涛　何文义　范　扬　曹　勇　王　雷

委　　员：马　政　任学安　张　弘　蔡志军

主　　编：骆红秉

执行主编：张　弘　何文义

副 主 编：晋延林　张姣怡　刘子溪

编 写 组：蒋生元　罗　刚　谢　俊　田　洪　齐　勇
　　　　　方　凌　肖建兵　黄　琦　邓丽丽　李玉洁
　　　　　刘新华　李　同　张晓峰　邹晓彤　冯　宇
　　　　　刘晓华　黄婧玫　杨天琪　贾文秀　魏钰尧
　　　　　李　林　李一楠　许焰妮　邹晓婷　赵晓萌
　　　　　张　婧　钟杏梅　潘宇峰　曾雅岚　王昊玥
　　　　　王复兴　许　旻　封　英　潘若恬　方　喆
　　　　　黄嚚青　郭　彬　海振文　何　栩　季　梵
　　　　　吴蕙好　石丽菁　杨大雨　刘奕飞　柳春霖

前　言

　　当前，电子竞技产业的蓬勃发展，不仅唱响了数字经济全球化的时代新声，还满怀着对新一轮技术革命下经济增长的无限期待，更在连接青年一代、引导与培育青少年价值观、推广体育精神等方面发挥着重要作用。随着"电竞入奥"的持续推进与"电竞入亚"的顺利实现，全球电子竞技产业面临着秩序调整与结构重构，因此有必要在对全球电子竞技发展历史梳理的基础上进行深入的系统剖析，准确把握全球电子竞技发展的态势及特点，继而为更好地探寻中国在全球电子竞技产业中的定位及可行的发展举措提供有益启示。

　　中央广播电视总台国家电子竞技发展研究院履行新时代中国特色电竞新型智库职责，以推动电子竞技正向传播和国际传播为出发点，立足于全球电子竞技发展现状与趋势，对电子竞技进行了重新定义，并在此基础上形成该报告。本报告共分为全球电子竞技发展总览、全球电子竞技产业生态发展、全球电子竞技赛事发展与趋势、"电竞入亚"的传播效果及对电竞产业的推动、全球视角下的中国电子竞技国际化发展五大章节。

　　本报告成稿之际，恰逢杭州第19届亚运会的举办。本届亚运会首次把电子竞技列为亚运会正式竞赛项目，中央广播电视总台作为亚运会主转播机构，首次以全媒体立体呈现亚运会中的精彩电竞赛事，并对部分重点电竞赛事进行了转播，赛事转播在全媒体共触达3.31亿受众。由中央广播电视总台国家电子竞技发展研究院联合国内电竞专业团队共同编制的《亚运电竞赛事制作规范》为杭州亚运会电竞赛事制作提供了全面的技术保障。杭州亚运会电竞赛事的转播在有效提升受众对电竞项目认知度的同时，也加大了受众对相关项目的消费投入，提高了对电竞周边产品的消费意愿。本报告围绕亚运会期间电竞赛事传播效果以及"电竞入亚"对电竞产业发展的影响开展专题研究，从传播、受众、产业等维度综合分析了杭州亚运会对电竞产业的影响，探讨了"电竞入奥"的可能性。

目 录
CONTENTS

第一章　全球电子竞技发展总览

【摘　要】电子竞技是基于计算机信息科技发展而诞生的新兴体育运动，是国家体育总局确定的第78号正式体育竞赛项目。电子竞技具有体育、文化、科技等多种属性，是体育、文化和科技深度融合而成的新兴业态，兼有娱乐、竞技等功能。不仅在弘扬社会主义核心价值观，满足人民群众多样化、多层次、多方面的精神文化需求，推动中华优秀文化国际化发展等方面具有重要意义，而且具有巨大的产业规模和商业价值。电竞产业作为数字经济、数字文化产业的重要组成部分，是新时代产业发展的新方向、新趋势。本章通过分析国内外对于电竞概念的主流界定，重新建构了电竞定义，并辨析其基本属性，深入研究全球电子竞技发展历程、政策脉络、市场规模、产业生态、关键事件、发展趋势以及现存问题；同时从数字经济发展、文化国际化发展、新技术运用等方面分析了全球电竞发展中的中国力量，并总结归纳了中国电子竞技产业发展展现的正向价值。

【关键词】电子竞技定义；电子竞技属性；全球电竞发展

党的二十大对推进文化自信自强、铸就社会主义文化新辉煌作出了重要部署，提出"实施国家文化数字化战略""加快构建中国话语和中国叙事体系""加强国际传播能力建设，全面提升国际传播效能，形成同我国综合国力和国际地位相匹配的国际话语权"。2022年1月16日，《求是》杂志发表了习近平总书记重要文章《不断做强做优做大我国数字经济》。文章指出："数字经济发展速度之快、辐射范围之广、影响程度之深前所未有，正在成为重组全球要素资源、重塑全球经济结构、改变全球竞争格局的关键力量。"电子竞技正是科技驱动下的数字经济与数字文化融合发展的新内容。

随着国际奥林匹克委员会（International Olympic Committee，IOC）发布《奥林匹克2020+5议程》（Olympic Agenda 2020+5），以及七个电竞项目正式成为杭州亚运会比赛项目（以下简称电竞入亚）等重要事件的推动，电子竞技以其独特的魅力在世界范围内掀起蓬勃发展热潮。2020年10月31日，在上海举办的英雄联盟S10总决赛堪称国际电竞赛事的经典，赛事国际传播影响力巨大，哔哩哔哩（bilibili）直播间人气峰值一度突破3亿。可以预见，随着更多的科研突破和技术升级，体育和科技会加速融合，未来将出现更多具有应用功能和生活场景的新电竞项目。这些项目不仅助力传统商业模式实现创新升级，还将使更多数字产业价值得到释放，电竞产业发展前景将十分光明。

一　电子竞技概念探析

（一）电子竞技定义

1. 国外定义

电子竞技有多种英文表述方式，如 electronic sports，Esports，e-sport，eSports 等。本报告采用国际奥委会电子竞技委员会（Esports Commission）的表述方式，将 Esports 作为电子竞技的英文名称。

研究团队通过 Web of science，以 Esports 为关键词，共检索出 1268 份相关文献，其中 Vinyals Oriol 和 Babuschkin Igor 等学者发表在 *NATURE* 上的 "Grandmaster level in StarCraft II using multi-agent reinforcement learning" 一文，被引量最高，但其研究内容与电竞定义相关性不高。由学者 Hamari Juho 和 Sjoblom M. 撰写的 "What is eSports and why do people watch it?" 一文被引量次高。文中将电子竞技定义为："电子竞技是一种运动形式，这项运动的主要方面由电子系统来促进；选手和团队的输入以及电子竞技系统的输出都是以人机交互为媒介。"[①]

Jenny S. E.，Manning R. D. 等学者认为电子竞技是有组织的电子游戏比赛。"电子竞技是否应该被接纳为体育"这一问题的核心是对体育本质

---

① Hamari Juho，Sjoblom M.，et al. What is eSports and why do people watch it？［J］. Internet Research Electronic Networking Applications & Policy，2017，27（2），pp. 211–232.

和历史定义的理解。电子竞技包括游戏和比赛、按规则组织、需要技巧，并且有广泛的追随者。①

2. 国内定义

2003 年 11 月 18 日，国家体育总局将电子竞技列为第 99 个正式体育竞赛项目。2008 年，国家体育总局将电子竞技改批为第 78 号正式体育竞赛项目。国家体育总局官方对电子竞技的定义为：电子竞技就其本质来说就是以现代电子技术和电子设备作为运动器械，在信息技术营造的虚拟环境中，采用统一的竞赛规则，在有限时间内进行的人与人之间的对抗，既是智力运动，也是身心合一的运动。电子竞技运动作为一项体育项目，可以锻炼和提高参与者的思维能力、反应能力、协调能力、抗压能力、团队精神，以及对现代信息社会的适应能力，从而促进其超越自我、全面发展和实现理想。②

在社会公众的传统观念中，电子竞技一般被认为是一种以电子设备和互联网为媒介而进行的电子游戏竞技活动。随着科技的不断进步，电子竞技的应用场景也不断丰富，虚拟现实（VR）、增强现实（AR）、人工智能（AI）等技术不断完善了虚拟体育等新型电子竞技形态，电子竞技的体育属性得到了充分体现，其内涵和外延也在不断丰富拓展。因此，重新定义电子竞技是当前的一个重要问题。

基于电子竞技现有定义以及发展趋势，本报告将电子竞技重新定义为一种依靠智能设备、装备形成的，既有娱乐功能，又融合健身和教育等功能的，人与人之间的对抗性运动。我们根据电子竞技的三种表现形式将电子竞技分为三大类：基于文化艺术形式融合发展而成的游戏电子竞技、基于传统智力运动内容形成的休闲益智电子竞技，以及基于传统体育运动与虚拟空间结合而成的智慧体育电子竞技（也称虚拟体育，以下统一称为虚拟体育）。电子竞技是科技、体育和文化深度融合而成的新兴业态，并呈现出由初级沉浸体验的游戏电子竞技向高级沉浸体验的虚拟体育电子竞技发展的趋势。

---

① Jenny S. E., Manning R. D., et al. Virtual (ly) Athletes: Where eSports Fit Within the Definition of "Sport" [J]. QUEST, 2017, 69 (1), pp. 1–18.

② 国家体育总局. 全力推动电子竞技运动健康规范发展 [EB/OL]. https://www.sport.gov.cn/xxzx/n11032/c671883/content.html. 2015-06-11/2023-04-28。

当前，由于受"电子游戏（网络游戏）"与"电子竞技"的概念相互混淆使用的影响，电子竞技的发展也受到一定阻力。为此，我们有必要从以下三个角度厘清"电子游戏（网络游戏）"和"电子竞技"的区别。

首先，从目的性来看。电子游戏（网络游戏）通常是一种休闲娱乐方式，玩家通过游戏放松身心、消遣时间、体验不同的虚拟世界和角色，他们可以根据自己的喜好和兴趣自由地玩耍、探索、交流，而不具备功利性。电子竞技则是更加强调竞技性、专业性，需要团队合作和个人技能，以在比赛中战胜其他团队或个人为目标，并进行训练、比赛、赛事分析、心理调节等。

其次，从竞技性来看。电子竞技不仅包括传统游戏电竞，还包括基于体育运动与虚拟空间结合而成的虚拟体育，这些项目都需要选手具备较高的专业技能以及战略思维、团队协作、反应速度等方面的能力，有明显的竞技性。而电子游戏（网络游戏）则是一种休闲娱乐方式，竞技性相对较弱。

最后，从参与方式来看，电子竞技通常是在专业的电竞团队中进行的，需要选手具备较高的专业素质和能力。而电子游戏（网络游戏）则更倾向于个人娱乐，玩家可以根据自己的兴趣和爱好自由选择游戏内容。

因此，本报告认为电子游戏（网络游戏）是一种休闲娱乐方式，而电子竞技则是一种体育项目，具有更强的竞技性。

此外，从电子竞技发展的角度来看，传统的游戏电竞依托于电子游戏项目，起步早、发展较为成熟，而虚拟体育尚处于起步发展阶段。但随着科技的高速发展，未来的电竞内涵和外延将更加明确广泛，体育属性也会愈发凸显，结合 5G、VR/AR、AI 等技术的应用，虚拟体育还有很大的发展空间，将成为电子竞技发展的新趋势。

（二）电子竞技属性

电子竞技是随着互联网诞生、科技发展进步而来的，它兼有体育、文化、科技、传媒属性，其中体育、文化、科技是其基本的三大属性。电子竞技既是文化产业的一部分，也是体育产业的一部分。电子竞技是伴随新生代群体成长的重要文化形式和生活方式，有着广泛的年轻群众基础，得到了全球年轻群体的关注与热爱，更催生出多元生态与产业跨界融合发展的机会。

1. 体育属性

自 2003 年电子竞技被国家体育总局正式列为体育竞赛项目以来，虽然学界对于"游戏电竞是不是体育"这一话题还存在争议，但部分公众，特别是年轻群体已经认同电子竞技就是一项新兴体育项目。虽然电子竞技项目与传统体育运动项目在竞赛方式上有较大区别，但电子竞技与传统体育运动的体育价值内涵基本一致，运作模式和受众的消费方式也高度相似，其区别在于现阶段的游戏电竞与传统体育运动在运动量之间存在显著差异。基于电子游戏的传统电竞属于小肌肉群运动，更多考验选手的反应速度、协调能力以及对游戏的理解程度。

2. 文化属性

从人类发展的视角来看，人类除了满足自我生存的物质需求之外，还有更高的精神文化需求，文化艺术就是满足这一需求的重要载体。具体而言，文化艺术是取悦人的眼（视觉）、耳（听觉）、鼻（嗅觉）、舌（味觉）、肌肤（触觉）、心（心感）、时间感、空间感、终极意志等感官与精神需求的内容，是滋养人类灵魂的精神食粮。

从文化艺术形式的发展视角来看，电竞将有助于挖掘中华传统文化中的瑰宝，借助电子竞技对中华优秀传统文化进行创造性转化的意义重大。据统计，2022 年中国电竞用户达 4.88 亿人[①]，同时中国拥有大量游戏电竞内容版权，中国市场贡献了全球电竞市场收益的近三分之一[②]。为此，我国应加大对中华优秀传统文化资源的梳理，创新电竞游戏产品，借助电子竞技的国际化发展趋势，推动文化产业升级。

3. 科技属性

游戏电竞诞生于计算机信息技术高速发展的时代。从 20 世纪 90 年代开始，互联网的发展在中国不仅催生出了新浪、搜狐、网易等门户网站，还衍生出百度、阿里、腾讯等信息互动平台和今日头条、美团、滴滴等信息交互平台，更推动了大数据、人工智能、物联网、云计算等技术的发展与应用。每项技术的应用，都在推进产业的革命，创造出更有价值的企

---

① 2022 年中国电子竞技产业报告［R］. 中国音数协电竞工委，中国游戏产业研究院，2023。
② 2022 年全球电竞与游戏直播市场报告［R］. Newzoo，2022。

业。信息技术的发展也不断地推进电子竞技的发展，目前，电子竞技已经成为新兴科技的应用场景，5G、VR/AR、AI、大数据、元宇宙等技术在电竞中得到应用，这些技术的不断发展和应用，将为电子竞技产业带来更多的创新和发展机遇。

二 全球电子竞技发展与政策脉络

（一）全球电子竞技发展阶段

当前，全球电子竞技的主要形式仍然是以网络电子游戏内容为载体，使用电脑（PC）、手机等电子设备完成竞赛的游戏电竞。游戏电竞有较强的娱乐功能，我们根据电子竞技发展的规律将游戏电竞定义为电子竞技的初级阶段。未来，随着文化、体育和前沿科技的进一步融合，VR、AR、MR 等数字信息技术的广泛应用，电子竞技将呈现出体育、游戏等多元化载体共存共融的新形式。以体育运动项目为载体的电子竞技会得到更大的发展并且占据主要地位，我们将其定义为电子竞技发展的高级阶段。在这一高级阶段，电子竞技不仅将实现传统体育数字化、线下体育线上化，降低传统体育运动项目参与门槛，还将在使体育运动项目普及更便捷等方面起到积极作用。

如图 1 所示，从全球电子竞技发展的关键事件、时间节点及其阶段特征来看，全球电子竞技发展可划分为游戏电竞发展阶段（1972~1999 年）、职业电竞发展阶段（2000~2016 年）以及虚拟体育电竞发展阶段（2017年至今）。

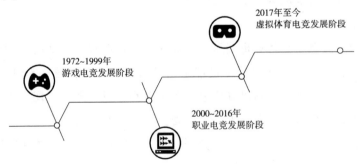

图 1　全球电子竞技发展阶段

1. 游戏电竞发展阶段（1972～1999 年）

最早的电竞比赛，可以追溯到 1972 年 10 月 19 日由美国斯坦福大学的学生组织的名为 "Intergalactic Spacewar Olympics" 的游戏比赛。1981 年，任天堂的经典游戏《大金刚》（Donkey Kong）问世，其主人公马里奥也是中国最早一批电子游戏玩家能够接触到的街机人物。1998 年，暴雪娱乐公司发行《星际争霸》。同年，韩国政府成立了韩国文化体育观光部，成为全球最早由政府介入电竞产业发展的国家之一，一定程度上促进了电子竞技的全球化、产业化发展。一系列游戏的问世，掀起了全球游戏电竞发展热潮。经过二十多年的发展，电竞赛事产业也逐渐出现。

2. 职业电竞发展阶段（2000～2016 年）

2000 年，电竞史上最重要的赛事之一——世界电子竞技大赛（World Cyber Games，WCG）创立并成功举办，让电竞职业选手正式登上舞台。2007 年 10 月，第二届亚洲室内运动会设置了电子竞技运动项目，这是电子竞技运动第一次被纳入国际综合性体育运动会。在此阶段，电子竞技主要依托于端游，其内涵也逐步从单纯的网络游戏、电子游戏中分离出来，同时世界电子竞技产业的重心开始逐步向中国转移。

3. 虚拟体育电竞发展阶段（2017 年至今）

2017 年，国际奥委会官方宣布，将电子竞技运动认证为正式的体育项目，释放出国际性体育组织支持电竞发展的积极信号，这在电竞乃至体育发展历史上都具有里程碑意义。

2020 年以来，受新冠疫情的影响，诸多全球性体育赛事停摆，体育产业遭受巨大冲击。但是以电子设备为载体、可线上进行的游戏电竞却如火如荼地发展。

2020 年 12 月 16 日，第 39 届亚洲奥林匹克理事会全体大会上，电子竞技被批准成为杭州第 19 届亚运会正式项目。

2021 年 3 月 12 日，国际奥委会通过《奥林匹克 2020+5 议程》，在新增的 15 条改革建议中有两条涉及电竞："加强与受众的数字化互动""鼓励虚拟运动的发展，并进一步与电子游戏社区互动"。

2021 年 5 月 13 日至 6 月 23 日，由国际奥委会、国际单项体育联合会和游戏发行商合作举办的首届奥林匹克虚拟系列赛（Olympic Esports Series，OES。后更名为 Olympic Virtual Series，OVS）开赛。

2021 年 8 月，国务院印发《全民健身计划（2021—2025 年）》，提出"提供全民健身智慧化服务，推动线上和智能体育赛事活动开展，支持开展智能健身、云赛事、虚拟运动等新兴运动"等政策。同年 9 月 8 日，亚奥理事会官网正式宣布，《王者荣耀》等 8 个电竞项目（最终确定为 7 个项目）入选为杭州第 19 届亚运会电子竞技比赛正式项目。

2022 年 11 月 16 日，国际奥委会官网发布声明，确认新加坡将于 2023 年 6 月成为第一届奥林匹克电子竞技周的主办城。这一声明标志着国际奥委会在奥林匹克运动中支持虚拟体育的发展以及在与竞技游戏玩家的进一步互动中迈出了重要的一步。2023 年 6 月 22 日至 25 日，首届奥林匹克电子竞技周（Olympic Esports Week，OEW）成功举办。

2023 年 9 月 5 日，国际奥委会官网发布《重申性别平等并宣布新的国际奥委会电子竞技委员会》，宣布成立电子竞技委员会（Esports Commission），体现了国际奥委会对虚拟体育的进一步探索。

作为电子竞技发展的新方向，虚拟体育是依托 VR/AR 技术和可穿戴设备的应用，将传统体育数字化的新电竞形式。从形式上看，虚拟体育通过对传统体育项目的数字化模拟，降低了参与门槛，增强了互动性和娱乐性，有助于传统体育项目的普及，在全民健身的背景下，虚拟体育将成为大众体育的一种创新。从体育视角看，虚拟体育是最接近传统体育概念的电竞分支类型，与传统体育项目有着同样的体育价值内涵和规则体系。虚拟体育已成为国际奥委会和国际单项体育组织电竞化探索的主要方向，也为传统体育开辟了第二赛场，为项目生命力提升和运动员竞赛训练改善、延长职业生涯带来新方案。

（二）全球电子竞技发展的政策脉络

1. 国际电子竞技相关政策措施及发展模式

从国际上看，北美是电子竞技的先发地区，世界第一场电竞赛事就是在美国举行，而韩国的电子竞技产业后来居上，甚至成为其国民经济的生力军和文化传播的主力之一。本小节主要选取了以政府引导为主的韩国和市场自发性较强的美国作为案例，阐述两国电子竞技发展的相关政策及措施。

（1）韩国：政府引导模式

1994 年韩国政府在文化体育部（后改为文化观光部）下设文化产业政

策局，主管全国文化产业发展，并开始研究制定文化产业政策，陆续出台了《唱片录像带及游戏制品法》《文化产业振兴基本法》等法律法规，从国家政策层面支持和保障游戏产业发展。

1997年亚洲金融危机的袭来，给韩国经济社会发展带来巨大冲击。在此背景下，1998年韩国确立"文化立国"战略，从发展重工业、土地及房地产业等传统产业向发展高新技术产业和文化产业转型。在该政策的支持以及国际货币基金组织的救助下，韩国政府开始在全国范围内建设国家高速宽带端口，为电竞行业的发展打下了良好的硬件基础。同时，韩国政府还积极支持本国游戏产业的国际化发展，并在国家层面成立了"游戏综合支持中心"。

2000年，韩国政府牵头成立韩国职业电子竞技协会（KeSPA），管理着韩国二十多款主要的电子竞技游戏，包括《英雄联盟》、《反恐精英》、《星际争霸2》（StarCraft II）和《远古遗迹守卫2》（刀塔2，DOTA2）等，同时还负责电竞赛事举办、电竞文化宣传等工作。KeSPA的成立标志着韩国电子竞技正式走上产业化道路。

此后，韩国政府为本国电竞行业发展提供了系列政策支持，如2007年出台并于2023年修订的《游戏产业振兴法》，举办了多种形式的电竞活动，提高了韩国电竞的全球化速度，为其他国家发展电竞提供了借鉴。

（2）美国：市场主导模式

1997年，美国职业电子竞技联盟（Cyberathlete Professional League，CPL）创立，CPL的诞生是世界电竞发展史上重要的一环，它确定了欧美电竞市场的商业模式，即主张以举办电子竞技赛事吸引观众参加活动。后因赞助不足，CPL于2008年宣布停止运营。这也反映出电竞协会或联盟等组织的自我造血能力不足、没有良好的商业运营模式。这一现象自电竞产业发展起一直存在，成为市场主导模式下电竞协会或联盟发展的短板之一。

2010年，暴雪娱乐公司（Blizzard Entertainment）发布了《星际争霸2》（StarCraft II），吸引了一批年轻的玩家群体，此后的星际争霸系列赛也为早期传统的游戏电竞的内容研发、赛事策划、制作与传播提供了样板。

随着电子竞技的产业价值以及在年轻群体中的影响力越发凸显，美国部分大型公司也逐渐将目光投向了电竞行业。

2014年亚马逊宣布收购以电竞作为特色和主要业务的流媒体直播平台Twitch，2015年好莱坞艺术家和运动员经纪公司（William Morris Endeavour, WME）收购了全球电竞管理公司（Global eSports Management, GEM），2022年微软宣布计划作价687亿美元收购动视暴雪。此外，部分传统体育俱乐部或公司也纷纷入驻电竞行业，自行创建或收购电竞俱乐部，如2023年美国职业篮球联赛（NBA）球队迈阿密热火队收购了电子竞技俱乐部Misfits的股份。

同时，随着电子竞技进入美国高校，美国高校电子竞技协会（National Association of Collegiate Esports, NACE）也正式成立，该协会旨在通过校际交流和赛事举办，促进电竞运动在全美高校的正向、健康和规范化发展。

随着电竞热潮的兴起，美国电竞行业也出现了发展不规范的问题，其主要表现之一就是大部分联盟对于电竞俱乐部的运营缺乏监管或监管力度不够，导致部分俱乐部与电竞选手签订的合同中含大量霸王条款，严重影响了选手的职业生涯发展和行业生态的健康发展。基于行业种种乱象，部分游戏研发公司、电子竞技联盟等都相继出台措施和规定保障选手的基本利益，维护行业健康发展。

2. 中国电子竞技相关政策

近年来，我国出台了一系列支持性政策文件帮助电竞行业发展，但相关政策是作为文化、体育发展规划和意见的部分内容被简单提及，没有出台电竞产业发展的专项规划文本。此外，我国尚未成立国家级官方电竞协会组织，电竞行业资源整合，行业健康规范发展还有进一步改善空间。

（1）国家级电子竞技相关政策

2003年，电子竞技成为国家体育总局确认的第99个正式体育项目。2006年9月，中华全国体育总会在国家体育总局召开新闻发布会，发布《电子竞技运动项目的管理规定》。其中包括《全国电子竞技竞赛管理办法》《全国电子竞技裁判员管理办法》《全国电子竞技运动员注册与交流管理办法》《全国电子竞技运动员积分制度实施办法》（以上文件在发布时均为试行），以及《全国电子竞技竞赛规则》。

2008年，国家体育总局重新将电子竞技定义为国家的第78号正式体育比赛项目，将其正式纳入体育竞技项目的范畴。2009年，国家体育总局体育信息中心正式成为电子竞技运动项目的主管部门，并下设电子竞技项目部，开始推动中国电子竞技项目的建设发展工作。

2015 年 7 月，国家体育总局体育信息中心颁布《电子竞技赛事管理暂行规定》，为电子竞技产业发展提供了政策支持与规范。

2016 年 4 月 15 日，国家发改委发布《关于印发促进消费带动转型升级行动方案的通知》明确指出，在做好知识产权保护和对青少年引导的前提下，以企业为主体，举办全国性或国际性电子竞技游戏游艺赛事活动。

2016 年 7 月 13 日，国家体育总局发布《体育产业发展"十三五"规划》指出，以冰雪、山地户外、水上、汽摩、航空、电竞等运动项目为重点，引导具有消费引领性的健身休闲项目发展。

2016 年 9 月，教育部发布《普通高等学校高等职业教育（专科）专业目录》，增补了电子竞技运动与管理专业。

2016 年 9 月，文化部（2018 年机构改革后为"文化和旅游部"）发布《文化部关于推动文化娱乐行业转型升级的意见》，提出鼓励游戏游艺设备生产企业积极引入体感、多维特效、虚拟现实、增强现实等技术；支持打造区域性、全国性乃至国际性游戏游艺竞技赛事，带动行业发展；全面放开游戏游艺设备的生产和销售，全面取消游艺娱乐场所总量和布局要求。

2016 年 10 月 14 日，国务院常务会议指出，要出台加快发展健身休闲产业指导意见，因地制宜发展冰雪、山地、水上、汽摩、航空等户外运动和电子竞技等。

2016 年 10 月 28 日，国务院办公厅印发《关于加快发展健身休闲产业的指导意见》明确指出，要推动极限运动、电子竞技、击剑、马术、高尔夫等时尚运动项目健康发展，培育相关专业培训市场。

2017 年 4 月，文化部发布《"十三五"时期文化产业发展规划》提出，支持发展体育竞赛表演、电子竞技等新业态；推进游戏产业结构升级，推动网络游戏、电子游戏等游戏门类协调发展，促进移动游戏、电子竞技、游戏直播、虚拟现实游戏等新业态发展。

2018 年 8 月，国家体育总局官网发布的《体育总局办公厅关于公布第一批运动休闲特色小镇试点项目名单的通知》中，全国 96 个特色小镇上榜。

2019 年 4 月，国家统计局发布《体育产业统计分类（2019）》，正式将电子竞技归为"02 体育竞赛表演活动"大类之中。

2019 年 4 月，人力资源和社会保障部、国家市场监督管理总局、国家统计局发布了 13 个新职业，其中包含"电子竞技运营师"和"电子竞技员"。

2020 年 12 月，文化和旅游部发布《关于进一步优化营商环境推动互联网上网服务行业规范发展的通知》，提出支持上网服务场所开发商务培训、拓展训练、电子竞技、旅游推广、快递寄存、线下体验等新服务，为周边社区及企事业单位提供"众创空间"、电子商务等项目。

2021 年 6 月，文化和旅游部发布《"十四五"文化产业发展规划》，提出推动娱乐业转型升级、创新发展，实施阳光娱乐行动，开发健康向上、技术先进的新型娱乐方式，创新娱乐业态和产品；促进电子竞技与游戏游艺行业融合发展；鼓励开发沉浸式娱乐体验产品等。

2021 年 7 月，工业和信息化部、中央网络安全和信息化委员会办公室、国家发展和改革委员会、教育部、财政部、住房和城乡建设部、文化和旅游部、国家卫生健康委员会、国务院国有资产监督管理委员会、国家能源局十部门印发《5G 应用"扬帆"行动计划（2021—2023 年）》，提出打造 AR/VR 业务支撑平台和云化内容聚合分发平台，推动与 5G 结合的社交、演播观影、电子竞技、数字艺术等互动内容产业发展。

同年 10 月，商务部、中央宣传部等 17 部门发布《关于支持国家文化出口基地高质量发展若干措施的通知》，提出加快发展新型文化企业、文化业态、文化消费模式，壮大数字创意、网络视听、数字出版、数字娱乐、线上演播等产业，鼓励优秀传统文化产品、文化创意产品和影视剧、游戏等数字文化产品国际化发展。

2022 年 1 月，商务部等 27 部门发布《关于推进对外文化贸易高质量发展的意见》，提出支持数字艺术、云展览和沉浸体验等新型业态发展，积极培育网络文学、网络视听、网络音乐、网络表演、网络游戏、数字电影、数字动漫、数字出版、线上演播、电子竞技等领域出口竞争优势，提升文化价值，打造具有国际影响力的中华文化符号。

同年 1 月，国务院印发《"十四五"数字经济发展规划》，提出发展互动视频、沉浸式视频、云游戏等新业态。4 月，国务院办公厅印发《关于进一步释放消费潜力促进消费持续恢复的意见》，提出推进第五代移动通信（5G）、物联网、云计算、人工智能、区块链、大数据等领域标准研制，加快超高清视频、互动视频、沉浸式视频、云游戏、虚拟现实、增强现实、可穿戴等技术标准预研，加强与相关应用标准的衔接配套。

2022 年 12 月，国家发改委印发《"十四五"扩大内需战略实施方案》，提出实施文化产业数字化战略，壮大数字创意、网络视听、数字出版、数字娱乐、线上演播等产业，推动互动视频、沉浸式视频、虚拟现实视频、云游戏等高新视频和云转播应用。

一系列国家政策的出台表明，电子竞技作为新兴体育运动项目和数字文化产业的重要组成部分，其正向价值已经得到了国家的关注和认可。

（2）各地电子竞技相关政策

A. 北京市

2015 年 7 月，北京市人民政府发布《关于加快发展体育产业促进体育消费的实施意见》提出，在竞赛表演、休闲健身、体育传媒、场馆运营、电子竞技等领域，选择培育 5 至 10 家大型体育服务企业。

2017 年 2 月，北京市体育局、北京市发展和改革委员会印发的《北京市"十三五"时期体育发展规划》提出，要促进体育与文化相融合，加快培育体育文化创意产业；引导文化创意企业开展体育出版、体育影视、体育动漫、电子竞技和体育文化演出等主题文化创意活动，在竞赛表演、休闲健身、体育传媒、场馆运营、电子竞技等领域，选择培育 5 至 10 家大型体育服务企业。

2017 年 7 月，北京市人民政府发布的《关于培育扩大服务消费优化升级商品消费的实施意见》提出，积极培育极限运动、冰球、房车露营、电子竞技等时尚休闲体育项目，满足群众多元化、多层次体育消费需求。

2018 年 7 月，中共北京市委、北京市人民政府印发的《关于推进文化创意产业创新发展的意见》提出，支持举办高品质、国际性的电子竞技大赛，促进电竞直播等网络游戏产业健康发展。

2019 年 12 月，北京市推进全国文化中心建设领导小组印发的《关于推动北京游戏产业健康发展的若干意见》提出，建成"国际网络游戏之都"的总目标和十大重点任务，力争到 2025 年，全市游戏产业年产值突破 1500 亿元。

2020 年 4 月，北京市人民政府发布的《北京市推进全国文化中心建设中长期规划（2019 年—2035 年）》明确指出首都建设网络游戏之都的发展定位。在第 82 条"建设网络游戏中心"中指出，建设一批在内容研发、发行推广、科技应用、消费体验、电竞赛事等方面具有明显优势的主题园区，形成布局科学合理，引领力、竞争力、影响力、创新力显著增强的新态势。举办北京国际电竞创新发展大会、电竞品牌赛事和国际网络游戏节展活动，搭建集成果展示、行业交流、互动体验等功能于一体的产业平台，提升品牌影响力。同时发布的《北京市文化产业发展引领区建设中长期规划（2019 年—2035 年）》中也明确提出，要打造电子竞技产业品牌。加强电子竞技品牌建设布局规划，集中打造北京电子竞技赛事、群众活动、园区和俱乐部等品牌。

2020 年 6 月，中共北京市委、北京市人民政府在《关于加快培育壮大新业态新模式促进北京经济高质量发展的若干意见》的附件 1《北京市加快新型基础设施建设行动方案（2020—2022 年）》中提出：深入推进"一五五一"工程，推动 5G+VR／AR 虚拟购物、5G+直播、5G+电竞等系列应用场景建设，推进冬奥赛事场馆 5G 改造，丰富"5G+"垂直行业应用场景。

2021 年 6 月，北京市人民政府办公厅出台的《关于促进全民健身和体育消费　推动体育产业高质量发展的实施意见》提出，大力发展体育竞赛表演业，完善体育赛事体系，支持体育赛事与文化娱乐深度结合，推进体育竞赛表演业创新发展，鼓励体育社会组织和市场主体举办电子竞技比赛活动。

2021 年 9 月，《北京培育建设国际消费中心城市实施方案（2021—2025 年）》发布，明确提出推动中关村科学城数字文化产业园等精品游戏研发基地和北京市电子竞技产业品牌中心等电竞平台项目建设。促进新兴文化业态发展，研究出台促进电子竞技产业健康发展的政策措施，围绕大数据、人工智能、下一代广播电视网等关键技术，培育发展新兴影视业态。

2021 年 12 月，北京市人民政府印发的《"十四五"时期健康北京建设规划》提出，支持体育赛事与文化娱乐深度结合，推进体育竞赛表演业创新发展，鼓励体育社会组织和市场主体举办电子竞技比赛活动。

此外，北京市各区也发布了与电竞产业发展的相关政策，致力于推动文化与科技融合，多举措发展数字文化产业以及电竞产业。

B. 上海市

2017 年 12 月，中共上海市委、上海市人民政府印发《关于加快本市文化创意产业创新发展的若干意见》，首次提出将上海建设成为"全球电竞之都"。

2018 年 5 月，上海市委办公厅、市政府办公厅正式印发了《全力打响"上海文化"品牌 加快建成国际文化大都市三年行动计划（2018—2020 年）》，明确了"上海文化"品牌建设的总目标、时间表、路线图和任务书，提出从赛事支持、品牌建设、人才培养、园区及场馆建设入手，加快"全球电竞之都"建设；提出以灵石路等为主要区域，推动更多以电竞为重点的游戏产业资源集聚，形成"中国电竞看上海，上海电竞在静安"的产业集群和产业链优势。

2018 年 8 月，上海市人民政府印发的《关于加快本市体育产业创新发展的若干意见》提出，支持举办赛车、自行车、网球、马术、田径、铁人三项、水上运动、斯诺克、拳击、电子竞技等高水平职业赛事，推动极限运动、电子竞技、击剑、跆拳道、飞镖、射箭、马术等时尚运动项目健康发展，培育相关专业培训市场，重点扶持五角场体育产学研集聚区、徐家汇体育公园等一批产业集聚区建设，支持打造"全球电竞之都"，加快形成体育产业集聚效应。

2018 年 11 月，上海市文化和旅游局发布"全球电竞之都"建设相关工作规划；上海市电子竞技运动协会率先出台《上海市电子竞技运动员注册管理办法（试行）》。

2019 年 6 月，上海市出台了《促进电子竞技产业健康发展 20 条意见》，力争 3 至 5 年内，全面建成"全球电竞之都"。

2019 年 8 月，由上海市电子竞技运动协会、上海市网络游戏行业协会、上海市互联网公共上网服务行业协会共同编制完成的《电竞场馆建设规范》《电竞场馆运营服务规范》正式发布。

2020 年 6 月，上海市电子竞技运动协会、上海市网络游戏行业协会联合上海市互联网公共上网服务行业协会发布《上海市电子竞技场馆等级申报及评审办法》，三家行业协会将联合相关主管部门及行业专家组成评审工作小组，开展每年两次的上海市电子竞技场馆等级申报及评审工作。

2020 年 8 月，上海市电子竞技运动协会、上海市网络游戏行业协会、上海市互联网公共上网服务行业协会共同发布《电子竞技直转播技术管理规范》和《电子竞技直转播平台管理规范》，旨在进一步完善上海市电竞规范体系。

2021 年 4 月，《2021 年上海市体育产业工作要点》发布，提出推动体育产业与相关产业复合经营、传统体育产业与新兴体育产业互动发展，拓展体育产业领域。加强体育与文化旅游、健康养老、教育培训等规划与政策协同，积极推进"体育+"和"+体育"。充分发挥市电子竞技运动协会作用，促进电子竞技健康发展，助力"全球电竞之都"建设。

C. 广东省

2018 年 12 月，广州市人民政府办公厅印发《关于加快文化产业创新发展的实施意见》，支持电子竞技类游戏发展，培育全国电子竞技中心。

2019 年 8 月 30 日，广州市正式发布《广州市促进电竞产业发展三年行动方案（2019—2021 年）》，提出力争在 2021 年基本建成"全球电竞产业中心"。

2020 年 4 月，深圳市文化广电旅游体育局发布《关于加快文化产业创新发展的实施意见》，支持企业举办高水平电竞赛事，支持精品游戏衍生品和服务的开发及出口。

2020 年 7 月，深圳首个电竞扶持政策发布，针对电竞游戏行业企业给予优惠奖励政策和补贴。

D. 重庆市

2018 年 10 月，重庆市体育局印发《重庆市体育产业加快发展行动计划（2018—2022 年）》，明确提出培育发展电子竞技、体育动漫、体育游戏、体育电影等新兴产业，形成一批体育文化融合发展企业。

2019 年，重庆市提出重点打好三张牌：全国体育旅游示范区牌、户外运动示范基地牌、电子竞技运动牌，筹办好世界电子竞技运动会等赛事活动①。

---

① 重庆市人民政府. 重庆去年体育产业总规模超 360 亿元 同比增长 17.2% ［EB/OL］. http：//www.cq.gov.cn/zwgk/zfxxgkml/zdlyxxgk/shgysy/ggwhty/ty/201901/t20190110_8806905. html. 2019-01-10/2023-10-20。

同年 10 月，重庆市体育局印发《关于加快发展体育竞赛表演产业的实施意见》，提出通过市场化手段引进一批知名度高的国际商业品牌赛事，举办好重庆国际马拉松赛、武隆国际山地户外运动公开赛、国际攀联世界杯攀岩赛重庆站、世界电子竞技运动会等品牌赛事活动。

2022 年 8 月，重庆市人民政府办公厅印发《重庆市体育发展"十四五"规划（2021—2025 年）》，提出支持自行车、游泳、铁人三项、电子竞技、拳击等市场化程度高的运动项目走职业化道路。

2023 年 3 月，重庆市人民政府与中央广播电视总台签署《关于促进电子竞技产业健康可持续发展战略合作协议》。

此外，陕西省、浙江省、湖北省、江苏省、海南省、四川省、宁夏回族自治区等省、区、市也发布了相应的电竞产业扶持与规范政策。

三　全球电子竞技市场分析与产业生态

（一）全球电子竞技市场分析

国内外对电子竞技的定义存在差异，导致电子竞技产业的统计口径也存在一定区别，全球电子竞技的规模尚未形成权威和公认的统计数据。在此，我们以 5 家公开发布电子竞技行业/产业报告的机构所发布的报告为例，对全球电子竞技市场做初步比较分析。

1.《2022 年全球电竞与游戏直播市场报告》

全球电竞市场的统计分析数据主要来源于荷兰数据公司 Newzoo，根据其发布的《2022 年全球电竞与游戏直播市场报告》，全球电竞赛事营业收入将在 2022 年末创造近 13.84 亿美元的营业收入。中国市场贡献了全球电竞市场收益的近三分之一；到 2025 年，该数据预计将超过 18 亿美元，复合年增长率约为 13.4%，如图 2 所示。

预计到 2022 年年底，全球电子竞技观众人数总规模将达到 5.32 亿人次，核心电竞爱好者的数量将达到 2.61 亿人次，偶尔观看的非核心电竞观众也将增长至 2.71 亿人次。按照 8% 的复合年增长率计算，预计到 2025 年末，全球电子竞技观众数将达 6.40 亿人次，如图 3 所示。

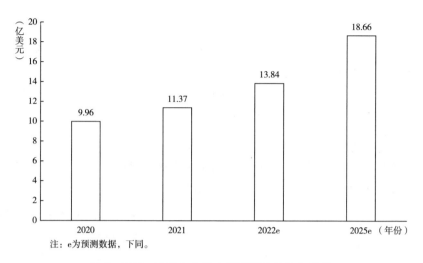

注：e为预测数据，下同。

图 2　2020~2025 年全球电竞赛事营业收入规模

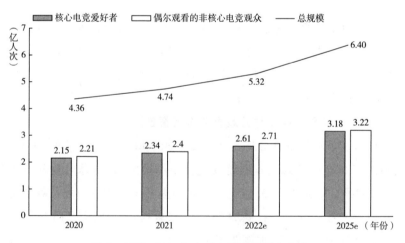

图 3　2020~2025 年全球电子竞技观众人次

2.《2022 年亚洲电竞运动行业发展报告》

企鹅有调、腾讯电竞等联合发布的《2022 年亚洲电竞运动行业发展报告》中，关于全球电竞市场规模的数据主要引用 Newzoo 的报告。此外，该报告显示，2022 年中国电竞用户总数预计达到 4.5 亿人，如图 4 所示。中国电竞用户增长缓慢，用户市场趋于饱和，四线及以下城市电竞用户比例达到36%，首次超过二线城市。一线、二线城市的电竞用户比例增速放缓，整体差异保持在1%~2%，四线城市及以下市场增长尤为明显，成为中国电竞用户增长的主力。

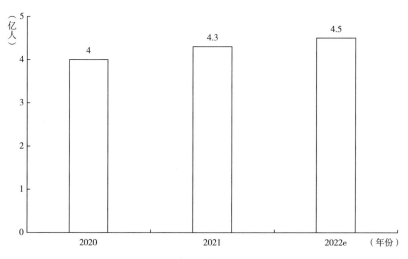

图4 2020~2022年中国电竞用户规模

3. 《2022年中国电子竞技产业报告》

中国音数协电竞工委（ESC）中国游戏产业研究院发布的《2022年中国电子竞技产业报告》显示，2022年中国电子竞技产业总体市场规模为1445.03亿元，同比下降14.01%，如图5所示；其中电子竞技游戏市场规模为1178.02亿元，占81.52%，同比下降15.96%；电子竞技内容直播市场规模为267.01亿元，占16.48%，同比下降4.17%。2022年中国电竞用户4.88亿人，其中男性用户占56.4%，女性用户占43.6%。

4. 《2022年中国电子竞技用户行为研究报告》

根据艾媒咨询（iiMedia Research）发布的《2022年中国电子竞技用户行为研究报告》，中国电竞市场规模呈上升趋势，预计2022年达1843.4亿元，如图6所示。2022年中国游戏用户达6.66亿人，同比增长0.22%。电子竞技游戏用户规模达4.89亿人。

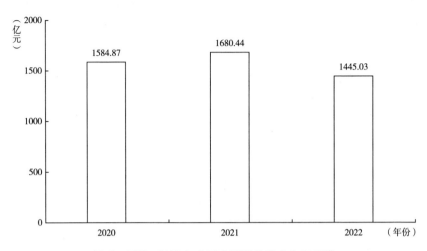

图5　2020~2022年中国电子竞技产业市场规模

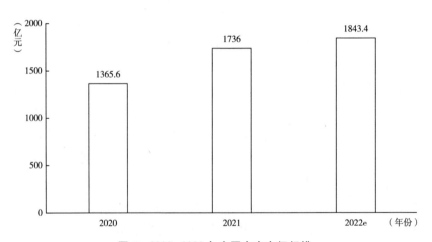

图6　2020~2022年中国电竞市场规模

此外，休闲益智电竞的统计数据相对较少。

在虚拟体育方面，目前还未有较为全面、权威的统计数据出现。在与体育电竞紧密相关的虚拟现实产业统计数据方面，根据工业和信息化部中国电子信息产业发展研究院发布的《虚拟现实产业发展白皮书（2022年）》，2021年全球虚拟现实头显出货量快速增长，首次突破年出货量1000万台的行业重要拐点。全球虚拟现实产业投融资市场表现强劲，虚拟现实领域投融资信心和活跃度持续上升，2021 年我国投融资规模涨幅超过 100%。根据赛迪研究院预测，2025 年国内虚拟现实产业规模将超过 2500 亿元。随着虚拟现实技术对实体经济赋能作用逐渐释放，2025 年有望带动万亿元市场规模。

总体来看，现有的电子竞技产业统计标准大多基于传统的电竞概念，因而与游戏产业的关联度较高，这与本报告基于电竞发展趋势形成的电竞概念存在较大区别，且对于休闲益智电竞、虚拟体育的关注度相对较低。

目前关于全球电子竞技的产业规模和用户规模的统计较少，被引率较高的主要是 Newzoo 发布的《2022 年全球电竞与游戏直播市场报告》，腾讯电竞等发布的《2022 年亚洲电竞运动行业发展报告》以及最新的《全球电竞运动行业发展报告（2023 版）》也是引用该报告中的相关数据，但其主要统计的是全球电竞赛事及游戏直播市场规模，统计口径相对较小。而国内的统计数据相对较多，产业统计规模集中在 1400 亿~2000 亿元，用户规模在 4.5 亿~5 亿人，约占我国网民规模的 1/2。因此，在全球电子竞技产业规模和用户规模方面，本报告主要采用 Newzoo 发布的数据，而国内电竞产业和用户规模数据则以中国音数协电竞工委发布的报告为准。

未来，中央广播电视总台国家电子竞技发展研究院将组建专家团队，从电子竞技新定义出发，充分整合政产学研等行业资源，重新建构科学、全面的电子竞技统计标准和数据模型。

（二）全球电子竞技产业生态

从电竞新定义视角出发，在重新整合电子竞技全产业链及产业生态体系后，传统游戏电竞产业已经拥有完整的产业链，包括上游的研发与运营，中游的电竞赛事、俱乐部、内容传播，以及下游的电竞衍生周边产品。目前游戏电竞的发展已趋于成熟，各个环节已经涌现出了头部公司[①]，但由于受众基础和技术难度等因素的影响，虚拟体育产业链的部分环节还有所欠缺。部分产业链中的代表性研发公司、赛事、俱乐部等介绍如下。

---

① 资料来源于各公司官网、百度百科等公开资料。所有资料更新时间截至 2023 年 9 月。

1. 上游：研发与运营

（1）拳头游戏（Riot Games）

拳头游戏是一家全球知名的美国网游开发商，成立于 2006 年，代表作品《英雄联盟》。2008 年，腾讯成为拳头游戏股东。2011 年 2 月，腾讯斥巨资得到拳头游戏 90% 以上股份。2015 年，腾讯收购拳头游戏公司剩余股份，实现对拳头游戏的 100% 控股。

（2）暴雪娱乐（Blizzard Entertainment）

暴雪娱乐是一家著名的游戏制作和发行公司，1991 年 2 月 8 日由加利福尼亚大学洛杉矶分校的三位毕业生 Michael Morhaime、Allen Adham、Frank Pearce，以 Silicon & Synapse 为名创立；1994 年品牌正式更名为"Blizzard"。代表作品包括《魔兽争霸》系列、《星际争霸》系列、《暗黑破坏神》系列、《魔兽世界》、《炉石传说》、《风暴英雄》以及《守望先锋》。

（3）维尔福集团（Valve Corporation）

维尔福集团（以下简称 V 社），成立于 1996 年华盛顿州西雅图市，是一家专门开发电子游戏的公司，代表作品有《半条命》《反恐精英》《求生之路》《刀塔 2》《军团要塞》等。

（4）美国艺电公司（Electronic Arts）

美国艺电公司（Electronic Arts，EA），创建于 1982 年，总部位于美国加利福尼亚州红木城，是全球著名的互动娱乐软件公司，主要经营各种电子游戏的开发、出版以及销售业务。代表作品包括《模拟人生》系列、《模拟城市》系列、《极品飞车》系列、《质量效应》系列，同时 EA 还开发了体育项目类游戏，例如《足球在线》（FIFA）系列。

（5）育碧娱乐软件公司（Ubisoft Entertainment）

育碧娱乐软件公司是一家法国游戏开发商和发行商，代表作有《雷曼》、《刺客信条》系列、《舞力全开》系列等。

（6）蓝洞工作室（Bluehole Studio）

蓝洞工作室是一家韩国游戏开发公司，成立于 2007 年，并于 2018 年更名为 KRAFTON。代表作有《神谕之战》（TERA）、《绝地求生》（Playerunknown's Battlegrounds，PUBG）。

（7）腾讯游戏（Tencent Games）

腾讯游戏成立于 2003 年，是全球知名的游戏开发和运营机构，也是中国头部网络游戏公司。代表作品有《穿越火线》《地下城与勇士》《王者荣耀》《QQ飞车》等。

（8）网易游戏（NetEase Games）

网易2001年正式成立在线游戏事业部，其口号是"游戏热爱者"。代表作品有《梦幻西游》《阴阳师》《决战平安京》《第五人格》《哈利波特：魔法觉醒》《永劫无间》等。

（9）完美世界（Perfect World）

完美世界业务涵盖影视、游戏、电竞、动画、教育等板块，是《刀塔2》《反恐精英：全球攻势》及其相关赛事在中国大陆的独家运营商。

2. 中游：电竞赛事、俱乐部与内容传播

（1）电竞赛事

①职业电子竞技联盟

职业电子竞技联盟（Cyberathlete Professional League，CPL）于1997年在美国创立，其举办的赛事主要有CPL夏季锦标赛、冬季锦标赛和世界巡回赛，是最早成立的电竞职业联盟之一，也是最早举办的电竞赛事之一。2008年宣布停止运营，后被收购。

②世界电子竞技大赛

WCG创立于2000年，是一个全球性的电子竞技赛事。该项赛事由韩国国际电子营销公司（Internation Cyber Marketing，ICM）主办，并由三星和微软（自2006年起）提供赞助。大赛一直以"beyond the game"为口号，以推动电子竞技的全球发展为目标，旨在促进人们在网络时代的沟通、互动和交流，促进人类生活的和谐与幸福。

2009年第九届WCG在中国成都举行。中国电子竞技运动员在国际大赛上屡创佳绩，《魔兽争霸》项目参赛运动员李晓峰曾在2005年、2006年两届WCG世界总决赛上获得冠军。

③电子竞技世界杯

电子竞技世界杯（Electronic Sports World Cup，ESWC）是由世界闻名的竞技营销公司Ligarena于2002年在法国创立，Ligarena一直致力于推动世界范围的电子竞技运动，曾经成功创办品牌"Lan Arena"（欧洲传统电子竞技赛事）。2008年之前，ESWC与CPL和WCG并称"世界三大电子竞技赛事"。

④韩国世界电子竞技大赛

韩国世界电子竞技大赛（World E-sports Games，WEG），是继WCG之后又一项由韩国电竞界重金打造的国际顶级电竞赛事。其主办方是韩国最专业的游戏电视媒体Ongamenet。比赛全程由Ongamenet独家转播，并在2005年将WEG打造成为全球最正规的职业化电子竞技赛事之一。在国际上被誉为继WCG、ESWC、CPL之后的第四大电子竞技赛事。

⑤世界电子竞技运动会

世界电子竞技运动会（World Electronic Sports Games，WESG），是阿里体育在2016年打造的一项赛会制电竞赛事，赛事在每年的5月至次年的3月间举行，与其他电竞赛事不同，WESG提倡全民参与，允许符合年龄条件的所有电竞爱好者参加，同时强调国家荣誉，所有选手为国家而战，和奥运会类似，WESG举办城市也采用申办形式。

⑥英特尔大师挑战赛

英特尔大师挑战赛（Intel Master Challenger，IMC）。2020年8月10日，英特尔人师挑战赛在中国广州举办总决赛，也是该项赛事在中国连续举办的第四年，IMC选用了《英雄联盟》和《反恐精英：全球攻势》两大主流游戏作为比赛项目。

⑦全国电子竞技大赛

全国电子竞技大赛（National Electronic Sports Tournament，NEST）是国家体育总局体育信息中心主办，由上海华奥电竞信息科技有限公司、浙报传媒集团股份有限公司、厦门建发集团有限公司承办，面向全国电子竞技爱好者的赛事。2014年比赛项目为《英雄联盟》《FIFA Online 3》《刀塔2》《星际争霸2》，表演赛游戏项目为《三国争霸2》。NEST自2013年成功举办以来，填补了国内大型综合电子竞技赛事的空白，其最重要的标签便是"国家自主赛事"。

⑧奥林匹克电竞系列赛

奥林匹克电竞系列赛（Olympic Esports Series，OES，后更名为Olympic Virtual Series，OVS）是一项全球虚拟、模拟体育赛事，由国际奥委会、国际单项体育联合会和游戏发行商合作举办。2021年5月13日至6月23日，首届奥林匹克虚拟系列赛开赛，包含了棒球、自行车、赛艇、帆船和赛车运动五项赛事。2023年6月22日至25日，由新加坡文化、社区及青年部，新加坡体育局和新加坡国家奥林匹克委员会合作举办了首届奥林匹克电竞周（OEW）。

除上述综合性电竞赛事外，各大知名游戏厂商还专门开设了专属赛事，其中有代表性的赛事有以下几个。

①英雄联盟全球总决赛

英雄联盟全球总决赛（League of Legends World Championship），又称英雄联盟S赛，是《英雄联盟》各项赛事中含金量最高、竞技强度最大、知名度最高的比赛，代表着《英雄联盟》竞技的最高荣誉，奖杯为"召唤师杯"。S赛一般在每年9~10月开赛，由拳头游戏（Riot Games）主办，参赛者是来自拳头游戏公司认证的全球各大赛区中获得总决赛参赛资格的战队，每个赛区根据规模和水平（以往赛事成绩为主）决定其在总决赛当中的战队名额。全球分为多个赛区，包括中国大陆赛区LPL、韩国赛区LCK、欧洲赛区LEC等，英雄联盟S赛已成为全球知名度最高的电竞赛事之一。其火热程度堪称"电竞世界杯"。

②DOTA2国际邀请赛

DOTA2国际邀请赛（The International DOTA2 Championships，Ti），创立于2011年，是一个全球性的电子竞技赛事，每年举办一届，由Valve Corporation（V社）主办，奖杯为V社特制冠军盾牌，每一届冠军队伍及人员将记录在游戏泉水的冠军盾中。

③CS：GO Major

CS：GO Major是CS：GO项目全球最高级别、最高奖金、最高荣誉的赛事，与上述两大赛事不同的是，CS：GO Major并不是由游戏开发商自行主办，而是由V社赞助，由第三方赛事主办公司承办，历史上DreamHack、ESL、MLG、ELEAGUE、PGL这些专业赛事的主办方都曾成功举办过这一赛事。同时，CS：GO Major并不是像Ti或者S赛那样每年举办一次，而是按照惯例，每年举办2~3次，大致分别在每年1~3月、7~8月、10~11月举行。

比赛的参赛战队会按照上届CS：GO Major的成绩分为"传奇组"和"挑战者组"，传奇组由上届CS：GO Major小组出线的8强组成（2018年7月扩充为16强），挑战者组则由各地区CS：GO Minor预选赛决出的8支队伍组成，赛制分为小组赛和淘汰赛两个阶段。

此外，有关《反恐精英》的国际赛事还包括：ESL Pro League（EPL）、StarLadder-i（SL-i 群星联赛）、DreamHack Open、英特尔极限大师赛（Intel Extreme Masters，IEM）、ESL ONE、E-League、Esports Championship Series、EPICENTER（震中杯）、The Summit（别墅杯）等。

④绝地求生全球邀请赛

绝地求生全球邀请赛（PUBG Global Invitational，PGI），是《绝地求生》官方举办的第一届全球范围内的邀请赛，也是《绝地求生》这款游戏最大规模、最高荣誉的一项赛事。

⑤和平精英职业联赛

和平精英职业联赛（Peace Elite league，PEL），是《和平精英》官方举办的最高级别职业联赛，赛程包括预选赛、突围赛、晋级赛与联赛决赛四个阶段，首届 PEL 于 2019 年 9 月举办。

⑥守望先锋联赛

守望先锋联赛（Overwatch League，OWL）是全球首个以城市战队为单位的大型电竞联赛，于 2016 年 11 月 4 日成立，由来自全球各个城市的 20 支战队组成，是《守望先锋》电子竞技的最高殿堂。该联赛包括一个全明星周末，总体与 NBA 赛制有很多相似之处，第一赛季的冠军为伦敦喷火战斗机队，赛事奖金达到 100 万美元。

⑦王者荣耀系列赛事

王者荣耀职业联赛（简称 KPL），是官方最高规格专业晋级赛事之一。全年分别为春季赛和夏季赛两个赛季，每个赛季分为常规赛、季后赛及总决赛三部分。

王者荣耀世界冠军杯（简称 KIC），是官方最高规格专业晋级赛事之一。全年分别为夏冠杯和冬冠杯。比赛分为选拔赛、小组赛、淘汰赛三部分。

此外，王者荣耀还开设 K 甲联赛、挑战者杯、全国大赛、女子公开赛等。

（2）俱乐部

2022 年 5 月 7 日，福布斯发布 2022 年最具价值电竞公司榜（见表 1），其中 TSM 电竞俱乐部以 5.4 亿美元的估值排名第一，国内俱乐部暂未上榜。

表 1　福布斯 **2022** 年最具价值电竞公司榜

排行	名称	估值	2021 年预估营收	主营游戏
1	TSM	5.4 亿美元	5600 万美元	《英雄联盟》《无畏契约》
2	100 Thieves	4.6 亿美元	3800 万美元	《使命召唤：先锋》《英雄联盟》
3	Team Liquid	4.4 亿美元	3800 万美元	《反恐精英：全球攻势》《英雄联盟》
4	FaZe Clan	4 亿美元	5290 万美元	《反恐精英：全球攻势》
5	Cloud 9	3.8 亿美元	3500 万美元	《反恐精英：全球攻势》《英雄联盟》
6	G2 Esports	3.4 亿美元	3100 万美元	《反恐精英：全球攻势》《英雄联盟》
7	Fnatic	2.6 亿美元	2600 万美元	《反恐精英：全球攻势》《英雄联盟》
8	Gen. G	2.5 亿美元	1700 万美元	《英雄联盟》《守望先锋》
9	NRG	2.4 亿美元	2800 万美元	《守望先锋》《无畏契约》
10	T1	2.2 亿美元	1700 万美元	《英雄联盟》《守望先锋》

资料来源：福布斯《2022 年最具价值电竞公司榜》。

随着电竞在我国掀起发展热潮，国内也涌现出了一批电子竞技俱乐部，如 WE、IG、LGD、RNG、EDG、JDG、LNG、AG 等。

（3）内容传播

良好的赛事运营与成熟的传播矩阵相辅相成。电竞内容传播板块主要涉及传统媒体机构与新兴电竞直播平台，其中美联社、路透社等传统媒体机构与 Twitch、YouTube Gaming、斗鱼、虎牙、CC 直播、哔哩哔哩（bilibili）等新兴直播平台共同构成了电竞传播通道。

3. 下游：电竞衍生周边产品

狭义的电竞衍生周边产品是指依托于电竞赛事、电竞战队、电竞选手等电竞主体而设计和生产的各种周边产品或服务。广义上的电竞衍生周边产品可以指电竞产业链上的各主体以授权的方式与其他产业进行融合，进而拓展到的更广泛的领域，如电竞主题餐厅、电竞主题公园、电竞酒店等服务行业。

更多关于电子竞技产业的研究内容见本书第二章全球电子竞技产业生态发展、第三章全球电子竞技赛事发展与趋势。

四 全球电子竞技发展关键事件与趋势分析

（一）"电竞入亚"与电竞标准化

1. "电竞入亚"历程

2017年4月，亚洲奥林匹克理事会（OCA）宣布，电子竞技将进入2017年亚洲室内武术运动会、2018年雅加达亚运会和2022年杭州亚运会。2018年8月，电竞作为雅加达亚运会表演赛项目完成了在国际综合性体育赛事中的首秀。

2021年11月亚奥理事会确定2023年杭州第19届亚运会电子竞技共设8个比赛项目，分别是《英雄联盟》《王者荣耀亚运版本》《和平精英亚运版本》《FIFA Online 4》《炉石传说》《街头霸王5》《梦三国2》和《刀塔2》。

由于代理运营商更换的原因，2023年3月16日，经亚奥理事会第五次协调委员会会议审议，决定取消《炉石传说》项目设置，杭州第19届亚运会最终设置7个电子竞技项目。

2023年9月，电子竞技首次作为正式比赛项目亮相杭州第19届亚运会，比赛共产生7枚金牌。其中，中国电竞代表队获得了4枚金牌、1枚铜牌的好成绩。

2. 亚运会电竞赛事项目简介①

（1）《英雄联盟》

《英雄联盟》是一款由美国拳头游戏（Riot Games）开发的多人在线战术竞技类游戏（Multiplayer Online Battle Arena，MOBA）。玩家在《英雄联盟》中扮演着"召唤师"的角色——召唤并控制一个"英雄"（游戏角色）进入游戏，进行对战。该项目单场对局为5V5模式，分打野、辅助、上路、中路、下路五个职能位，共计5个比赛日，有15支来自不同国家和

---

① 资料来源于各公司官网。

地区的队伍参赛。

（2）《王者荣耀》（亚运版）

《王者荣耀》（亚运版）是将《王者荣耀》与《传说对决》进行一定程度融合的版本，并定制了一系列充满亚运竞技氛围与体现杭州人文特色的游戏场景。该项目共计 3 个比赛日，共有 15 支来自不同国家和地区的队伍参赛，非种子参赛队伍通过抽签分为 A、B、C、D 四个小组进行组内单循环赛，小组第一晋级 1/4 决赛，晋级赛阶段采用 BO3 赛制。

（3）《和平精英》（亚运版）

《和平精英》（亚运版）采用了四人团队合作模式，结合现代体育项目进行赛事规则设计。每局比赛由 4 支队伍参加，每队 4 名运动员，运动员需驾驶载具在沙漠地图进行竞速比赛，驾驶途中会经历多个引导点及城区，城区中分布有不同类型的标靶，命中标靶会获得相应的分数，达到目标分数后，选手即可离开城区前往下一赛段，最先到达终点的队伍将赢得比赛的胜利。

（4）《FIFA Online 4》

《FIFA Online 4》是由国际足联授权、美国艺电公司开发、腾讯代理的足球类网络游戏，比赛规则与现实足球运动一致。在杭州第 19 届亚运会中，该项目采用 1V1 模式，有来自 20 个国家及地区的选手报名参与。

（5）《街头霸王 5》

《街头霸王 5》是一款由日本卡普空（CAPCOM）等公司研发设计的 3D 格斗游戏。该项目采用 1V1 模式，两名玩家各自选择所操控的角色，在选定的对战场景进行至多 3 轮战斗，先获得 2 轮胜利的选手赢得比赛。

（6）《梦三国 2》

《梦三国 2》是一款由杭州电魂网络科技股份有限公司设计开发的历史题材即时战略游戏（Real-Time Strategy Game，RTS）。该项目分为分组循环赛和淘汰赛，共有 11 支来自不同国家和地区的队伍参赛。

（7）《刀塔 2》

《刀塔 2》由 Icefrog（冰蛙）联合美国维尔福集团制作，中国大陆地区由完美世界代理运营。《刀塔 2》中设定的世界由天辉和夜魇两个阵营所辖区域组成，每个阵营分别由五位玩家所扮演的英雄担任守护者，他们通过提升等级、赚取金钱、购买装备和击败敌方英雄等诸多竞技手段，守护己方远古遗迹并摧毁敌方远古遗迹。该项目共计 4 个比赛日，共有 14 支来自不同国家和地区的队伍参赛。

3. 亚运会中的中国电竞标准

2023 年 3 月 31 日，中央广播电视总台国家电子竞技发展研究院揭牌仪式在京举行，研究院旨在发挥电子竞技连接中外、沟通世界的特殊作用，拓宽讲好中国故事的新渠道、新领域。同时，积极介入电竞产业，建设新时代中国特色电竞新业态平台。

借助亚运会举办契机，依托总台在原创视音频内容制作、国内国际传播方面的独特优势，研究院编制出《亚运电竞赛事制作规范》《亚运电竞项目宣传报道参考》，为电竞直转播提供了范例，凸显中央广电总台作为国家广播电视台在电竞这一数字产业新业态中的引导作用。

更多关于"电竞入亚"与电竞标准化的内容，见本报告第四章"电竞入亚"的传播效果及对电竞产业的推动。

（二）奥林匹克电子竞技周与虚拟体育发展

1. 奥林匹克电子竞技周项目简介

2023 年 6 月 22 日至 25 日，新加坡举办了首届奥林匹克电子竞技周（OEW），来自全球的参赛选手围绕 10 项赛事展开激烈角逐。这 10 项赛事分别如下。

（1）射箭（Tic Tac Bow）

本项赛事由国际射箭联合会（InternationalArchery Federation，ITA）和《Tic Tac Bow》联合举办。《Tic Tac Bow》是一款支持移动平台的射箭游戏，玩法简单有趣，考验选手的操控、精准度以及战术。比赛中，参赛选手使用虚拟弓箭进行射击，率先击中三个目标连成一条线或者得分必须超过对手才能获胜。一个选手打中靶心最多可以得到 110 分。决赛为五局三胜制。想要赢得比赛，除了需要制定相应的策略——需要决定瞄准的目标来阻止对手得分或者伺机进攻，还要考虑射箭的真实因素，比如需要考虑风力带来的影响。

（2）棒球（Ebaseball 实况力量棒球 2020）

棒球虚拟赛的合作组织为世界棒垒球联合会（World Baseball Softball Confederation，WBSC）。棒球赛事匹配的游戏是《Ebaseball 实况力量棒球

2020》，为了让玩家了解相对复杂的棒球规则，本赛事所用到的竞技平台是 PlayStation 4 或 Nintendo Switch，分别对应传统棒球赛和全垒打比赛。这是一款容易上手的游戏，可锻炼和提高参与者的思维能力、反应能力等。游戏以 Q 版人物为特色，通过对球员年度数据合理换算，来调整选手的能力值及特殊能力，受到广大棒球迷的喜爱。

（3）国际象棋（Chess. com）

世界上在线人数最多的国际象棋对战平台 Chess. com，作为国际奥委会认可的电子竞技平台，与世界国际象棋联合会（Fédération Internationale des Échecs，FIDE）首次联合举办该赛事。预选赛分为三个阶段，第一阶段从 2023 年 4 月 1 日起 Chess. com 向全球棋手开放 "3+2" 时限的超快棋赛。经过层层选拔，最终获得冠军的棋手们进入 16 强。第二阶段 16 名棋手于 2023 年 5 月 1 日至 5 日之间进入预赛。第三阶段 8 名棋手被淘汰，最后 8 强进入决赛，并最终决出冠军。

（4）自行车（Zwift）

国际自行车联盟（Union Cycliste Internationale，UCI）和 Zwift 第二次合作举办该赛事，比赛分为男子和女子淘汰赛、争先赛和爬坡赛。赛事通过 Zwift 平台进行，这是一款需要搭配运动模拟器——室内骑行台的健身游戏。

（5）舞蹈（舞力全开 2022）

育碧娱乐软件公司与世界体育舞蹈联合会（World DanceSport Federation，WDSF）合作，首次将《舞力全开 2022》带入奥林匹克电子竞技周系列赛。参赛者从此前的 "舞力全开世界杯" 顶级选手的人才库中选出。

（6）赛车（GT 赛车 Sport）

国际汽车联合会（Fédération Internationale del'Automobile，FIA）与 Polyphony 再度联手举办该赛事。该赛事对应的游戏为《GT 赛车 Sport》，以 PlayStation 4 或 PlayStation 5 为对战平台，本次比赛吸引了不少一线职业赛车手参加。

（7）帆船（Virtual Regatta）

该项赛事由世界帆船联合会（World Sailing）与 Virtual Regatta 联手举办，比赛无须额外帆船器械和设施，可在包括平板电脑、移动设备或电脑等设备上下载游戏并注册参与。

（8）网球（Tennis Clash）

本次赛事由国际网球联合会（International Tennis Federation，ITF）与 Tennis Clash 联合举办。参与网球项目的中国大陆选手 He Shenghao（Kafe）斩获首枚奖牌。

（9）跆拳道（Virtual Taekwondo）

跆拳道作为奥运会的传统项目，也加入了 2023 年奥林匹克电子竞技周系列赛中。世界跆拳道联合会（World Taekwondo Federation，WTF）与新加坡科技公司 Refract 合作，使用《Virtual Taekwondo》这款采用 VR 和运动追踪器来判定输入的游戏来进行比赛。

（10）射击（堡垒之夜）

2023 年 5 月，OVS 追加了射击项目。本赛事由国际射击运动联合会（International Shooting Sport Federation，ISSF）与游戏厂商 Epic Game 联合举办。项目按照国际射击运动联合会制定的规则进行比赛，12 名玩家在《堡垒之夜》创造的一张全新地图中比拼射击能力，并按奥委会的要求消除暴力元素。

亚运会电竞项目与新加坡奥林匹克电竞周所设的虚拟体育项目有着明显区别。亚运会所设置的电竞项目仍以传统的、小肌肉群运动的网络游戏为主，体育类和非体育类的项目均有涉及，与传统体育高度相关的项目仅有《FIFA Online 4》；而新加坡奥林匹克电竞周的项目设置更多的是国际奥委会规则下的体育类网络游戏以及借助 AR/VR 技术使参赛人员"动起来"的体育电竞项目，体现了国际奥委会对于电子竞技、虚拟体育的态度。

2. 虚拟体育的特点

虚拟体育，英文为 Virtual Sports，是依托 VR/AR 技术和可穿戴设备的应用将传统体育数字化的新电竞形式，又称智慧体育电竞，代表体育运动与虚拟空间的结合，与游戏电竞、休闲益智电竞共同构成电子竞技的三种主要类型。通过将现实中的体育场馆、选手、观众等元素数字化，虚拟体育不仅可以模拟各种传统体育项目，如足球、篮球、赛马、赛车等，也可以开展一些创新的虚拟体育项目，如虚拟格斗、虚拟拳击等，使参与者可以通过网络进行互动竞技，获得身临其境的体验。

虚拟体育作为一种结合了现代科技和体育运动的新型形式，具有以下特点。

一是高度仿真。借助计算机技术和虚拟现实技术并辅以运动模拟器，虚拟体育可以还原真实世界的体育运动场景。以2023年新加坡奥林匹克电竞周上的虚拟跆拳道赛事为例，借助VR技术和固定在参赛者身上的运动传感器，玩家可以像在真实赛场上一样施展拳脚。通过数字技术反映在游戏界面中，虚拟跆拳道打破了传统运动竞赛中由于年龄、性别等身体形态带来的限制，实现了纯粹的技能较量。在此次电竞周上，赛车游戏《GT赛车Sport》也对虚拟体育的高度仿真性作出了完美诠释，游戏对赛车、赛道、碰撞效果、操纵手感等方面均做出了真实还原，为玩家提供了良好的游戏体验和丰富的拓展性，该项目的线上比赛甚至吸引了不少一线职业赛车手参加。

二是互动性强。虚拟体育允许多个参与者通过网络进行实时竞技，参与者可以与其他玩家或计算机模拟的对手进行互动，主要体现在多人在线游戏和电子竞技比赛中。例如虚拟足球游戏《FIFA Online3》，在游戏中玩家可以通过网络与其他玩家实时竞技；EA推出的《NBA 2K21》功能更为自由，除允许玩家与其他玩家进行多人在线比赛，还可以自由组队参加比赛；在多人在线射击游戏《绝地求生》中，玩家可以选择与他人组队或单人参与竞技，比拼枪法和策略，高度的实时交互大大增强了游戏趣味性。

三是参与性广泛。虚拟体育依靠数字技术打造虚拟场景，使人们的运动得以摆脱时间与场地限制，只需使用相应智能设备即可自由进行体育活动。在运动智能设备及人机交互技术的辅助下，虚拟体育使一些原本动作较为复杂的运动项目变得相对简单易操作，并可以根据参与者的实际情况调整项目难度，使得不同年龄和体能素质的更多人群参与其中。先进的虚拟现实技术与强大的计算机算法使得如今的虚拟体育覆盖的项目种类与游戏模式越发多样，除足球、篮球、高尔夫等常规球类运动外，更包括现实场景中对场地要求较高的滑雪、赛艇、自行车等高难度运动，以及舞蹈、国际象棋等休闲项目。随着VR/AR、运动捕捉、计算机视觉、机器学习等相关技术与体育运动的融合越发深入，参与者尽可以根据自己的兴趣进行选择，个性化的游戏定制模式与高交互性的玩家实时互动更是吸引着越来越多的"Z世代"年轻人。

四是安全性高。在身体安全方面，虚拟体育通过数字技术的模拟，使用户在虚拟场景中进行仿真体育活动，一定程度上杜绝了类似滑雪、赛艇等高难度运动带来的场地风险，有效避免参与者在实际体育活动中受伤。在信息安全方面，虚拟体育游戏平台设置了严格的规则和监管机制，在保护个人信息隐私的同时，也能够保障游戏的公平性和稳定性，防止欺诈和作弊等行为；虚拟体育的数据都是通过计算机网络进行存储和传输的，可以采用多种加密和安全技术保障数据的安全性，避免数据泄露和被篡改的风险。

五是可定制性强。虚拟体育可以根据参与者的兴趣和需求进行定制，如选择运动项目、调整运动难度和挑选运动场景等，满足不同参与者的需求。对于一些现实中参与门槛较高的运动项目来说，内容定制赋予虚拟体育产品的个性化，能够最大限度满足不同参与者的需求，提高产品的趣味性和可玩性，提升用户参与度和满意度，同时也对该运动项目的推广起到了巨大作用。虚拟体育的可定制性也为产品开发者提供更多的灵活性和创造性，推动虚拟体育产品不断发展和完善。此外，作为虚拟体育的重要部分，如今的智慧体育场馆在给予用户仿真运动体验的同时，也更加注重个性化体验，利用数字孪生技术，体育场馆既实现了全面数字信息化，又满足了人机交互下的定向服务。

六是教育和培训功能优越。由于借助计算机算法运行，虚拟体育可以在运动中精准捕捉用户的动作轨迹、频率、速度等运动相关数据，因此可以作为一种教育和培训工具，在现实中运动员提升竞技水平或大众进行健身运动时为其提供数据作为参考指标，辅助纠正其动作错误。在运动模拟器提供的实验模拟环境下，用户可以自行定制个性化参数帮助训练。在东京奥运会备战时期，中国乒乓球代表队就依托了科研大数据平台，一方面对对手运动员的技术动作进行大数据分析，制定针对策略；另一方面利用智能训练平台实时监测我方运动员的动作，以确保训练的精准性。此外，在大众健身领域，虚拟体育创造出的仿真环境亦为用户提供了全新的健身体验，例如利用VR设备创设不同的运动场景，甚至设置游戏对战，在帮助参与者了解和掌握体育运动的基本规则和技巧、提高运动水平的同时，打破单调的健身房气氛，增强运动乐趣。

七是娱乐性凸显。近些年随着计算机技术的日益成熟，虚拟体育触及的运动项目越发多样，运用虚拟现实技术创造琳琅满目的视觉体验，并设置个性化的体验，辅以竞技对抗、实时交互的功能，虚拟体育带给大众前所未有的娱乐体验。参与者在进行体育运动的同时，也能享受到游戏带来的乐趣，促进身体锻炼和社交互动，例如，新加坡奥林匹克电竞周上网球赛事对应的虚拟体育产品《Tennis Clash》，就是一款通过触屏操控球手的纯手游，玩家虽然无法借此进行身体活动，但游戏对网球的球路显示、落点等均进行了真实还原。为了贴近现实运动，游戏对不同落球点得分、人物移动轨道、击球力度等都进行了严谨设计，玩家可在游戏中体验到堪比真实网球比赛的场景。在一定程度上，虚拟体育为未来体育产业与娱乐衍生提供了新的发展思路，对进一步扩大体育产业规模、创新商业模式提供动力。

3. 虚拟体育赛事的发展趋势

第一，观众群体将持续增长。伴随着智能手机和互联网的普及，以及游戏技术的不断创新，电子竞技的关注群体与日俱增，而随着电竞入奥的步伐加快，虚拟体育赛事也逐渐走入主流群体的视野。越来越多的权威媒体，诸如 ESPN、BBC 等，都已经开始关注和报道电子竞技赛事，这无疑将吸引更多的观众关注电子竞技。2023 年的奥林匹克电竞周活动上，以帆船、自行车等项目组成的虚拟体育赛事在国际奥委会的支持下成功举办，引得万众瞩目，随着虚拟体育赛事逐渐走入大众视野，必将吸引越来越多的观众关注并参与其中。

第二，赛事规模将进一步扩大。从前文对国内外知名赛事的介绍中可以知道，如今，虚拟体育作为体育智慧化的前沿产物、国家科技实力的有力象征，其赛事的举办规模无论在国内还是国际，都正在创造着一日胜一日的奇迹。以我国为例，2023 上海虚拟体育公开赛举办周期长达七个月之久，力求覆盖多个圈层用户，扩展多种类运动项目。上海作为未来的"体育文化名城""全球电竞之都""科技之城"在不断扩大相关赛事的覆盖面，提升赛事科技含量，举办更高规格的虚拟体育赛事。而大型赛事带来的观众和媒体关注，可以扩大虚拟体育的影响力，吸引更多赛事赞助商，延伸赛事衍生价值链，进而提升赛事商业价值。伴随着赛事规模的升级，虚拟体育相关的细分赛事组织管理水平得以进一步提升，也有助于虚拟体育行业整体朝更专业、更规范的方向发展。

第三，赛事层级划分愈加鲜明。与传统体育一样，虚拟体育也需要专业的训练和管理。目前，国际奥委会已给予虚拟体育赛事越来越多的肯定，在各大奥运项目与大众休闲娱乐项目的虚拟化背景下，未来，随着虚拟体育赛事举办数量的增加，规模的扩大，参与人群的增多，为确保赛事的公平性、规范性、观赏性等，对虚拟体育赛事进行更为细致科学的划分十分必要。以上海举办的首届虚拟体育公开赛为例，其中虚拟自行车赛事采取联赛制度，并细分高校与俱乐部两大模块，虚拟赛艇则在联赛制度的基础上选择了奥林匹克竞赛模式。可以看出，当前虚拟体育赛事仍主要延续电子竞技的传统联赛制度，未来，还将针对参与群体竞技水平差异进一步细分。

第四，赛事推动技术持续创新。毋庸置疑，虚拟体育运动的发展与虚拟体育赛事的广泛开展使得虚拟现实等科技的应用落地更加普遍，同时赛事的成熟也将对 VR、AR、运动捕捉、计算机视觉、机器学习、高速通信等技术的应用要求更加严格。例如在新加坡奥林匹克电竞周上，虚拟自行车赛事需要借助 Zwift 平台与运动模拟器——室内骑行台展开；而与世界舞蹈联合会合作的《舞力全开 2023》则需要借助体感设备进行感应，选手在大屏幕前跳舞，观众可以同时看到现实选手与游戏中的虚拟人物的同步舞动，加上各种正式完成动作的特效，形成虚实结合的炫目比赛场景。不论在参赛的技术实现方面，还是涉及场景模拟、高速率通信的观赛解说、直播转播等方面，为使比赛更具沉浸感和观赏性，提供更为丰富和真实的观赛体验，吸引更多的观众，与虚拟体育赛事相关的对应技术都势必会迎来进一步升级更新。

第五，商业价值将进一步凸显。电子竞技不仅是一种娱乐方式，也是一种商业模式。未来，电子竞技的广告、赞助、版权销售等商业模式将进一步发展。虚拟体育赛事观众数量的增加，吸引了大量的赞助商和广告商，他们通过赞助赛事、投放广告等方式进行品牌推广，这为虚拟体育带来了可观收入。同时虚拟体育赛事的直播权和转播权也具有很高的商业价值。许多电视台和网络平台愿意付费购买这些权利，以便吸引更多的观众。虚拟体育赛事可以带动相关游戏的销售，同时，游戏内的虚拟商品（如皮肤、装备等）销售也是一大收入来源。许多虚拟体育赛事还会推出周边产品，如 T 恤、帽子、手办等，这些产品的销售也能带来利润。一些大型的虚拟体育赛事还能带动赛事旅游，吸引粉丝前往赛事举办地观赛，对于当地的旅游业也有所促进。

第六，推进更多专业教育与学术研究。随着电竞赛事日益朝着职业化与规范化的方向发展，培养电竞相关人才、规范赛事组织、开发经营电竞赛事商业价值的需求愈发旺盛，越来越多的教育机构和学术研究者关注电子竞技，对其进行研究并开设相关课程和专业。实现科技与体育结合的虚拟体育赛事作为其中的重要分支，更是异军突起，具备深厚的发展潜力。目前，传统电竞的人才培养主要涵盖了游戏开发、赛事解说、赛事运营等部分，而虚拟体育作为一个融合了体育运动与电子竞技游戏的全新领域，其借助 VR/AR 等技术开发的模拟体育运动游戏刚刚崭露头角，未来的开发价值难以估量；其赛事举办仅仅在部分地区初尝战果，未来的推广程度尚不确定。因此，相应的虚拟体育游戏开发设计、赛事运营与策划以及虚拟体育赛事专业人才的培养亦将在未来成为发展重头戏；而就虚拟体育赛事各环节如发展技术、赛事管理及商业价值开发等展开的专业研究也势必会成为赛事发展的巨大助力。

（三）全球电子竞技发展趋势分析

1. 全球电竞逐渐向规范化、标准化发展

电竞市场的逐利属性，使其在发展过程中出现各种乱象，对市场公平性、社会和谐均产生了不利影响。近些年，电竞作为一种心智化体育运动逐渐被社会认可，一些行业积弊也开始受到政府和电竞行业从业者的重视，各方主体共同治理，促进电竞行业的健康发展，行业出现规范化发展的新趋势。

首先，政府将进一步划分管理权限，明确监管主体及监管范围；同时，出台体系化的电竞行业管理规范、法律，在避免多头监管的同时，界定行业发展原则和红线，规范电竞行业的发展方向。此外，将建立完善的问题反馈机制，在处理电竞市场的失序行为时对责任方及时追责引导。

其次，电竞行业协会组织将发挥实质性作用。未来电子竞技的国际性组织将成为规范电竞行业行为、解决电竞全球性问题的重要主体，在制定共识性原则和发展规范，推动电竞行业的跨域协同治理方面发挥重要作用。

最后，电竞产业链上各主体将进一步加强自律。游戏厂商、电竞俱乐部、直播平台等主体作为电竞行业的主导力量，其价值选择取向对行业发展方向的影响举足轻重。

2. 科技赋能，沉浸式场景创造电竞赛事新观感

电竞赛事是整个电竞产业链中最具有商业价值的价值链环节之一，也是整个电竞产业大厦的基石。为电竞观众提供良好的观赛体验，成为电竞赛事乃至整个电竞产业良性发展的基础。在这方面，新兴的 5G、AR、VR 等核心技术发挥着重要而积极的作用。

5G 技术为快节奏、高密度指令交互的电竞赛事直播赋能。凭借其高数据传送率和超大网络容量，5G 技术不仅能够在一定程度上预防比赛卡顿风险，还可将直播延时控制在 1 毫秒以内，有效保障了赛事的流畅度。

远程集成制作技术、云演播厅技术广泛应用。不同于在现场完成信号采集、内容制作、内容推送的传统集成制作技术模式，远程集成制作技术是将现场采集到的信号通过云传输来实现远程内容制作和内容推送，既节约成本又提升效率；同时云演播厅技术通过直播信号叠加、视频抠像、VR/3D 场景等手段实现了电竞赛事云端实时合成与直播输出，在增强观众的沉浸式体验感的同时，也满足观众对于赛事内容的多样化需求。

VR、AR 等技术打造沉浸式感官体验已经在电竞转播过程中大规模应用，带来全新观赛体验。以 2019 年《刀塔 2》国际邀请赛（上海）为例，对新技术的运用和由此带来的全新观赛体验成为本次大赛最大的亮点之一，比赛现场采用 AR 技术投影，观众可以 360°观看比赛，充分享受到了新技术赋予的全新观赛体验。手游《第五人格》在其《深渊的呼唤 VI》中打造了 VR 电竞赛事直播体系，极大增强了观众的参与感和体验感。

3. "云电竞"新赛道开启

云制作、云观赛成为全新的组织方式。随着相关核心技术群的进步，电竞的组织方式发生了全面的改变。长期以来，因为技术条件的限制，只有线下电竞比赛才能彻底避免延时的问题，保持比赛的公平性。但在 5G、AR 等技术的加持下，电竞赛事直播实现了超速率、多信号回路的超高清传导，有效缓解了直播转播的延时压力，并不断丰富观赛场景，力求给予观众身临其境的体验感。例如，杭州第 19 届亚运会中所使用的"8K+双Vivid"技术，就为观众提供了更加真实的观赛体验。

4. 传统体育数字化成为电竞发展新方向

数字信息时代，传统体育在强大的技术浪潮下逐渐走向迭代更新，随着电子竞技影响力的扩大，传统体育运动形式也随之不断扩张，二者相互渗透，将数字体育推至时代发展的潮头。例如由传统足球运动衍生而来的写实足球竞技游戏《FIFA Online4》，迄今为止已形成包括 EACC 国际赛、FSL 职业赛等多个项目在内的规模化电竞赛事体系。2022 年，VR 短网拍墙球游戏《Racket：NX》经国际短网拍墙球联合会投票认可，成为一项正式体育项目，VR 电竞打破场景限制，能使玩家随时开启多种运动形式，娱乐体验感十足。中央广播电视总台首档大型融媒体汽车竞技赛事节目《擎动中国》，以虚拟赛车对战模式吸引了 2 万余名参赛者，他们通过驾驶模拟器赛车，在虚拟赛道上展开激烈的角逐。

在新技术的加持下，未来传统体育和电竞的相互作用还将形成更大的影响力，不仅能够实现时空交互，创新大众健身形式，也能够实现破圈竞技，打造全新奥运生态。同时，伴随着数字体育产业的成长，日渐成熟的赛事体系将吸引越来越多年轻用户群体，随之而来的商业价值亦将不断增长。

5. 电竞传播呈全球化、多元化、专业化趋势

随着电竞与新兴技术的不断融合发展以及自身的迭代创新，加之国际奥委会和国际单项体育组织对电竞社区的接纳和推广，电子竞技已成为全球关注度极高的体育项目之一，各国也纷纷出台相关政策推动本国电竞产业发展。在未来，各国在电竞领域的交流与合作将不断增强，国际性电竞赛事及电竞所蕴含的文化内容和价值也将通过线上和线下多种途径，利用 5G、AR、VR、人工智能、大数据等多种新技术手段在全球范围内进行传播，并给用户提供更加真实的沉浸式体验。同时，电竞赛事直转播及文化传播主体将更加专业化，为电竞国际传播带来新机遇。例如，在上级部门的批准和指导下，中央广播电视总台成立国家电子竞技发展研究院，在亚运会电竞项目直转播中起到了引领作用，为讲好中国故事，促进电竞文化传播和产业发展贡献了积极力量。

6. "电竞+"破圈效应愈发明显

作为数字时代的产物，电竞已经发展出"数字内容+城市场景"的商业模式，线下跨界合作已延伸至教育、旅游、房地产等多个产业，并且将继续向外圈拓展。

其呈现趋势如下：第一，打造电竞城市名片。在政策支持下，越来越多的城市也开始打造游戏和赛事 IP 名片。以上海为例，通过吸引腾竞体育、英雄体育 VSPO、哔哩哔哩、比心等头部企业扎根，举办英雄联盟世界赛等重量级核心赛事，吸引 EDG 等俱乐部主场落地，打造"全球电竞之都"之名。第二，"电竞+"主题构建范围不断扩大。例如腾讯电竞开发的沉浸式电竞互动展览馆 V-Station，此外，"电竞+咖啡"的商业场景、电竞酒店主题房不断涌现；首钢园开设的电竞主题乐园大量应用全息影像、VR、AR、5G 等新技术，打造虚拟现实博物馆、沉浸式剧场、VR 电竞等。第三，电竞场景建设体系化、多元化。例如腾讯电竞在"全球电竞运动领袖峰会"上宣布"腾讯电竞场景认证计划"，提出构建电竞体验馆、电竞酒店、电竞商城等多样场景，旨在为更多城市场景提供有关电竞赛事、内容、流量的商业解决方案。

五 全球电子竞技发展主要问题分析

在全球电子竞技飞速发展的同时，也存在一些亟待解决的问题，主要包括产业发展影响因素复杂且发展不均衡，商业化赛事的真实性和公平性难以保证，电子竞技人才培养、转型通道尚不健全，社会对电子竞技的认知存在差异。

（一）产业发展影响因素复杂且发展不均衡

电子竞技具有体育、文化、科技等基本属性，同时也受到政策、技术、经济、社会环境等多种因素的影响。随着电子竞技的不断发展，其与科技的结合会更加紧密，电竞行业中的技术壁垒问题可能会愈发凸显。

除了发展受到多种因素的影响外，全球电竞产业还存在发展不均衡的问题。横向看，全球电子竞技较早在经济社会发展程度较高的国家取得发展，如中国、韩国、美国等，同时带动周边国家或地区的电竞发展，例如，近年来东南亚、中东、拉美地区的电竞产业也取得了较快发展。但各国之间以及国家内部各地区之间在电竞政策体系、市场规模、用户人数、产业生态等方面存在不均衡现象。

纵向看，即从产业内部生态来看，当前游戏电竞产业已经拥有较为完整的产业链，包括上游的研发与运营，中游的赛事、俱乐部和内容传播，以及下游的电竞衍生周边产品。但从产业链内部来看，上游产业链的资源集中在头部企业手中，并逐渐形成垄断趋势，产业链中下游的中小型企业也对这些头部公司的资源存在较强依赖性，长此以往，并不利于电竞产业良好生态的建设。而产业链中游的电竞赛事和俱乐部对于赞助商的依赖性较强，存在自我造血能力不足、资金来源渠道单一、流动资产周转不畅、运营范围受限等问题；内容传播主体，如电竞赛事直转播机构则主要存在版权受限的问题。

整体来看，全球电竞产业所创造的价值主要集中在上游产业链部分，中游和下游产业目前的收入来源主要集中在赞助、直播等方面，在票务、周边商品、衍生产品等方面的收入不足，产业链的价值并未得到充分开发和变现，例如，电竞周边衍生品就具有极大的盈利空间。近年来，各产业链主体也逐渐意识到这一点，推出了系列电竞衍生影视作品，如《全职高手》《你是我的荣耀》《英雄联盟：双城之战》等，得到了社会广泛关注，其中《英雄联盟：双城之战》的中文主题曲《孤勇者》风靡全网，传唱度惊人。除此之外，当前电竞行业的收入主要以线上营收为主，尚未形成良好的、可复制的线下盈利模式。相信随着电竞产业线上、线下的协同发展，其全产业链价值都能得到合理的开发，中下游产业主体的收入来源也会更加多元化。

（二）商业化赛事的真实性和公平性难以保证

体育产业的核心是体育赛事，主体是体育企业。电竞属于体育项目，其产业核心也是电竞赛事，且电竞赛事所具有的较强商业性特征，导致电竞赛事也会发生传统体育赛事发生的假赛现象。例如，《星际争霸》韩国职业选手马在允（游戏 ID：ipxzerg）因假赛被判入狱 18 个月，《反恐精英：全球攻势》战队 iBUYPOWER 成员利用小号进行押注，最终操纵比赛结果以悬殊比分败北，事件曝光后战队选手也被永久禁赛等。尽管游戏开发公司和联盟都制定了严格的规定保障赛事公平性，但由于赛事的不可预测性，其真正监管起来也存在一定困难，导致假赛现象在电竞赛事中层出不穷。

同时，由于现阶段大部分电竞比赛是依托网络游戏进行的，这也存在两个影响比赛公平性的问题，一是游戏版权和版本都掌握在游戏研发公司手中，版本的迭代对于选手的状态和战队的战术调整与资源分配都有着直接影响。二是电竞赛事与互联网基础设施设备的水平也有着一定关系，若双方进行线上比赛，则可能因为网络延迟问题影响选手操作和比赛结果。如在 2022 年英雄联盟 MSI 季中赛上，受疫情影响，中国战队无法前往韩国参加线下比赛，只能采取线上方式进行比赛。此前，官方表示为保证比赛公平性，将会把比赛延迟（ping 值）锁在 35 毫秒。然而比赛第一轮延迟就出现了问题，比赛现场无法维持在 35 毫秒延迟进行，最后在中国战队已经取胜的情况下裁判判定三场延迟不同的比赛无效，需要进行重赛，但在后续比赛中仍有观众发现韩国战队的延迟也并非为官方承诺的 35 毫秒，这使比赛的公正性和官方的公信力都受到了强烈质疑。

（三）电子竞技人才培养、转型通道尚不健全

电子竞技从业人员不仅包括选手、解说员、教练员和裁判员等赛事参与主体，还包括研发、运营、管理等幕后工作者。一方面，从国内外电竞相关专业的开设情况来看，尽管已有部分国家的高校开设相关课程，但由于电竞与体育一样存在竞技人才的特殊性，选手的天赋决定其职业发展的上限，所以目前对于电竞人才的培养主要集中在游戏研发方面，部分国内高校也开设了电竞解说方向的专业，获得了较好的反响。但电竞作为近年来在中国飞速发展的新兴产业之一，仍存在较大人才缺口，高端专业人才的供给与市场需求不相匹配。另一方面，由于电子竞技的特殊性，一般电竞选手都是通过星探发掘、自荐等方式参加俱乐部试训，俱乐部对于选手的学历不作要求。同时，电竞选手的职业生涯"黄金期"相对较短且竞争较为激烈，部分技术水平高、人气高的选手退役后转型为解说、教练、电竞主播、俱乐部管理人员等，但更多电竞选手受学历和文化水平的限制，其在退役后存在转型困难的情况。此外，电竞行业还存在市场化的培训行为，但在规范化、标准化方面还亟待加强。

（四）社会对电子竞技的认知存在差异

在电子竞技产业业态尚未形成的早期电子游戏阶段，电子游戏首先被当作工作闲暇之余的娱乐方式之一，在普及过程中，由于缺乏规范化等问题，长期存在单一、负面的评价。随着基于电子游戏而发展起来的传统电竞以及基于科技发展而形成的"虚拟体育"的兴起，电子竞技作为一项新兴体育项目、一个蓬勃发展的朝阳产业以及未来人们全生命周期的生活方式之一，在社会经济文化发展中扮演的特殊角色进一步受到重视。

我国对于电子竞技的认知也经历了一系列的重塑过程。从 1981 年

《人民日报》刊发中国第一则关于电子游戏的报道，到 2000 年《每日新报》首度开展电竞的专门报道，再到当下电竞多元化、跨媒体传播的繁荣景象，在 40 多年中，大众媒介对电竞及其相关议题的传播框架经历了"休闲娱乐—游戏危害性—作为竞技体育的属性正当化—正名与理性反思"的历史性变迁[1]。但仍有部分人群将电子竞技与网络游戏等同，认为电竞影响青少年身体健康与学业成绩。

六　全球电子竞技发展中的中国力量

（一）电子竞技与数字经济发展

电竞产业是数字经济、数字文化产业的重要组成部分，具有体育、文化、科技的属性，不仅在弘扬社会主义核心价值观、满足人民群众多样化多层次的精神文化需求、推动中华文化国际化发展等方面具有重要意义，而且具有巨大的产业规模和商业价值。

根据中国互联网络信息中心（China Internet Network Information Center，CNNIC）发布的第 52 次《中国互联网络发展状况统计报告》，截至 2023 年 6 月，我国网民规模达 10.79 亿人，较 2022 年 12 月增长 1109 万人，互联网普及率达 76.4%。[2] 艾瑞咨询发布的《2022 年中国电竞行业研究报告》数据显示，2021 年游戏行业投融资数量 123 起，金额达到 116.8 亿元，电竞行业投融资数量 21 起，金额达到 24.2 亿元，元宇宙投融资 28 起，金额达到 32.8 亿元[3]。

电子竞技正在成为数字经济和实体经济的纽带，将电竞产业和经济发展的实际场景相结合，能够使电竞产业的溢出和带动作用发挥到极致。作为数字化和信息化技术应用的新蓝海，电竞还将文化、科技、社交、娱乐等元素融合在一起，形成一个可以吸引全球年轻人、拥抱青少年的新场景。

---

[1] 何天平，宋航．电竞传播在中国：媒介框架变迁与社会认知重塑［J］．上海体育学院学报，2022，46（04）：54-64+75. DOI：10.16099/j.sus.2020.12.04.0001。

[2] 中国互联网络信息中心．第 52 次《中国互联网络发展状况统计报告》．［EB/OL］．https：//www.cnnic.net.cn/n4/2023/0828/c88-10829.html.2023-08-28/2023-09-25。

[3] 2022 年中国电竞行业研究报告［R］．艾瑞咨询，2022。

（二）电子竞技国际化发展

电子竞技兼具文体、文创、文娱、文教等丰富多样的文化属性价值，这些决定了电子竞技在促进中国文化国际化发展上能够承载多元化的形式和内涵，主要包括以下几个方面。

1. 电竞内容促进中国文化艺术形式国际化发展

电子竞技其表现形式可以包含中国绘画、雕刻、建筑、音乐、舞蹈、文学、戏剧、电影等文化形式和艺术元素，因此，电子竞技可以把中国传统文化艺术要素重新建构成新的文化产品和艺术形式，是中华传统文化传承创新和传播的重要载体。当前，成功开辟国际市场的电竞游戏产品普遍具有中国传统文化元素和特色，常见的如以《西游记》《三国演义》等中国传统文学作品为世界观背景的游戏产品，以孙悟空、大熊猫等具有中国文化特色的人物/动物形象作为游戏角色设计元素等。以网易自研的国风武侠竞技游戏《永劫无间》为例，该游戏正是脱胎于传统中华文化，以中国古代兵器和武术招式塑造了一个全新的武侠世界，游戏画面采用了传统中华美术的留白和写意风格，目前全球用户已突破两千万人，是电竞内容促进中国文化艺术国际化传播的优秀案例。此外，在中国作为东道主举办的大型国际电竞赛事中也富含中国传统文化特色和艺术元素，如开闭幕式表演、舞美设计、运动员服装、赛事周边产品等。电子竞技正逐渐发展成为中华文化国际化传播的新使者。

2. 中国电竞新产品、新规则国际化发展

中国游戏产业发展起步早，研发运营能力较强，尤其在移动游戏领域处于全球领先地位，因此在电竞游戏产品国际化发展方面具有强大的国际竞争力。中国电子竞技产品具有互动性强、娱乐性强、社交性强的特点，受到国际电竞市场的广泛欢迎。以《Mobile Legends：Bang Bang》（中文译作《无尽对决》，以下简称《MLBB》）、《PUBG Mobile》、《Arena of Valor》（中文译作《传说对决》，以下简称《AOV》）等移动电竞游戏产品为主的国际化市场开辟探索取得良好成效。电子竞技项目作为正式比赛项目亮相杭州第19届亚运会，而入选的7个电竞项目中有3个是中国企业自研自营的电竞游戏产品。此外，国产电竞游戏产品此前还成功入选了东南亚运动会的正式比赛项目。这些都充分体现了当前中国电竞游戏产品国

际化发展的影响力。国产电竞游戏产品国际化发展的大好形势将对中国电竞产业国际化发展、中华传统优秀文化传播持续发挥积极作用。

在国际电竞规则制定方面，我国电竞行业的多个主体积极对接国际电竞组织，提升中国在国际电竞规则制定方面的话语权。当前主要的国际电竞组织包括国际电子竞技联盟（International e-Sports Federation，IeSF）、国际电子竞技联合会（Global Esports Federation，GEF）、亚洲电子体育联合会（Asian Electronic Sports Federation，AESF）等。其中，我国国家体育总局体育信息中心加入了 IeSF；亚奥理事会终身名誉副主席魏纪中担任 GEF 副主席、腾讯成为 GEF 全球首席创始合作伙伴；中国香港奥委会副主席霍启刚担任 AESF 主席。电竞行业内各主体与国际性电竞组织的紧密关联，使我国在全球电竞发展的规则制定话语权逐步提升。

3. 中国电竞赛事国际化发展

近年来，我国电竞国际化赛事规模不断扩大，越来越多的游戏企业都在将旗下的电竞游戏产品以及配套赛事体系推向海外。仅在 2023 年上半年，就有网易《荒野行动》"KNIVES OUT PRO LEAGUE MLBB"、沐瞳《MLBB》"MLBB Southeast AsiaCup 2023"、腾讯《PUBG Mobile》"2023 PMPL 春季赛"等十场覆盖亚欧美非地区的国际电竞赛事举办。中国自研电竞游戏产品赛事在海外的影响力进一步扩大，尤其在东南亚地区获得巨大关注，部分赛事在印度尼西亚、越南等国家已成为当地群众最受欢迎的电竞赛事之一，头部赛事的单场观赛人数峰值甚至超过 420 万人次[①]。

4. 中国电竞相关技术国际化发展

中国电竞产业市场存量大、商业模式成熟，制作与转播经验丰富，在电竞相关技术方面，有非常多的经验值得东南亚、中东等电竞新兴市场借鉴和推广，如新智能体育装备、赛事转播技术等。以中国电竞企业英雄体育 VSPO 为例，其业务主要以电竞赛事和泛娱乐内容制作运营为核心，围绕赛事导播流程管理、信号传输及本地化定制、虚拟人物实时动作捕捉渲染等形成自研系统及技术标准，以满足多国多地远程同时进行赛事内容制作的需求。英雄体育 VSPO 在韩国、马来西亚等国落地电竞制作中心，并主办及承办了 2018 年雅加达第 18 届亚运会电子竞技表演赛、PUBG Mobile

---

① 2023 年 1~6 月中国电子竞技产业报告［R］．中国音像与数字出版协会，2023。

职业联赛等多项顶级国际电竞赛事。

更多关于电竞国际化发展的内容详见本报告第五章全球视角下的中国电子竞技国际化发展。

（三）电子竞技与新技术运用

1. 5G通信技术赋能电竞赛事传播

5G作为新一代宽带移动通信技术，具有高速率、低延时、大连接的特点，5G通信技术对电竞赛事的制作、转播、观感、互动等方面都带来较大提升。一方面，多路信号实时回传、远程演播和动态调度，可以降低直播制作费用，保障了直播画面的清晰度、流畅度，同时高质量的实时画面回传提供多屏多视角观赛，也能展现更全面的赛事内容；另一方面，5G通信技术的高可靠性与安全防御能力，可以有效保障赛事质量与网络安全。例如，在2022年"雷神杯·ACL全国高校电竞精英赛"北区决赛直播时采用的"5G+8K"直播技术，令观众享受到户外超高清大屏带来的视觉盛宴[1]。

2. 虚拟现实与增强现实技术打造电竞元宇宙

VR（Virtual Reality）即虚拟现实技术，它能建立人工构造的三维虚拟环境，用户以自然的方式与虚拟环境中的物体进行交互、相互影响[2]。AR（Augmented Reality）意为增强现实技术，它是一种将三维虚拟对象叠加到真实世界并显示的技术[3]，实现虚拟信息的现实场景的可视化，并且AR技术可以在移动设备、电视中呈现，由于其对硬件的要求较低，因此市场渗透力强。依托这些连接虚拟与现实的前沿技术，电竞元宇宙概念逐渐成形，它既是互联网新阶段游戏与电竞发展的基础，又为未来电竞的发展注入新的活力。一方面，元宇宙带来的沉浸式电竞体验跨越线上和线下的物理边界，打造出现实与虚拟交融的场景，创新用户体验的同时也增强电竞观赛的趣味性。另一方面，元宇宙的到来也将推动电竞产业商业模式的变

---

① 大小新闻.2022雷神杯·ACL全国高校电竞精英赛北区决赛在山东烟台黄渤海新区开幕 ［EB/OL］. https：//new.qq.com/rain/a/20221225A01J8E00. 2022-12-24/2023-06-28。

② 周忠，周颐，肖江剑.虚拟现实增强技术综述［J］.中国科学：信息科学，2015，45 （02）：157-180。

③ 周忠，周颐，肖江剑.虚拟现实增强技术综述［J］.中国科学：信息科学，2015，45 （02）：157-180。

革。虚拟活动与 NFT 道具、虚拟赛场与虚拟门票以及电竞衍生出的虚拟演出、代言、周边等使电竞营业收入方式更加多元。2022 年 8 月，中国上海举办首届虚拟体育公开赛，以 5G、AI、云计算等技术为依托，选择虚拟赛艇、赛车、滑雪、骑行、高尔夫五个项目，开启"莓塔体育元宇宙"，更是为今后各个城市利用元宇宙打造虚拟体育赛事提供了成功的样板。

3. 人工智能促进电子竞技纵深发展

从人工智能战胜围棋超一流选手李世石，并零封世界排名第一的柯洁后，人们意识到人工智能时代已经到来，并逐渐将其引入电子竞技领域，例如王者荣耀与腾讯 AI Lab 联合推出的人工智能产品"王者绝悟"参与 AI 电竞比赛。

凭借人工智能高效的算法，AIGC 技术（生成式人工智能技术），可以根据指令自动生成创新式的成果，该技术被谷歌、微软、英伟达、脸书等众多互联网科技公司重视和应用，也成为电竞行业探索创新的焦点。[1] 在传统游戏电竞的上游研发端，AIGC 技术能够应用于策划、美术、程序等领域，提升 3D 模型、场景、角色制作能效[2]，如米哈游公司利用 AIGC 技术，实现其虚拟偶像角色——"鹿鸣"的口型与声音匹配；在下游的电竞 IP 衍生品中，人工智能生成的定制化内容能进一步满足用户的沉浸互动式游戏体验。

七　中国电子竞技产业的多维价值

（一）电竞产业的商业价值

商业价值是电竞产业其他价值的基础。狭义上的电竞产业商业价值体现在电竞价值链的商业闭环中，包含上游游戏厂商的游戏产品收入，中游的各类赛事等带来的直接收入等。广义上的电竞产业的商业价值不仅包含上述价值，还包含电竞和其他产业之间的"电竞+"共创价值。

1. 数字经济重塑电竞价值

党的二十大报告指出，加快发展数字经济，促进数字经济和实体经济

---

[1] Gartner. What is Artificial Intelligence？［EB/OL］. https：//www.gartner.com/en/topics/artificial-intelligence.

[2] AIGC 发展趋势报告 2023［R］. 腾讯研究院，2023。

深度融合，打造具有国际竞争力的数字产业集群。数字经济和数字产业赋予电竞产业新的发展机遇，将电竞产业的正向价值进一步放大。

2. 产业融合与协同创新：电竞产业的驱动作用

电竞产业与其他产业融合，实现有效协同、创造新价值的能力。2021年以来，元宇宙吸引了大量资本，而电竞本身就是元宇宙重要的应用场景之一。元宇宙依托的区块链等底层技术，云计算、物联网、数字孪生等后端基建和 VR、AR、MR 等前端设备，为电竞产品、电竞赛事和电竞衍生产业提供了更多发展可能。元宇宙技术在电竞场馆体验、赛事直播与观看、最新游戏产品上得到运用和体现。

（二）电竞产业的用户价值

在电竞赛事的牵引之下，中国电竞产业总体用户规模显著扩大，电竞赛事直播平台拥有较高的日活和流量，但用户黏性和人均消费支出有待提升，其中一个重要原因是中国电竞盈利模式较为单一。彼得·德鲁克在《成果管理》中指出："企业的成果应当从外部视角来审视"。用户价值在很大程度上折射出产业价值。电竞发展过程，就是用户价值增长和结构优化的过程。

在数字经济背景之下，用户以社群（区）的形式存在。社群价值通常和用户数量成正比，和用户距离成反比，即厂商与客户距离越近，粉丝黏性越强，客户价值就越大。中国电竞用户价值的增长空间主要体现在以下五个方面。

1. 价值增长空间一：用户年轻化

电竞用户中，年轻人占比较高，电竞用户年轻化特征十分明显。用户年轻化品牌建设具有重要意义。首先，年轻消费群体边际消费倾向高，是消费升级过程中不可忽视的活跃因素；其次，年轻消费群体是未来的消费主流，在年轻消费群体中"种草"对于品牌年轻化具有战略意义；最后，绿色、健康电竞对于青少年成长具有正向影响作用。

2. 价值增长空间二：电竞发展中的"她力量"

手游的崛起不仅带来了用户规模增长，也使得用户构成中性别差距缩小。游戏产品中提供的情感、社交功能较好满足了女性用户的需求，这也是导致女性用户比例增长的主要原因。

女性用户占比增长意味着电竞产业拥有新的商业价值。从消费行为上看，男性消费行为较为理性，女性消费则非计划性、感性特征明显。因此，电竞产品的女性用户价值还有较大的开发潜力。

3. 价值增长空间三：掘金基层市场

在电竞用户总体规模扩张的同时，其城市的分布也悄然发生变化。2022 年，中国四线及以下城市电竞用户比例达到 35.9%，首次超过二线城市。电竞正成为"小镇青年"娱乐社交新风尚[①]。相比城市用户，村镇用户生活节奏较慢，闲暇时间更多，电竞用户有较强的消费意愿和更多的消费时间。在一、二线城市电竞市场相对饱和的情况下，下沉市场的巨大增量空间受到电竞行业的高度关注。

4. 价值增长空间四：休闲电竞的增长机会

家庭休闲和娱乐消费为电竞提供了新消费场景和增长空间。伽马数据预测显示，2023 年，中国休闲益智电竞的用户规模将达 2.842 亿人。虽然在休闲电竞用户中，关注赛事者的占比并不高，但休闲益智电竞用户的增多扩大了电竞用户的整体规模，这对于形成用户结构的合理梯次配置，有着积极的意义。

5. 价值增长空间五：用户时间的分享

用户价值不仅体现在用户规模上，也和用户的消费黏性呈正相关，而用户时长是用户黏性的一种重要测量方法。艾瑞咨询发布的《2022 年中国电竞行业研究报告》显示，每周平均消费时长为 10~20 小时的消费者的占比为 31.4%，在所有用户消费时长中占比最高，消费时长超过 10 小时的用户占比为 83.6%。

（三）电竞产业的传播价值

文化传播与产业发展历来是紧密联结、互相促进的共生关系。一方面，全球范围内成功的商业案例和产业发展通常离不开文化塑造与国际传播；另一方面，文化全球性、大范围、持久性传播也离不开商业和产业发展。近年来，电竞产业迅猛发展，已经成为部分城市的特色产业，是其打造城市 IP 的重要契机和抓手。

---

① 2022 年中国电子竞技产业报告［R］.中国音数协电竞工委，中国游戏产业研究院，2023。

1. 塑造城市名片，提升国际形象

在我国，北京、上海、广州、深圳等一线城市发展电竞产业拥有人才、经济、文化等全面优势，这些城市也理所当然地成为电竞发展的高地。随着区域性中心城市的崛起，特别是"新一线"城市的经济、文化实力的显著增强。中国的电竞城市版图已从一线城市向新一线等城市逐渐扩散，成都、重庆、武汉等城市电竞产业发展态势良好，电竞用户活跃。在电竞产业发达的城市，电竞与线下文旅加速融合成为一种趋势，电竞在城市 IP 打造中的作用逐渐增强，对于城市品牌建设和形象提升、国家和城市文化的传承与创新、居民美好生活需要的满足等都有一定积极作用。

2. 弘扬体育精神，实现价值传播

"更快、更高、更强、更团结"的奥林匹克格言成为体育赛事发展的精神图腾。电竞的体育属性决定了其必然具有其他体育项目所共有的精神价值。电竞赛事和其他赛事一样，都需要选手在激烈的比赛中力争上游。应该说，电竞赛事既有竞技体育特有的残酷性，也创造出勇敢、拼搏、团结、进取、积极、创新的精神价值，满足人们的精神需求。

优秀的电竞职业选手，需要持之以恒的日常训练，坚忍不拔的精神力量，每天 10 小时的训练已经成为常态。中国电竞选手能够在越来越多的国际赛事中为中国夺冠，是中国电竞选手艰苦训练、敢于拼搏、不畏强敌的精神在几代电竞职业选手中传承的结果，这种精神得到了电竞用户和社会主流文化的认同。

3. 推动文化国际化传播，打造中国新名片

在全球化的时代背景中，通过产业和产能输出是打造新时代中国名片、实现文化国际化传播、增强文化自信的重要方式。近年来，随着中国数字经济与实体经济融合日渐深入，数字文化创意产业产品越来越多地向国际化发展，这对于中国出口结构的多元化，促进服务贸易良性发展有着重要意义。要实现数字文化更好地国际化发展，需要将产品和背后的文化置于全球化话语体系之下，全球化是一种后现代的表现，它象征着经济和文化的高度融合，绝不仅仅是一种传播学术语①。

电子竞技，作为全球电竞爱好者的一种共同的语言，是一种超越国家

---

① 托马斯·弗里德曼．世界是平的——二十一世纪简史［M］．湖南科学技术出版社，2006。

地理界限、跨文化的交流方式。依托中国主流媒体的传播优势和内容制作优势，在电竞领域不断产出优质内容，既能够传播中华优秀传统文化，弘扬社会主义核心价值观，也能推动中国文化在全球范围内的传播，讲好中国故事，展示中国形象。

（四）电竞产业的衍生价值

电竞产业具有数字经济的特征，这使其能够打破狭义电竞产业的边界，与其他产业实现融合，通过产业数字化，拓展电竞产业的边界。比如，"电竞+旅游"就是电竞与其他产业融合的重要方向之一，创造电竞衍生旅游产品和文化内涵，从而驱动"竞技"与"旅游"成为新共同体，打造"电竞+文旅"新IP。"电竞+酒店"同样为酒店行业注入了新的活力。"电竞+餐饮"则是另外一个具有活力的衍生产业，Tims咖啡与腾讯电竞共同宣布双方达成战略合作，将在上海桃源PAI商业广场推出"咖啡+电竞生活"新场景。

此外，"电竞+"还有两个重要的衍生方向。其一，电竞产业与IT、计算机、数字产业、智能制造业相关行业结合，推出电竞产品组合。电竞用户往往对硬件、配件产品有着特殊的要求，这类衍生品相对于大众产品往往有着较高的溢价能力，也是新定义下的虚拟体育的重要方向。其二，"电竞+影视"跨界融合发展势头良好。电竞产业具有文化创意属性，与动漫行业天然具有较高的结合度。以电竞游戏和电竞赛事为核心，头部电竞IP如《英雄联盟》《王者荣耀》等持续拓展自身IP生态。

电竞产业体现的就业价值同时呈现在数量和质量上，其中，数量上体现为电竞产业市场主体能够创造足够数量的就业岗位。在质量层面，电竞产业的就业者能够获得稳定的工作岗位和充分的人力资本回报。

近年来，在国际赛事的推动下，电子竞技的影响力不断扩大，伴随着电竞产业版图的扩大，其创造新岗位的能力也不断增强。在高等教育领域，包含中国传媒大学等双一流高校在内的许多高校设置了电竞相关专业，旨在为电竞产业培养具有专业能力和较高素养的人才。

（五）电竞产业的品牌价值

电竞产业的品牌价值主要体现在以下三个维度：电竞的城市品牌价

值，电竞赛事的品牌价值和基于俱乐部和个人IP的品牌价值。

1. 电竞的城市品牌价值

自从1992年"城市品牌"的概念提出后[①]，相关研究不断深入。体育赛事的成功举办作为一个重要的事件，会在社会公众的记忆中保留较长时间，重大赛事的成功举办为城市品牌注入新的内涵。电竞体育赛事、博览会、交易会、电竞峰会可以在举办期间，以及前后一段时间内快速增加城市的曝光度，提升城市品牌知名度和影响力。上海、成都、武汉、西安等城市已经通过举办电竞赛事，发展电竞产业园区，打造地标性电竞线下场馆等营销组合策略，助力城市品牌资产的积累，实现了提升城市知名度和美誉度的预期目的。

2. 电竞赛事的品牌价值

电竞赛事的品牌价值主要体现在以下三个方面。一是有利于推动举办城市电竞产业发展，并作为新兴产业和特色产业嵌入城市的整体发展框架中；二是电竞赛事有着较高的关注度和影响力，可以为城市品牌资产注入新的内涵；三是电竞的核心粉丝群大多是年轻消费群体，有助于企业品牌年轻化。

正因如此，近年来赞助电竞赛事的一线品牌不断增加。比如，LPL赛事吸引了联想、AutoFull傲风、英特尔、飞利浦、罗技、雪碧等赞助商。KPL职业联赛吸引了可口可乐、宝马、vivo等赞助商。2017年，消费卷入度较高的汽车品牌也开始赞助电竞赛事。2017年，JEEP、奔驰先后与LPL赛事开展合作。随着电竞用户规模和大众影响力的不断扩大，更多头部企业已经意识到电竞产业的赞助价值，并积极加入中国电竞赛事的赞助活动中。

3. 基于俱乐部和个人IP的品牌价值

赞助电竞俱乐部或电竞赛事，成为许多品牌商不约而同的选择。同时，一些电竞俱乐部和个人IP的品牌价值也开始受到企业的重视。

EDG、RNG、FPX等电竞俱乐部已经意识到，职业化规范运营和较高的赛事水平固然是引流的基础，但这还不足支撑将流量转化为存量，从而不断培育忠诚用户，积累品牌资产。而在社交媒体时代，塑造品牌形象的

---

① 凯文·莱恩·凯勒. 战略品牌管理［M］. 中国人民大学出版社，2003。

最有效手段之一就是打造电竞俱乐部选手个人 IP。正如《超级 IP》中指出的那样，在社交化媒体时代，一切品牌都将 IP 化，很多年轻消费者，因为喜欢电竞选手而热爱电竞。①

与传统体育项目类似，电竞产业也有自身的明星 IP。在美国，粉丝与明星 KOL 互动的最常见方式是通过 Twitch 或 YouTube 等平台上个人频道直播。社交媒体时代，个人 IP 具有较高的曝光度，具有不容忽视的商业价值。例如，2019 年微博之夜"年度人物"票选中，英雄联盟电竞选手简自豪（ID：UZI）以 4.8 亿票成为"人气之王"。

2021 年后中国的电竞战队和选手屡获佳绩，显著提升了明星选手个人 IP 以及其所在俱乐部的曝光率和引流能力，充分彰显了个人 IP 的品牌价值。

电竞产业有助于推动地区或者全国经济的高质量发展，产生用户价值、企业品牌资产价值、城市品牌 IP 价值、衍生产品价值等多维度的经济效益和创新职业、新岗位的社会效益。

---

① 余昧 . 超级 IP［M］. 中国铁道出版社，2022。

第二章　全球电子竞技产业
生态发展

【摘　要】新时代，中国社会的主要矛盾是人民日益增长的美好生活需要和不平衡不充分的发展之间的矛盾，人民群众日益增长的美好生活需要，尤其是精神文化需求是电竞产业快速发展的根本原因。中国电竞产业已经初步形成了产业上、中、下游不同主体间彼此依靠、互相嵌入、螺旋式上升的产业生态体系。

通过比较不同国家电竞产业生态发展模式和特点，中国电竞产业生态发展从中获取的启示是：应基于本国比较优势发展电竞产业，通过政府、市场两种资源方式合理配置的同时，发挥社会治理的桥梁与衔接作用，共同推动产业的良性发展。分析电子竞技俱乐部的演变和商业模式、其存在的痛点和未来发展策略，使之能够充分体现其电子竞技生态链核心的价值。洞察电子竞技衍生生态的发展趋势，电竞衍生产品的发展方向呈现多元化，对其内容进行深度挖掘，有利于推动电竞破圈。通过强化技术赋能，深化融合发展，为电竞发展注入新的活力，电竞发展空间将更加广阔。

【关键词】电竞生态体系；电竞俱乐部；电竞衍生生态；正向价值

一　全球电子竞技产业生态发展主要模式

新结构经济学认为，各国资源禀赋与制度环境不同，发展过程遵循不同的模式与路径。在电竞产业上游，各国基础技术、市场成熟度不同，同样需要根据本国（地区）资源禀赋，探索适合自身的产业发展路径与模式。目前，全球电竞代表性的模式包含：美国技术与市场双轮驱动、韩国政府扶植加产业催熟、欧洲用户与赛事驱动等模式。上述模式对中国构建新时代高质量发展的电竞产业生态具有重要借鉴意义。

（一）美国电竞发展模式

电子游戏诞生伊始，美国在游戏研发和推广方面就处于世界前列。在信息技术发展初期，美国凭借扎实的科研基础、良好的配套设施、完善的人才体系和优质的用户群体，经过不断的技术迭代，在硬件制作技术、软件开发技术和媒体传播渠道等方面拥有全面优势，营造了良好的市场营销环境。由于对上游产业的有力掌控，美国电子竞技拥有了广阔的发展空间和完整的产业生态。

1. 美国电竞：联盟制先驱

美国拥有市场化最成功的四大体育联盟，联盟制也成为美国电竞赛事举办与职业化进程中的模仿对象。看到电子竞技市场潜力的游戏厂商也开始收回授权，以"官方赛事联盟"的方式来举办本土赛事。2011年，直播平台 Twitch 的出现极大地促进了电子竞技的流行与普及，维尔福集团开发的《刀塔2》和拳头游戏公司开发的《英雄联盟》就是受此影响的典型产品。截至目前，《英雄联盟》和《刀塔2》仍是 Twitch 平台最受欢迎的内容主题。"官方联盟+网络直播"成为美国电子竞技产业的良性发展模式。

2. 社会公众参与情况

根据内容需求，美国电竞用户可划分为"同好会"和"运动会"两种类型。"同好会"类型用户通常是某一个游戏厂商的忠实爱好者，他们出于对游戏产品的喜爱通常也会产出社区内容；"运动会"类型用户则致力于提高自己的游戏技术，荣誉和奖金是他们的"终极目标"。他们认为电子游戏竞赛应该"类体育化"，一场合格的电子竞技比赛应该具有规范的场地和严谨的规则，参赛的选手也应该按照运动员的标准规范自己的行为。

美国电竞用户年龄分层和需求分层非常复杂。游戏厂商、民间组织、赛事公司等多种主体的交错聚合，是美国电子竞技的行业特点，其中占据主导的始终是版权所属的游戏厂商，电竞赛事如何找准自己的定位也成了最大难题。由于大多数主流电竞产品来自美国本土，游戏厂商能够直接对接用户群体，用户群体也能够将自己的诉求直接反馈给游戏厂商。相较于其他国家和地区，美国的电子竞技社区包容性更强，对内容产出没有特别严格的限制。

3. 美国电竞产业新生态：创新、创业政策与边界

得益于美国政府对信息技术发展的大力支持和美国处于高新科技的中心，美国电子竞技产业也较为发达。美国电子竞技产业在全球最早成形且底蕴深厚。以此为基础，美国电竞赛事也发展较早，在 20 世纪 80~90 年代，以雅达利、任天堂为代表的海外游戏厂商都曾在美国举办过竞赛活动，产生了较大影响力。

硬件、软件、媒体和科研领域的强力保障是美国电子竞技产业的潜在优势。得益于成熟的市场环境（见表 1），美国在电竞赛事的运作上借鉴了NCAA 高校模式。NCAA 高校模式不仅为 NBA 等职业联盟提供了大量后备人才，也培养了球场文化。美国电竞多个赛事均在不同程度上借鉴了NCAA 高校模式，例如，成立美国高校电子竞技联盟（CSL），在多个高校设立电竞奖学金，成效显著。除此以外，美国电竞产业能够与不同产业共创价值，并非仅依赖比赛成绩和奖金。截至目前，美国电子竞技产业已与动漫、影视、体育等多个领域进行联动，其中不乏漫威、ESPN 等知名品牌。荷兰数据统计机构 Newzoo 的报告显示，2021 年全球电子竞技产值达到 10.4 亿美元，而美国以 2.43 亿美元排名第二，仅次于发展势头正盛的中国。

表 1　美国电竞产业相关领域分布

所属领域	相关代表
硬件	Intel、AMD、苹果等
软件	微软、谷歌、暴雪娱乐、维尔福集团等
媒体	ESPN、Facebook、Twitch 等
科研	斯坦福大学、加州理工大学、加州大学伯克利分校等

美国电竞产业也面临一些难题。相较于韩国对电子竞技产业举国式的投入，美国电子竞技更像是电子游戏产业的衍生物。由于本土游戏厂商实力雄厚，大量的游戏产品均具备供给赛事举办的能力，这种重量不重质的

发展策略让美国电子竞技用户产生了一定程度的审美疲劳，也使得产业的发展不够聚焦、大而不强。由于产权结构问题，很多美国电子游戏厂商常常处于"要盈利还是要人心"的运营决策的两难境地。如何在高强度的竞争环境中脱颖而出，并持续产出能够满足目标客户的优质内容，是美国电子竞技产业的新课题。

（二）韩国电竞发展模式

韩国早期电子竞技产业发展模式由政府部门、产业协会、电视媒体共同协作形成。而网络直播平台的兴起和电子游戏软件开发技术的快速迭代，为韩国电子竞技产业发展提供了有力抓手，形成了汇集游戏厂商、赛事执行、直播平台、电竞战队、职业选手、品牌赞助、玩家社区等多个场景的电竞产业价值链。

1. 国家：大力扶持，政策先行

1995 年，韩国政府开启了长达十多年的宽带设施建设。基础通信业的发达让网吧迅速遍布韩国，为之后韩国电子游戏与电子竞技产业的发展奠定了坚实的基础。

2000 年，韩国职业电子竞技协会（KeSPA）经由韩国文化体育观光部批准成立。该协会的主要职责是规范并发展电子竞技产业，让电子竞技成为正式的体育项目，并巩固电子竞技在韩国的社会地位。KeSPA 负责管理电子竞技赛事的执行、转播以及职业选手的注册信息、行为规范、社会保障。作为管理者，KeSPA 很好地促进了电视媒体、网络媒体、赛事执行、游戏战队、职业选手和赞助企业之间的交流与合作，完善了电子竞技职业化体系。

韩国政府先后推出了系列法律法规，成立负责制定国家文化产业政策方向及相关工作的韩国文化产业振兴委员会，大力扶持包括电子竞技在内的文化产业。

电子竞技产业每年能够为韩国带来数十亿美元的经济效益。成熟的职业训练系统和严格的社会规范要求，让韩国的职业选手具有良好的职业素养、较高的社会影响力和完善的社会保障，是韩国各阶层年轻人向往和崇拜的偶像。知名电子竞技选手在韩国国内享有国民偶像级别的待遇，但顶级职业选手马在允因假赛入狱也证实了韩国规范电子竞技产业的决心。

2. 社会：全民电竞与社区参与

除了政府扶植，由此带动的社会参与也是韩国电竞产业发展的重要力量。20 世纪 90 年代，韩国电竞社区发展仍处于初级阶段，当时的用户多为在校生，他们把电竞当作业余爱好。1997 年，在日本世嘉公司举办的世界大赛中，韩国选手申义旭成为第一个在国际电子竞技比赛中夺冠的韩国人。而《英雄联盟》职业选手李相赫向韩国民众展示了不亚于顶级体育运动员的影响力。

3. 产业：游戏比赛+电视直播为核心的产业融合创新

从经济绩效的视角来看，韩国电竞产业拥有三大收入来源：第一，游戏产品领域，即各品类游戏产品的业务收入；第二，赛事领域，即赛事赞助、版权分销、直播与转播收入、门票收入等；第三，电竞衍生领域，即地产投资、教育培训、周边商品与活动授权、IP 开发与运营等。

韩国政府对电子竞技产业的重点投入，让韩国电竞选手的竞技水平迅速赶超欧美地区和日本等国家。"政府扶持+顶级赛事+媒体宣传"的复合体系成为韩国电子竞技产业链的有力保证。韩国电子竞技职业化，离不开以 OGN 和 MBC Game 为代表的专业游戏频道。这些电视台具有比赛组织者和传播者双重身份，以 OGN 电视台举办的《星际争霸》赛事 OSL 为例，在推出明星选手 Grrrr 之后，接连推出林耀焕、马在允等明星选手。因为宣传得当，在很长一段时间内韩国电视台在电竞产业的重要地位甚至超过电子游戏厂商。

（三）欧洲国家电竞发展模式

欧洲部分发达国家拥有世界知名的电子游戏厂商、世界前列的电子游戏市场和世界顶级的电子竞技赛事执行团队。欧洲人均 GDP 较高，大众有较多的业余时间培养兴趣和爱好，到现场参与自己喜爱的游戏相关活动或者观看自己支持的队伍比赛是欧洲用户最热衷的内容。此外，与美国电竞产业的深度合作让欧洲成为西方电子竞技产业的重要阵地。

1. 良好氛围：政策带来的发展空间

欧洲电竞发展过程中，德国、法国、波兰、瑞典扮演了重要角色，欧洲电子游戏市场的优质土壤让很多创业者和爱好者发现了商机，创立了诸多在全球具有不凡影响力的赛事和俱乐部品牌。同时，波兰还打造出享誉全球电竞产业的卡托维兹电竞小镇，为电竞产业在欧洲的发展营造了良好的生态环境（见表2）。

表2　欧洲各国电子竞技相关产业分布

所属国家	相关代表
法国	UBI、Team Vitality、巴黎圣日尔曼俱乐部等
德国	ESL、SK Gaming、Mousesports 等
波兰	CD Projekt、卡托维兹电竞小镇等
北欧五国	Mojang、Astralis、DreamHack、斯德哥尔摩电竞小镇等

欧洲电竞拥有世界领先的赛事执行团队来保证现场赛事的公平性和专业性，同时也能够很好地提升用户参与过程中的舒适性和参与度，欧洲地区的体育消费特征和用户需求让欧洲电竞产业把重点放在了电竞场景营造和现场执行方面。比如，波兰老城卡托维兹从老牌工业小镇成功转型为知名电竞小镇，让很多亟须转型的欧洲城市看到了电子竞技作为新产业的带动价值。

Newzoo调查报告显示：2021年欧洲电子竞技观众已经达到3460万人，游戏玩家4300万人，游戏产业总产值达到341亿美元。[①] 法国、德国、丹麦、波兰等欧洲国家均已确认把发展电子竞技作为国家战略进行推动，部分高校开始创立以电竞相关业务为培养方向的学院与专业。欧洲国家的电子竞技产业发展处于势头正盛的时期。

2. 优质用户：注重体验和场景

欧洲国家，尤其是西欧传统强国经济较为发达，使欧洲电竞用户拥有相对充裕的业余时间和强大的购买力。早期电子竞技产业发展过程中，欧洲地区的电子游戏爱好者的组织数量就已经达到了世界顶尖的水平，良好的用户氛围为欧洲电竞发展提供了重要基础，电竞组织如DreamHack、ESL，知名电竞俱乐部Fnatic、Astralis，电竞小镇卡托维兹和斯德哥尔摩的发展壮大离不开欧洲地区优质的用户支持。

在欧洲电竞用户看来，电竞本身已经超越了比赛的范畴，它同时也是

---

① 2022年全球电竞与游戏直播市场报告［R］. Newzoo，2022。

表演、聚会、狂欢、节日。欧洲用户群体往往对比赛本身的严肃性和严谨性没有过高的要求，而更重视自身参与感和核心内容体验。

欧洲各国相关产业专注于提高单个游戏品类的核心内容产出水平和用户社区服务质量，促进了欧洲电竞市场能够针对以青少年为主要构成部分的电竞用户群体提供更加个性化的服务内容，进而发掘并培养用户群体的核心需求与消费习惯，形成良性循环发展。

3. 产业机遇：市场细化带来的机遇与局限

欧洲电子竞技产业聚焦于电子游戏产业的商业需求和社区需求，体育属性略显不足。虽不反对成立电子竞技行业协会，欧洲各国政府的有关部门普遍不认可"电竞是体育"的说法。欧洲电竞市场对"类体育"发展缺乏热情，虽然电竞没有获得更多的政府支持，但也不会受到更多限制。

欧洲电竞产业的发展动力大部分来自用户自身，爱好者们能够投入更多精力在电子竞技之中，享受电竞快乐的同时也满足了基于社区的社交需求。与电子游戏产业相似，欧洲电竞的从业者往往是相关领域的爱好者，不论是电竞选手、赛事组成人员还是主播解说，与用户之间的密切关系都是欧洲电竞保持活力的重要基础。

虽然欧洲拥有世界顶级的电子竞技市场与氛围，但仍存在一定的不确定性因素。欧洲电竞的发展和 PE 投资、VC 投资关系密切，高度资本化使欧洲电竞产业更容易产生灰色领域。由于缺乏有效监管、用户需求宽松，合同纠纷、假赛、兴奋剂等问题屡禁不止甚至愈演愈烈。阻止资本无序扩张和规范产业环境，是欧洲发达国家未来电竞产业良性发展的前提。

（四）电竞新兴国家发展模式

除了欧美部分国家和日本、韩国等电竞传统强国，还有一些电竞新兴国家发展势头良好。东南亚和中东地区国家的电子竞技产业均在以不同的方式释放着活力。电子竞技选手的"财富神话"、世界瞩目的电竞赛事让这些国家与地区的年轻人和投资者趋之若鹜。值得注意的是，这些地区均缺乏具有世界影响力的本土相关产业，以至于这些国家与地区的电竞发展难以为本土其他产业进行有效赋能。寻求破局，是他们电竞发展的必经之路。

1. 东南亚模式

东南亚的电子竞技起步时间较晚，但发展速度迅猛。Newzoo 的统计报告指出，东南亚地区有超过 950 万名电子竞技用户，分布在越南、印度尼西亚、菲律宾、马来西亚和新加坡等国家。东南亚地区早期电子竞技发展主要源于《刀塔 2》《反恐精英：全球攻势》《英雄联盟》等电竞赛事的举办。一些电子竞技选手从这里脱颖而出。2016 年，一款名为《MLBB》的中国产手游电竞产品在东南亚异军突起，利用本土化内容的独特优势在东南亚站稳了脚跟，并使得东南亚手游电竞市场迅速赶超电脑端游电竞市场，成为东南亚地区的重要电竞市场。

东南亚地区的经济发展水平从一定程度上导致了电竞市场发展的无序和混乱。由于无法预估新生事物带来的风险，电竞产业带来的收益又难以拒绝，东南亚国家相关部门对电子竞技产业的态度摇摆不定。一方面，成功的东南亚游戏主播和选手带来的国际影响力与经济收益足以获得这些国家政府的支持，但另一方面，东南亚国家对电子游戏带来的社会负面影响也保持着警惕。

这种模糊的态度让东南亚地区的电竞氛围呈现了用户热、资本冷的独特现象，缺乏管束的无序市场以及朝令夕改的政府部门使得投资商们难以入场。如何统一市场规则并找到产业发展与社会稳定的平衡点，是东南亚电竞发展需要面对的挑战。

2. 中东模式

以土耳其、沙特阿拉伯、阿联酋为代表的中东地区国家的电竞产业发展势头迅猛，这得益于上述国家重视发展媒体和文娱行业的国家战略。中东地区国家大约有 25% 的人口为 15~29 岁，电竞市场有巨大的潜力。据报道，沙特有近 2350 万名年轻游戏、电竞玩家群体，约占国家总人数的70%，以沙特为首的多个中东地区国家都宣布将电子竞技产业纳入国家战略，并大力投资寻求与知名游戏厂商和电竞厂商的合作，意图将电子竞技产业作为展示国家形象的重要窗口。

迪拜作为全球性国际金融中心之一，也是东西方资本融汇的桥梁。2020 年 2 月，迪拜首创全球全女子电竞比赛 GIRLGAME 电子竞技世界总决赛，希望把迪拜打造成一个全球电竞赛事的中心举办地。和平精英世界总决赛、全球电子竞技巡回赛、首届迪拜电子竞技节等一众电竞赛事、活动走进迪拜，架起了一座沟通全球与阿拉伯语地区的电竞之桥，进一步提升迪拜在全球电竞和互动娱乐产业的中心地位。

虽然中东地区有适合电子竞技发展的土壤，但也存在很多不确定性因素。中东地区社会风评认为电子游戏是"毫无价值"和"浪费时间"的，这使得电子竞技的用户群体难以发掘。不仅如此，中东地区与其他地区之间的文化差异也是中东地区发展电子竞技的一大障碍。很多知名企业对中东地区的合作抱有顾虑，影响了这些企业的合作决策。如何利用优势资源改善舆论环境和社会风评，营造更适合产业发展的整体氛围，是中东地区电子竞技的发展重点。

（五）中国电竞发展新样式

以数字经济为代表的新兴产业是经济转型期的新动能，数字经济已上升为国家战略。党的二十大报告再次强调建设数字中国，在密集政策的推动下，数字经济有望迎来快速发展。数字经济的发展也将推动消费的总量扩张和结构升级。数字经济相关技术的进步，如人工智能、区块链、大数据、云计算、大模型等不断催生新业态、新渠道、新模式、新产品，拉动新消费。

1. 新时期电竞的新属性与新责任

2022 年我国人均 GDP 达到 85698 元，比上年实际增长 3%，按年平均汇率折算达到 12741 美元，连续两年保持在 1.2 万美元以上[1]。超过世界人均 GDP 水平。西方发达国家经验表明：当人均 GDP 跨越 1 万美元时，需求结构会发生显著变化，比如恩格尔系数降低，消费结构升级，精神文化消费占比增长。

多重属性是电子竞技产业有别于其他产业的特点之一。体育属性始终是电竞的主要特征之一，该属性决定了电子竞技具有较高的对抗性和观赏性。团体对抗要求队友之间保持较好的协作精神和团队意识，具有更高的观赏性。职业电竞选手要想在比赛中取得优异成绩，需要选手之间日复一

---

[1] 国家统计局. 国家统计局局长就 2022 年全年国民经济运行情况答记者问［EB/OL］. http://www.stats.gov.cn/xxgk/jd/sjjd2020/202301/t20230117_ 1892146.html. 2023-1-17/ 2023-9-30。

日的团体训练、队友之间配合默契。

数字化、虚拟化是电子竞技与生俱来的"基因"，使其与新技术结合能力大增。电子竞技的文化、娱乐属性能较好地满足人们多维度精神需求（见表3）。

表3　需求升级背景下电竞用户消费动机

需求类别	需求	电竞提供
互动体验	交互的需求	互动性强
社交需求	基于虚拟社区的社交需求	具有很强的社交属性
胜负欲望和刺激	参与感和成就感	满足成就动机
审美需求	人们欣赏具有艺术价值的载体，能够从中获得愉悦感和满足感	电子竞技对各种艺术形式的整合，能够满足人们艺术审美需求
娱乐需求	享乐生活	提供文化娱乐体验
粉丝明星	偶像崇拜以及与明星 IP 互动需求	选手 IP 实现流量聚集
减压宣泄	需要减压途径	能快速释放压力

2. 中国电竞体育化历程

电竞体育化的发展，是电竞产业发展最重要的动力。电竞体育化的过程，无论在全球还是在中国均非一帆风顺。

电竞是否属于体育存在长期争议。有学者将体育发展划分为人本生理体育、简单机械体育、复杂机械体育、电子体育、融合体育五个阶段[①]。电子竞技与传统体育在调动肌肉的部位上存在差异。与后者调动"大肌肉群"不同，前者主要调动手、眼、脑协调的"小肌肉群"运动。尽管经历波折，但电竞体育化进程总体上保持向前发展态势。2020 年 12 月 16 日，亚奥理事会 39 届全体代表大会上，电子竞技正式被列为杭州第 19 届亚运会竞赛项目。企鹅有调、腾讯电竞和亚洲电子体育联合会调研报告显示，中国国民对"电竞入亚"的知晓度名列前茅，支持度也高达 79.9%。[②]

---

① 郑夺 . 电子竞技概论［M］. 清华大学出版社，2022。

② 2022 年亚洲电竞运动行业发展报告［R］. 企鹅有调，腾讯电竞，亚洲电子体育联合会，2022。

（六）电竞产业生态体系主要构成

1. 游戏开发：电竞产业的源头活水

电子竞技早期的发展定位是游戏产业中的竞技类游戏，也是游戏产业重要的推广销售载体之一。但随着这一细分领域的迅速发展，电子竞技已发展成为一个相对独立的庞大产业。

作为电子竞技产业链的上游，以腾讯、网易、暴雪娱乐和维尔福集团等为代表的游戏研发公司需要对电子竞技持续提供不同种类、不同形式、有趣新颖的游戏产品。电子竞技游戏的生命周期相对较短，随着新技术的发展、游戏设备的升级更替、主流玩家的兴趣点转移和竞品的冲击，游戏研发公司需要推出新的竞技游戏和新的竞技方式来保持企业地位和行业活力。

传统电竞产品类型可大致分为八种：①MOBA类的《刀塔2》、《英雄联盟》和《王者荣耀》；②FPS类的《穿越火线》《CS：GO》《守望先锋》；③竞速类的《QQ飞车》手游；④卡牌策略类的《炉石传说》《皇室战争》；⑤格斗类的《DNF》、《街霸》系列和《拳皇》系列；⑥战术竞技类的《和平精英》《绝地求生》《堡垒之夜》；⑦RTS类的《魔兽争霸3》《星际争霸2》；⑧体育类的《FIFA Online》《NBA 2K Online》。伽马数据发布的《2018电子竞技产业人才报告》显示，电子竞技类游戏产品中MOBA类游戏占比超过四成。玩家数量最多的是卡牌策略类游戏。根据游戏用户和赛事方的喜爱偏好来看，强对抗性、强竞技性的战术竞技类移动游戏数量占比将会有所提升，而受政策调控等因素影响，卡牌策略类游戏的数量占比将会下降。

2. 赛事与内容制作

电竞赛事是整个电子竞技产业的核心，2021年中国电竞市场规模首次超过北美市场。在赛事举办方面也在借鉴NBA的联赛经验，大胆采取"工资帽""第三方经纪制度""收入分享"和转会制度等。

（1）审批制度待完善

目前缺乏明文规定电竞产业的管理归属部门。上海所采取的"分工模式"可能为其他城市电竞产业管理提供借鉴，即电竞赛事由宣传部门统管，若涉及其他具体事项再分别对接相关职能部门。

（2）电竞俱乐部缺乏准入门槛

中国目前没有设置电竞俱乐部的准入门槛，这直接导致与国外俱乐部进行比赛时会出现沟通问题。电竞俱乐部发展状况的起伏也对赞助商的赞助行为产生负面影响，增加了赞助商对具有发展潜力俱乐部的识别难度。

（3）缺乏完整的裁判流程

电竞产业发达的国家通常建立上诉机制，电竞选手和教练可以对裁判的违规判决进行上诉。中国传统的体育赛事也有相关的上诉机制，但目前我国电竞赛事不仅缺乏上诉机制，也未被纳入仲裁范畴，导致赛事的判决权完全由赛事方的裁判掌握。

3. 赛事利益相关方

电子竞技赛事的利益相关方集中聚集在电子竞技产业链中游，覆盖赛事运营单位、电子竞技俱乐部、参赛选手、赛事主播和赛事解说员、衍生品等。

电子竞技俱乐部和参赛选手是赛事的主要参与方和表演者，相关数据显示，2019 年末我国拥有超 5000 家电子竞技俱乐部，电子竞技职业选手超 10 万名。成为电子竞技职业选手需要有一定的天赋和敏捷的反应能力。职业选手的黄金年龄段为 18~25 岁，一般情况下，25 岁以上的选手就要考虑转行从事主持、解说员、教练以及分析师等工作。[①]

赛事的运营方承担游戏版权授权对接、参赛俱乐部沟通协商、测试流程策划与物料准备、布置比赛场馆和活动相关申报等工作。目前国内外顶尖的电子竞技赛事运营方通常是游戏开发商，其他的电子竞技企业主要提供选手经纪、媒体对接和场馆运营等第三方服务。英雄体育 VSPO、NEOTV 等是近年来国内成长较快的电子竞技运营执行公司。

电竞解说是播音主持和体育解说的新发展方向，组成人员可以分为两类：一类是退役的职业选手；另一类则是非职业选手。

4. 内容制作：多媒介平台输出

电竞赛事的内容制作分为两大类：一类是电子竞技内容，另一类是相关娱乐内容。其中电子竞技内容又分为赛事内容和教学内容。

在赛事内容的传播方面，三个重要的媒介分别是：电视游戏频道、电

---

① 2020 年中国电竞俱乐部短报告［R］. 头豹研究院，2020。

竞游戏媒体和直播平台。电视游戏频道是最早对电子竞技比赛进行直播报道的媒体。随着直播信号叠加、视频抠像、VR、3D 场景等技术的发展，以斗鱼和虎牙为代表的直播平台成为电竞赛事直播平台的黑马，在直播的便利性、及时性和互动性方面具有显著优势。虎牙直播在 2021 年正式开放了"直播互动开放平台"，增加了新的互动玩法和收入方式。

5. 相关衍生产业："电竞+"的撬动作用

随着数字化技术发展和泛娱乐需求的增加，电子竞技产业衍生出了"电竞+城市"、"电竞+地产"、"电竞+酒店"和"电竞+泛娱乐"等新业态。

2016 年，文化部指出："支持打造区域性、全国性乃至国际性游戏游艺竞技赛事，带动行业发展。"[①] "电竞+城市"成为国内许多重要城市吸引新兴人才和科技企业、提升城市形象的发展规划之一，上海、杭州等城市均将对电子竞技的产业规划纳入城市发展布局中。

在相关政策推动下，以电竞酒店为代表的"电竞+地产"模式成为创业者眼中的新风口。根据头豹研究院的数据统计，我国的电竞酒店从 2018 年的 800 家增长至 2023 年的 20000 家。

在泛娱乐方面，电子竞技和体育、文娱产业深度融合，衍生出了融合文学、动漫影视、服饰等多样态的文娱体育产业。部分电竞题材影视文学作品获得了社会的广泛关注，创造了不俗的商业价值。

以电竞游戏和电竞赛事为代表的电竞核心产业的发展，为相关衍生产业积累了用户规模并拓展商业价值；电竞衍生产业的发展自下而上地反哺电竞核心产业，提高了核心产业的社会关注度和赛事转播率，并在人才体系构建、资本赞助和制度完善方面与核心产业形成共生发展关系。

（七）电竞产业生态的创新力

1. 新技术革命推动电竞产品创新

电竞产业的发展与技术进步息息相关。5G 技术的出现，使 AR 和 VR

---

① 中华人民共和国文化和旅游部.文化部关于推动文化娱乐行业转型升级的意见［EB/OL］. https://www.mct.gov.cn/whzx/bnsj/whscs/201609/t20160921_751961.htm.2016-09-21/ 2023-06-21。

技术的落地成为可能，为观众带来多角度、高还原、虚拟与现实相结合的观赛体验。杭州第19届亚运会上数字人点燃圣火的虚拟影像或将成为未来人们观赛、观影的常态。在人工智能技术方面，《王者荣耀》的"王者绝悟" AI系统已通过了人机战队测试，未来有可能深度应用于职业战队的日常训练中，从陪练对垒到数据分析等方面进一步提高选手竞技水平。

总体而言，电竞产业的技术创新呈现网络高速化和数字化特点。从有线网络向无线高速网络的发展，为线上赛事举办、线上沉浸式观赛和电竞城市打造提供技术支持。在AI算法的加持下，相关技术可为相关内容产品的精准搭配创建应用模板。

2. 模式创新：五大盈利模式

庞大的电竞用户基数和人民对美好生活多样化、泛娱乐的追求，商业模式的创新为电子竞技产业带来更多的生态多样性和产业规模增长。

（1）电竞+直播模式

直播技术的发展为电子竞技带来新的传播媒介和互动活力，直播收入也成为电子竞技产业的重要动力源。目前，电竞直播的商业转化率达到15%，直播带货、平台签约费、虚拟道具销售分成和广告推广费用，成为电竞直播模式下的多种收入来源。

（2）电竞+冠名赞助模式

赛事举办所产生的游戏热度、选手知名度和社会关注度让品牌方意识到了电竞的商业价值。随着电竞赛事的规范化、体系化发展和全民关注度的提高，越来越多的品牌方将电竞纳入了自身品牌营销传播的矩阵，大品牌赞助战队和赛事的新闻已屡见不鲜。

（3）电竞衍生产品创新模式

电子竞技的发展推动相关游戏设备垂直化和精细化发展。如各手机厂商纷纷进军电竞手机细分市场，传统的智能手机也为改善游戏运载性能，开始从芯片、散热方面发力，升级推出电竞手机产品。追求体验感、舒适感和轻量化的电竞椅也从普通的办公椅中分化出来，以更好的支撑性、贴合性和可调节性赢得众多游戏玩家喜爱。更有相关的外置按键、游戏投影仪、外接键鼠、加宏鼠标和游戏耳机等硬件设备受到电竞用户的喜爱。

（4）电竞文化旅游模式

近年来，具有城市特色文化的电竞赛事推动了文旅产业的发展。电竞成为重庆、成都、西安和上海等城市的新名片，依托本地居民对当地文化的归属感，利用外地电竞爱好者对城市特色文化的好奇感实现引流，逐步构建"泛娱乐+文化+产业配套"的电子竞技产业生态圈。在强氛围、强互动和强沉浸感的需求带动下，电竞场馆的线下观赛需求与日俱增。打造专业化的电竞赛事场馆，围绕电竞场馆的建设、活动赛事和广告投放成为新的电竞文旅商业模式。而兼具私密性、舒适环境、专业硬件、稳定网速的电竞酒店也成为"电竞+地产"的新增长点。

（5）电竞+文娱 IP 模式

电竞自带极强的娱乐属性，让电竞产业、文化产业和娱乐产业的受众群体产生了极强的认同感和归属感，从而诞生了多个电竞+文娱的品牌 IP。优质的电竞 IP 吸引着更多用户参与到电竞的狂欢盛宴中，相关的 Cosplay、手办、画册也成为文娱 IP 的爆款。

3. 制度创新：营造良好发展环境

制度创新左右着社会大众对电子竞技的认知判断，对电子竞技的发展有着重大影响。

（1）政策的影响

长期来看，政策对电子竞技的影响是支持发展与规范约束并举。1998~2003 年，在政策支持下，电竞产业虽迎来高速发展的时代，但也产生了一些负面的社会影响，比如青少年易沉迷网络、电竞所使用游戏内容存在色情、暴力等元素。为此，2004~2008 年，国家对电竞产业采用了限制的管理思路。2008 年后，各级政府对电竞的支持力度加大，制定相关政策带动电子竞技产业发展，电竞产业再次迎来良好的发展契机，电竞体育化进程也再上台阶，2008 年电子竞技被重新定义为第 78 号正式体育比赛项目。2016 年以来，国家出台的电竞相关政策让电竞产业迈入了发展的高速赛道。电竞产业的良性发展不仅需要政策的支持与规范，同样也受到社会文化因素的影响。

（2）文化促进

向优秀文化借势兼容是电子竞技从亚文化走向主流文化，获得广泛社会认同和参与的重要举措。与体育竞技文化的融合将电子竞技和游戏娱乐进行区隔，弘扬了竞技拼搏的正向价值；赛事制度的完善和俱乐部的保障让电竞职业选手个人 IP 和商业价值联系更为紧密，电子竞技的职业自豪感和光环效应被社会大众所认可；动漫文学的文化助力，让电子竞技的娱乐价值产生破圈效应，参与群体从电竞爱好者向各个圈层的社会大众普及；亚运会的官方认可让电子竞技成为彰显国家软实力，维护和健全大国形象的重要标志。

4. 协同创新

产业链协同理论提出：提升产业链不同组成部分之间的协同效率[①]能够使整个产业链生态实现良性发展。

产业链上游的游戏研发企业，作为赛事 IP 方为电子竞技提供赛事 IP 和比赛内容。内容精致、形式新颖的竞技游戏内容是整个电子竞技产业的构成原点，直接决定着产业链中下游企业的参与数量和参与深度。

内容制作方和位居产业链中游的赛事转播对电子竞技产业的宣传推广起着至关重要的作用。亮点突出、形式新颖的赛事内容和娱乐内容，不仅是内容产品的销量保障，也是拓展用户人群、促进衍生产业和产品发展的价值依靠，能为电子竞技带来产业和品牌发展的双重红利。内容风趣、互动多样的转播，不仅可以提高平台自身的知名度，也可以扩大用户规模。下游的衍生产业能够促进行业之间交流互动，不断拓展行业边界。

（八）中外电竞发展模式比较

各国电竞产业发展初始禀赋存在差异，在发展过程中形成了不同的模式。比如，韩国在电子竞技早期发展阶段，在国家层面成立了"游戏综合支持中心"，相比韩国，欧美国家通过"小政府、大市场"的方式发展电竞产业，市场是其电竞产业发展的主要力量，资源配置效率较高。此外，欧美国家注重调动市场和政府之外的社会力量促进电竞发展；同时，政府的角色则是弥补市场失灵和道德风险等问题。

1. 中外电竞体育化进程比较

韩国电竞产业体育化进程在各国中处于领先地位。中国社会舆论曾对电竞有着一些负面认知，导致其发展一度较为曲折。近年来，得益于大力发展数字经济、"电竞入亚"、中国选手在国际赛事中屡屡夺冠、移动端网游迅猛发展等因素的影响，中国电竞体育化进程明显加快。欧美国家电竞

---

① 主要体现为价值链、企业链、供需链和空间链的优化配置和效率提升。

体育化主要为市场和资本驱动，一开始即采取较为成熟的项目体育职业化运作模式，其依托高校的赛事联盟有力推动体育化进程。

2. 中外电竞社会治理比较

在社会治理过程中，电竞行业协会在规范行业发展、制定行业标准中发挥了不同程度的作用。韩国电竞的成功离不开拥有政府背景的韩国职业电子竞技协会的大力支持。美国电子竞技协会通过建立活动社区、在大学之间形成联盟举办各种电竞活动，推动电竞运动不断发展。我国电竞联盟ACE由几家大型电竞俱乐部组建而成，在电竞选手合同规范化、联赛组织程序化、联盟运作商业化等方面作出了积极的贡献，但该协会自身存在的问题也制约其在社会治理体系中的作用发挥。首先，缺乏政府背书和支持，这导致其资源和公信力不足；其次，ACE内部俱乐部间的力量不均衡，容易被大俱乐部所操控，对小俱乐部的生存和发展不利。

3. 中外电竞大众参与比较

在政府的大力扶持之下，韩国大众对于电竞的参与度较高。中国电竞用户规模在世界上无出其右，参与程度也在逐步提升，电竞用户价值和潜力巨大。韩国总体上参与人数不如中国，但是粉丝参与度和核心用户占比更高。

4. 中外电竞职业化程度与路径比较

韩国建立了完善的从业者资格认证体系和各级人才选拔机制。韩国坚持电竞选手专业技能和文化技能同步发展，优秀电竞选手可被韩国一流大学录取甚至获得全额奖学金。选手的培养体系由技能培养、退役职业规划、身体调适与自我评估三部分组成。取得优秀战绩的电竞选手享受体育明星待遇，受到全社会的尊重。韩国还参照美国职业篮球联盟以及英格兰足球超级联赛等全球顶级赛事品牌，建立了电竞名人堂，收录对于韩国电竞做出突出贡献的名人。

与韩国等职业化体系已经较为完善的电竞强国相比，中国电子竞技职业化虽然取得了一定的成绩，但是仍存在以下三个方面的问题。第一，职业电竞选手培养体系尚不完善，行业就业吸纳能力有待加强，电竞选手职业寿命低于国际平均水平，选手退役后技能转换或继续就业面临一定困难。第二，部分电竞俱乐部存在管理混乱等现象，曾经出现过职业选手被欠薪情况，中国在规范管理和良性运营方面仍有很大的提升空间。第三，相当比例的家长对电竞持有会成瘾的刻板印象，年轻电竞选手从事电竞职业往往面临家庭阻力，这对电竞人口数的增加造成了制约。

二 全球电子竞技俱乐部发展模式

（一）职业电竞俱乐部概念界定

近代工业革命不断推进世界的发展，体育运动逐渐成了人们生活的重要组成部分。体育俱乐部的社交、娱乐、心理、归属感等作用，极大推进了体育事业的发展。而在业余体育俱乐部发展到职业体育俱乐部的过程中，其完善的组织制度逐渐脱颖而出，成为有组织有目的的社会活动。关于职业体育俱乐部的定义，学术界和产业界尚未达成一致观点，总体而言，职业体育俱乐部是指具有法人资格的，拥有职业运动员的，有资格参加全国职业队联赛的职业运动队的体育俱乐部。

关于职业电竞俱乐部的概念界定，目前国际与国内都还没有相关定义。有学者认为，职业电竞俱乐部是随着电子竞技赛事数量不断增多，规模不断扩大而产生的；在电子竞技成为正式比赛项目之后，对电子竞技的发展有很大推动作用①。世界各国的电子竞技俱乐部由于规模和层次不同，具有不同的结构，但都包括五个关键部分：总经理、领队、战术分析师、队员和教练②。在电子竞技产业里，职业俱乐部不是仅由几个人组成的战队，而是一个雇佣职业电子竞技选手参与比赛和表演，借以赚取利润，或者为一定的企业做宣传、做广告的组织③。

根据职业体育俱乐部定义的延伸，再结合目前文献对电子竞技俱乐部的概念界定，本报告对职业电子竞技俱乐部的定义如下：职业电子竞技俱乐部是指具有企业法人资格的、拥有由职业电子竞技选手组成的、有资格参加国内外各项职业电子竞技大赛的职业运动队的体育俱乐部，并且是一个以营利为目的的社会组织，它具有一定的商业性。

电竞俱乐部与传统体育俱乐部相比，两者既有共同特点又存在一定差异。

---

① 郭俊良，齐书春. 我国电子竞技运动发展研究综述［J］. 体育风尚，2019（12）：2。
② 曹瀚霖. 电子竞技俱乐部经营与管理［M］. 江西美术出版社，2020。
③ 超竞教育，腾讯电竞. 电子竞技俱乐部运营与管理［M］. 高等教育出版社，2020。

两者共同特点：伴随着对竞技精神的高度诠释，传统体育俱乐部与电子竞技俱乐部的经营活动都围绕着比赛和训练展开。尽管运动员在比赛过程中的身体活动有所不同，但追求比赛胜利的目标始终保持一致。既然是以输出竞赛内容为主营业务，那么无论对于电竞俱乐部还是传统体育俱乐部，比赛成绩尤为重要，可以视为俱乐部的核心竞争力。而作为俱乐部重要人力资源的运动员、教练员、数据分析师、运动康复师等形成周密的闭环训练机制，构成了体育俱乐部和电竞俱乐部的日常生产活动，俱乐部的一切经营结果将在很大程度上依赖于成绩的输出。

传统体育俱乐部和电竞俱乐部结合的案例也日渐增多，早在 20 世纪 90 年代，国际足联就把版权授予了美国的游戏厂商艺电公司。随后，日本的游戏公司也通过向西甲、英超等多个传统体育俱乐部购买版权，将各大 IP 植入游戏，成就了后来风靡全球的《实况足球》电子竞技项目。近年来，众多传统体育俱乐部看到了电子竞技的巨大潜力，纷纷布局电子竞技产业。法国的里昂足球俱乐部于 2017 年与中国的 EDG 电子竞技俱乐部携手创立里昂电子竞技足球战队，LGD 电竞俱乐部和法国巴黎圣日耳曼足球俱乐部合作成立 DOTA2 战队等案例。

两者差异性：传统体育竞技项目相对稳定，且不具有版权和 IP 属性，例如，举办足球、篮球比赛并不需要授权，因此，在传统体育赛事中，赛事联盟和出资方就成了权力核心，决定了赛事的走向和发展。传统体育项目的寿命都比较长，欧洲足球俱乐部大多具有百年历史，从 19 世纪的英国开办职业联赛，这项体育运动至今都存在，且在众多国家和地区风靡盛行。

电子竞技项目具有知识产权性，是指电竞游戏产品的知识产权及 IP 归游戏开发商所有，举办游戏相关赛事必须获得版权方的授权，在权力分配和组织运作上，具有知识产权是电竞与传统体育项目的核心区别。在电子竞技赛事中，游戏开发商掌握着游戏版权和 IP，处于电竞赛事产业链的顶端，没有游戏开发商的授权，任何第三方都不能举办这款电竞游戏产品的比赛，游戏开发商大多自己组建赛事联盟，招商引资，对电竞赛事的未来发展有着绝对的掌控地位。国内的游戏厂商主要有腾讯、网易、完美世界，不同的游戏所占市场份额也不同。腾讯的电竞产品覆盖了目前主要的电竞比赛，例如热门的《王者荣耀》《英雄联盟》等；而网易、完美世界等也在积极成立联赛和联盟。游戏公司是电子竞技产业的版权所有者和出资者，其主要功能包括提供游戏及赛事的知识产权授权，确定赛事 IP 的所有权和主办方，明确赛事举办的目的、运作模式及基本准则，为赛事提供资金支持，通过赛事举办、赛事赞助达成机构的核心目的。

总的来说，虽然电竞俱乐部和传统体育俱乐部有一些相似之处，但由于知识产权性质和组织方式的不同，它们也存在明显的差异。

（二）电竞俱乐部的历史与现状

1. 电竞俱乐部的历史

电竞俱乐部的兴起与电子竞技游戏的发展密切相关，而电竞联盟的发展催生了电竞俱乐部的兴起。早在 1997 年，因为《雷神之锤》等游戏的火爆，电子竞技俱乐部的雏形开始出现，最初的电竞俱乐部主要是为俱乐部成员提供线上交流和切磋的场所。随着电子竞技赛事的影响力不断扩大，一些硬件制造商如 Intel 等看中电竞的商机，并开始赞助电竞俱乐部。为了提高比赛成绩和扩大知名度，电子竞技俱乐部逐渐招募专业的电竞选手和从业人员，这标志着职业电子竞技俱乐部的出现。

2. 职业电竞俱乐部的现状

近年随着国际电子竞技俱乐部的资本化发展，电子竞技俱乐部的建立依托于游戏版权所属厂商的电子竞技项目，因此电子竞技俱乐部旗下一般拥有多个分部，来规避单一项目的风险并扩大自身影响力。从 2018 年的电竞赛事联盟化开始，电竞俱乐部走上了融资扩张的资本化发展道路。2018年全球电子竞技俱乐部的投资规模达到了 45.2 亿美元，2019 年则为 19.5 亿美元，欧美和韩国也开始出现 5000 万美元级的电子竞技俱乐部的投资，并出现了上市的俱乐部主体，但 2019~2022 年的公开财务报表显示，首支在纳斯达克丹麦市场上市的电子竞技俱乐部 A 队（Astralis）仍处于亏损状态。截至 2023 年 5 月，我国尚无上市的电子竞技俱乐部，调研对象也将详尽的财务信息视为商业秘密，因此其在财务透明度和可研究性上相对更低。

根据福布斯（Forbes）2022 年发布的"最具价值电子竞技公司"榜单，前 10 名中有 8 家公司来自欧美，2 家来自韩国，这说明即便作为全球最大的电子竞技市场，我国电子竞技俱乐部的投资标的金额也低于国际水平。但国内俱乐部的资本扩张往往和政府政策、投资及补贴高度相关，一定程度上也保证了俱乐部发展的抗风险和盈利能力。

2020 年开始，疫情干扰了电子竞技赛事落地，随之而来的经济环境改变也使得数字货币、互联网企业和传统体育运营者等主流投资方的本身业务受到严重影响，即便疫情带来了游戏行业的短期爆发式增长，但盈利模式不明确且亏损严重的电子竞技俱乐部项目投资仍大大降低。资本泡沫渐渐缩小的电子竞技俱乐部产业也在发展的十字路口徘徊，开始审视自身真正的价值所在。

（三）电竞俱乐部商业模式

电竞俱乐部遵循商业模式中的"价值主张→价值创造→价值获取"关系。在满足赞助商需求和提升粉丝体验的基础上，电竞俱乐部通过多种经营方式来提高竞赛水平和内容流量，从而实现价值创造，并通过多渠道实现价值获取，构建可持续的商业模式。在这个过程中，动态能力发挥着重要作用。

1. 电竞俱乐部的价值主张

对于电竞俱乐部而言，价值主张主要包括俱乐部的特色和所选择的游戏。俱乐部的职业选手通过参加电竞比赛来产生内容，而这些内容的受众主要分为线上观赛用户和线下观赛用户。线上观赛用户通过各种媒体传播渠道观看比赛，而线下观赛用户则购买门票亲临现场观看比赛。这两类观众有不同的观赛动机，包括信息需求和社交需求。因此，电竞俱乐部的核心是用户，尤其是核心粉丝。通过提供更具吸引力和趣味性的赛事表演，俱乐部可以展示电竞的魅力，传递竞技精神，与观赛用户建立情感互动，满足不同的观赛需求。从用户观赛需求的动机来看，线上和线下观赛用户的动机可分为两种：第一类是信息需求，即通过观赛，深入了解游戏、游戏战术、职业选手、战队成绩、俱乐部等信息；第二类是社交需要，即通过与亲朋好友一起观赛进行社会交往或获得一种社交联系。线上和线下观众在动机方面也存在共性和差异性。线上观赛用户的动机主要是基于信息需求的满足，而线下观赛用户的动机基于社交需要和情感需要。从用户需求进行电竞粉丝经济的商业价值开发，即用户至上是电竞俱乐部的主要价值主张。

2. 电竞俱乐部价值创造

对于电竞俱乐部而言，价值创造主要是成绩和流量。竞赛成绩对于俱乐部来说是核心竞争力，而内容流量的打造也在不断扩大俱乐部的影响力。在整个电竞产业链中，游戏、俱乐部、赛事、传媒、衍生品是一个相互依存、相互联动的产业体系。电竞俱乐部的价值创造途径主要依靠赞助商赞助、参加电竞比赛、直播平台签约、商演活动、电商变现、IP 打造和衍生品运营等。整个电竞产业链的不断完善、细分和融合重组，促进了整个电竞产业的互利共生。比如，腾讯电竞牵头推动电竞俱乐部的联盟化和电竞赛事的主客场制发展。从未来的发展趋势看，随着联盟化、主客场制的全面推行，电竞行业相关制度、规则逐渐确立，电竞生态体系不断完善，电竞俱乐部作为电竞产业链的关键要素环节，将会呈现出更多的发展业态，挖掘更多的商业价值，在产业生态体系中发挥更大的作用，也将会形成多元化全过程的价值创造途径。

3. 电竞俱乐部价值获取

早期的电竞俱乐部多以个人出于对电竞的兴趣爱好投资组建为主，虽没有资金运营的压力，但由于电竞行业相关的规则体系不够完善，整个电竞产业链不够成熟，电竞俱乐部很少盈利，大多处于亏损状态。而选手自行组建的俱乐部则主要依靠赞助商维持运营，生存困难。近年来电竞行业迅速发展，在国家政策的鼓励和支持下，电竞产业初步形成了良性发展的态势，电竞市场化、专业化和职业化趋势显著，产业新要素不断涌现，如各类直播平台的兴起、电竞传媒的壮大、电竞明星的商业化运作等，良好广阔的市场前景吸引了大批电竞选手和各类资本的涌入，为电竞俱乐部商业模式提供了新的、更加多元化的可能性。目前，电竞俱乐部的价值获取主要通过以下渠道：赞助商收入、选手比赛奖金抽成、游戏厂商补贴收入、直播平台签约收入、联盟收入分成、商演活动收入、电商变现收入等。其中，赞助商收入是现阶段电竞俱乐部的最主要收入来源，这依赖于电竞俱乐部的战队成绩以及品牌影响力。联盟收入分成是指作为游戏发行商和运营商的机构，以腾讯为例，将联盟收入（不限于媒体版权和赞助收入，包括游戏内收入）按照一定比例分配给各个加盟俱乐部，从而保障现阶段俱乐部的收入和正常运营。但只有加入了 KPL（王者荣耀）联盟和 LPL（英雄联盟）联盟的电竞俱乐部拥有这部分收入。因此，对于其他现阶段没有能力加入联盟的俱乐部而言，盈利依旧困难。总体而言，目前我国电竞俱乐部盈利模式单一，大多处于亏损状态，仅有少数顶级电竞俱乐部能实现盈亏平衡。

（四）美国、韩国与中国电竞俱乐部特点比较

1. 美国电竞俱乐部的特点

美国的体育赛事运营模式非常成熟，而美国电竞赛事也以吸引更多现场观众为主要目标。在资源和生产过程方面，美国电子竞技赛事主要围绕现场比赛展开，电视转播是辅助手段，商业模式主要面向广大业余电竞爱好者，主要盈利方式是赞助商提供支持。此外，美国电竞俱乐部在商业化和管理方面具有丰富的经验，表现出成熟的特点。美国在信息科技、互联网技术和计算机科学等领域处于领先地位，因此更加注重科技属性主导的硬件生产和游戏开发等上游领域。根据 Esports Charts 数据，2022 年全球最受欢迎的五大电子竞技比赛中，有四个由美国游戏厂商主导。不同于传统体育，游戏厂商拥有项目版权，因此完全掌控着游戏的授权和转播权。在游戏内，他们可以通过调整游戏的数值和机制来影响竞技策略，甚至改变电子竞技队伍的短期表现和命运，这对电子竞技俱乐部和从业者来说是一个不可控因素。

与此相关的是，美国的高校在游戏开发和电子竞技领域处于领先地位。根据美国国家高中联合会（NFHS）的数据，全美有超过 200 所高校设立电子竞技相关专业，并设有电子竞技校队。运动员们可以通过拥有电子竞技特长或加入校队的方式被高校录取，并获得电子竞技奖学金。这为电子竞技运动员和教练员提供了接受学历教育的机会。校队通过全美高校电子竞技协会（NACE）、全美高校电子竞技联合会（NECC）等高校联盟组织的比赛赢得高额奖金。美国的职业电子竞技俱乐部也将高校视为人才储备库。例如，参加 2023 年《守望先锋》世界杯的美国国家队的 9 名选手中，有 6 名曾效力于大学校队。

美国顶级电子竞技俱乐部的另一个重要特点是强调品牌效应。他们通过内容创作者公会、自建 App 社群等方式不断提升与关注者群体的内容创作水平，从而提高俱乐部的品牌价值。美国的电子竞技俱乐部也受到了强力资本的支持。可以说，美国通过游戏版权、金融投资和品牌建设在世界电子竞

技产业中占据了重要地位。然而，值得注意的是，在 2018 年至 2021 年期间，大量投机资本和数字货币导致了电子竞技产业的泡沫迅速膨胀，随后在后疫情时代，出现了风险投资退出、低成本运营、资方破产等负面事件。在缺乏政府监管和机构管理的纯市场环境中，即使凭借着传统体育和商业投资底蕴，美国整体电子竞技俱乐部的专业程度也难与韩国媲美，难以在文化层面发挥出应有的社会作用。这也提示我国在规范监管下运营电子竞技产业的重要性。

综上所述，美国的电子竞技产业更加注重电子竞技的上游产业，具有规范的资本体系架构和商业管理能力，但在专业训练和人才培养方面相对较弱，更依赖人才引进和自然产生的杰出人才。此外，由于俱乐部的资本背景，部分电子竞技俱乐部面临投机资本不确定性与专业赛训所需的稳定性之间的冲突。

2. 韩国电竞俱乐部特点

韩国职业电子竞技协会（KeSPA）通过制定了一系列指导性标准，推动职业电竞发展，包括俱乐部梯队建设、招商引资、选手管理，以及电子竞技赛事、文化娱乐和体育竞技的有机结合等。电竞通过职业化赛事和综艺娱乐化的包装，形成了"协会-俱乐部-电视台-网络宣传"等一体化的模式。

韩国设立了各种类型的电子竞技学院，并于 2002 年开始提供高校电竞专业，用于培养职业电竞选手、教练员、数据分析师、赛事分析师、专业解说员、赛事运营师、直播运营师等各类产业人才。这些人才的培养经过 20 多年的市场检验，已经在全球范围内产生影响，引领着全球电子竞技产业的发展。2012 年，韩国政府通过了《电子竞技振兴法》，建立了电子竞技企业的规范扶持以及与人才培养、国际文化交流相关的法规。自 2014 年起，韩国开始提供大学入学名额以保障职业选手的教育需求，使他们在退役后仍然能够通过转型实现职业发展。在学历教育方面，韩国俱乐部与一些本国顶尖高校合作，整合了韩国电竞产业在体育、游戏、科技和商业领域的丰富经验，这一合作为学生提供了以电竞运动员身份推荐入学并获得奖学金的机会。

随着电子竞技产业的资本化，俱乐部的管理模式和教练策略也逐渐趋向于科学和专业，与传统体育竞技和商业管理领域的最佳实践越来越接近。这使得韩国电竞俱乐部能够以更高待遇吸引来自世界各地的人才。由于人才体系的卓越性，韩国产生的职业运动员和教练员数量远远超出了本国市场的需求，大量韩国人才流向中国和北美等用户体量更大的地区。自2018年开始，电子竞技赛事的国际化和战队席位的扩展加剧了这一趋势，韩国电竞俱乐部通过人才转会赚取了大量收入。这些韩国从业者与其他地区的文化、管理和竞技风格相互交流，逐渐形成了新的电子竞技管理和训练方法，提高了其他赛区本土从业者的专业水平。

韩国电子竞技的发展和俱乐部管理模式为其他地区带来了启发，然而，随着全球电子竞技产业规模的扩大，用户规模的增长和上游游戏厂商的限制等成为制约韩国电子竞技发展的主要因素，这也导致其产业规模被中国和北美超越。尽管如此，韩国仍保持着科学规范的管理体系和出色的赛训能力，这依然是韩国电子竞技的独特优势。

3. 中国电竞俱乐部特点

中国电竞俱乐部的发展经历了三个阶段。第一个阶段是中国电竞俱乐部萌芽期，在这个阶段，基于几款主要游戏的商业比赛明显增多，一批诞生于网吧的准专业战队开启了电子竞技最早的职业化探索。2000年前后，《反恐精英》成为新一轮的爆款游戏。这个阶段，几款主流游戏组成了中国电子竞技的启蒙图景。尤其是《反恐精英》强调团队配合，队友们各司其职，协同作战。2005年4月21日，WE电竞俱乐部正式成立，据业内记载，这是国内成立的第一家职业电竞俱乐部。①

第二阶段是中国电竞俱乐部发展期。2011年4月，一支名叫CCM的电竞俱乐部因为资金链断裂，俱乐部的房子不能续约，队员们的工资也发不出，在这种情况下，该战队还是连番拿下了TGA成都站的冠军和最高赛事WCG中国区的总冠军。CCM战队被收购，改名为IG战队。此后，IG整合了前CCM电竞俱乐部《刀塔2》（DOTA2）、《星际争霸2》（SC2）、《英雄联盟》（LOL）等项目所有队员，同时宣称要打造全球顶级电竞俱乐部。各方资本开始正视这个行业，纷纷投入资金，中国电子竞技正式开始高速发展。

第三个阶段是中国电竞俱乐部成熟期。现在的电竞俱乐部增加了品牌

① 王萌，路江涌，李晓峰．电竞生态：电子游戏产业的演化逻辑［M］．机械工业出版社，2018。

和赛事内容的运营、信息化的工具、明星运营等内容，这也是电竞俱乐部向成熟的体育俱乐部模式转变的一个标志。2015～2018年电竞俱乐部开始陆续获得风险融资，2017年至今，随着产业资本收购电竞俱乐部，电竞俱乐部走向企业化运营模式，开始向文化建设、内容传播、地方产业等方向深层次布局。2021年，除快手外，有多家产业资本先后收购电竞俱乐部，如微博收购KPL战队、TT语音收购DMO电竞俱乐部等。近年来资本对电竞俱乐部的投入呈现出逐渐升级的趋势：从个人投资者到风险投资基金（VC），再到涉足产业投资的资本方（包括地方国有资本）。简而言之，投资者的参与已经从最初单纯对电竞的热爱逐渐演变为专业化、资本化以及集团化运作。电子竞技产业也逐渐脱离了其最初依附于游戏产业的格局，发展为一个独立的产业实体。

电子竞技俱乐部的盈利模式分为赞助商模式、赛事奖金模式、直播签约模式、衍生品销售模式、自培养模式、投资模式。赞助商模式指不同行业的企业投资其青睐的电子竞技俱乐部以获得企业品牌的曝光度和知名度。赛事奖金模式指电子竞技俱乐部参加各类比赛从而获得奖金收入。直播签约模式是指俱乐部选手与直播平台签约，直播平台会给俱乐部一笔签约费以及选手通过直播获得收入分成。衍生品销售模式指当电子竞技俱乐部聚集了一定人气的时候，可以通过电商渠道、商务活动等进行人气变现。自培养模式也称青训队，指电子竞技俱乐部自身进行选手培养。投资模式是指电子竞技俱乐部除了关注俱乐部自身经营的业务外，向电子竞技行业其他领域或其他行业进行投资的行为。

（五）中国电竞俱乐部存在的问题及发展建议

1. 中国职业电竞俱乐部存在的问题

电竞俱乐部在中国尚未建立清晰的商业模式，其商业化发展仍处于不成熟的阶段。当前，多数电竞俱乐部实现盈利的主要方式是依赖赞助商投入，这导致整个行业盈利模式单一，能够真正盈利的俱乐部寥寥无几。另外，资本过度涌入也带来了副作用，选手的目标从取得更好成绩转向赚取更多收入，俱乐部挖人行为泛滥，个人投资模式不稳定，一些俱乐部可能因突然撤资而使选手难以维权。相比之下，韩国电竞俱乐部由实力雄厚的大财团如三星、SKT等赞助，能够聘请专业管理人员。而中国多数俱乐部由其他行业投资者投资，缺乏电竞俱乐部管理经验。

电竞俱乐部的管理机制不完善，由于多数俱乐部管理层薄弱，俱乐部运营艰难。只有少量俱乐部成立了董事会、股东大会等，而一些俱乐部则缺少企业管理机制，存在着随时解散的危险。这也导致了大多数中国电竞俱乐部亏损，对选手的保障不足，增加了选手的压力。部分国内战队由于亏损默默解散，缺乏健全的运营机制将使一些专业投资者望而却步，让俱乐部难以得到资本支持，加剧了其运营机制的恶化。

电竞俱乐部缺乏专业人才的供给，俱乐部组织结构重叠现象严重。不相容岗位由同一人兼任，决策机构、执行机构、监督机构并没有严格区分开来，导致权力机构的职能分工并不明确。大部分电子竞技俱乐部经营者是游戏爱好者或者业余从事电子竞技的个人投资者，缺乏专业的管理知识和技能，可能不具备良好的企业管理、财务管理、市场营销等方面的经验，专业人才供给短缺会导致电子竞技俱乐部在商业化运作、赛事规划、选手培训等方面存在一些挑战。

此外，中国电子竞技俱乐部因为社会环境方面的原因，本身对管理者就提出更高的要求。受行业特征限制，职业的电子竞技选手的年龄普遍偏小，这些选手基本没有社会经历，有的甚至依旧处于叛逆期，心理素质也比较弱，选手之间的沟通也容易产生问题。由于电竞相关课程的针对性不强、实地考察研究较少等原因，完成电竞专业的学生中仅有不足30%仍想继续从事电竞相关行业。该背景下，仅有少数学习专业电竞知识的学生能够从事电竞行业。

2. 中国电竞俱乐部的发展建议

建构可持续的商业模式。电竞俱乐部应重视电竞用户的消费意愿，并积极进行互动经营，包括举办大众参与的活动以巩固老用户和吸引新用户。在发达城市，电竞用户的消费意愿和能力都较高，因此应寻找新的盈利模式。此外，俱乐部可以建立电子竞技训练营，培养后备人才，降低选手签约费用和工资开支，同时为电竞产业输送更多人才，构建独特的盈利模式。

重视粉丝经济。电竞俱乐部应以粉丝为基础，通过流量运营，打造竞赛人才、俱乐部、粉丝社群的正向循环。这可以通过互联网思维对俱乐部品牌和人才进行流量经营来实现。不仅仅追求赛事成绩，还要注重俱乐部品牌的建设，以保持粉丝的忠诚度和商业潜力。

多元化发展和跨界合作。电竞俱乐部应制定多元化发展策略，寻找跨界合作的机会，探索"电竞+"的赞助营销模式。在电竞赛场之外，寻找新的品牌立足点，以应对激烈的赞助竞争和创造额外的收入来源。

健全俱乐部管理机制。建议电竞俱乐部完善管理体系，包括成立董事会、监事会等机构，实施股份制的管理模式，以提高法人治理结构的完善度。这将有助于俱乐部稳定运营，建立健全管理机制，吸引更多的资本支持。

培养专业电竞人才。高校和培训机构应构建完整的电竞课程和知识体系，培养学生掌握全面、科学的电竞知识和实际操作能力，为电竞产业培养专业人才，包括经理、教练、分析师等，以推动电竞产业的健康发展。

中国电竞俱乐部在商业模式、粉丝经济、多元化发展、管理机制和人才培养方面都有改进的空间。随着电竞产业的不断发展，采取上述策略可以帮助俱乐部实现可持续发展，应对市场的竞争和挑战。电竞产业的发展需要时间和努力，有朝一日可以成为更加健康、成熟和有影响力的行业。

三　电子竞技衍生市场状况

电子竞技在行业发展中迎来新的机遇，电竞衍生话题增加，电竞出圈成为常态。电竞作为"Z世代"最重要的圈层文化和高度关注的文化内容，用户群体规模庞大。

（一）电竞行业与教育培训行业携手并进

1. 新趋势："电竞+教育"碰撞融合

2016年，教育部增设了电子竞技运动与管理专业，标志着电竞专业人才培养正式被纳入高等教育行列。每当电竞话题上热搜后，总会引来讨论，那么电竞的意义在哪里，为什么要开设电竞专业？电子竞技属于时代产物，在探究电竞与教培的关系时，首先，要区分电竞和游戏。游戏本身是让全民娱乐消遣的私人领域产品，在一定程度上容易使未成年人成瘾，沉迷网络游戏，国家针对这种现象专门提出限制未成年人网络游戏参与时间的政策。然而电竞不完全等于游戏，电竞属于竞技比赛的一种，每一位专业的电竞选手都须经过无数次训练才能走上比赛舞台，并且依靠电竞而生活，电竞成为其职业。其次，应厘清电竞人才与游戏人才的定义，要区分游戏设计人才和游戏玩家的不同，电竞行业人才也不等同于电竞选手，除了选手之外，还有电竞内容制作、技术开发、运营管理等多个层面。电竞教培在教育形式、内容、课程设置、人才体系等方面应用广泛，涉及电竞价值链的全部环节。随着市场经济的发展，电竞行业在政策的规范指引下焕发新生，而教育培训也在被赋予了电竞意义之后显得尤为重要。

2. 新人才：供给缺口愈凸显，青黄不接待改革

随着电竞赛事爆发式增长、电竞迷群体迅速扩大，越来越多的国家和地区将电竞列为正式教育项目，据统计，截至 2021 年 6 月，国内 140 所大学、学院开设了"电子竞技运动与管理"专业（以下简称电竞专业），本科专业代码为 040210TK，专科专业代码为 570312，其中，绝大部分高校开设的专业相关方向为电子竞技运动与管理、电子竞技主持解说等，部分本科院校的专业名称为电子竞技分析、电子竞技舞台设计、商务推广、运营维护、策划执行、新闻传媒、剪辑、电子竞技节目制作等。

我国电竞人才需求主要体现在两个职业方向上。人力资源和社会保障部下属的中国人事科学研究院指导发布的《腾讯新职业与就业发展报告（2022）》显示，"电子竞技员"及"电子竞技运营师"被评估为稳定期数字生态职业，每个职业将为行业相关领域带来 50 万~100 万个就业岗位。目前，我国市场上电竞教育如雨后春笋般出现。从传统教育划分来看，主要分为学历教育和职业（技能）教育两大类。开办此类教育的组织，主要分为三种：专科本科类院校、职业技校，以及培训机构（包含地方性电竞协会等民办非营利的社会组织）。一些电竞头部企业正在积极投入电竞教育布局中，成为电竞教育供给方的主力军。人才对于电竞教培供给质量的加持尤为重要，电竞生态圈需要多方面的专业人才支持，共享技术红利的机遇，如技术、赛事、商务、市场、学术、数据研究，甚至心理研究、康复保健等，每一个方面都有巨大的人才缺口。在人才供给方面，电竞教培呈现两条路径，一条路径是传统的高等教育和职业教育体系，这是最普遍也是最原始的路径，全国开设该专业的高职院校数量不断增加，但毕竟学校与市场存在信息时差，若单凭学校来设置课程，可能跟不上市场需要；第二条路径恰恰能解决上述问题，在电竞教育这一新的教育政策趋势之下，许多电竞教育公司和电竞俱乐部开始建立训练平台，这是以市场为基础的成长系统。他们还与传统教育进行结合，实施了学校与企业的合作，采用产教融合的策略，强力推动了电竞教育的进步。

3. 新需求：行业与时俱进，挖掘多元潜力

从中国音数协与伽马数据发布的报告来看，我国电竞行业用户规模不断提升，从 2016 年的 2.68 亿人增长到 2022 年的 4.88 亿人。以娱乐休闲为主的受众仍在快速增加，同时电竞作为新职业，通过教培机构提高游戏水平的教学和训练课程的需求随之而起。当下及未来对电竞教培的需求点会更多聚焦于多元化职业发展道路。由于电竞是时代产物，本身具有的时代性会令其承载的时代特点及受众需求不断变化。正因如此，电竞教培必须与时俱进，一旦与时代需求脱节，电竞教培只会是无根之木，进而影响到供给端，造成循环的断代。

4. 新方向：以"心理健康"稳固根基，乘"数字发展"之风

电子竞技的泛娱乐属性使电子竞技教育在社会价值和重要性上面临众多疑问。人的社会属性对青少年构建自我认同的影响很大，同时由于青少年好胜心强，敢于冒险，独立性不足，易受兴趣指引但难坚持的心理特点，因此构建心理健康的电竞教育体系是关键，为适应青少年的主要心理特性，电竞教育可以参考已经完善的体育心理学、运动心理学和教育心理学等领域，来建立和完善电子竞技教育的心理学课程体系。

人们对电子竞技的热忱大多源于他们对电子竞技娱乐的热衷，电子竞技教育的驱动力则来自数字科技的进步。随着数字化技术的升级，更适合电竞的直转播、制作技术将会被广泛应用，由此衍生出的教学门类及职业将会大大得到扩充，如电竞游戏界面、人物服装、游戏场景等内容制作；以高等数学、普通物理等课程作为数理基础，以计算机应用基础、网络技术、编程语言、算法与数据结构、人工智能、用户体验分析为方向的专业课程及职业都将借"数字发展"之风蓬勃兴起。

（二）电竞传播变革求新勇担责任

1. 新势力：由幕后走上舞台，电竞传播势不可挡

电竞作为全球热门的文化象征，受到了媒体的强烈关注，并在中国网络媒体界确立了它的"新势力"地位。传统的电竞传播主要聚焦于比赛直播，然而随着电竞行业的发展，国内逐步提出了以赛事 IP 为核心的行业模式，包括游戏、俱乐部、选手、直播以及交易等组成的垂直产业链。因此，传播内容和结构日渐丰满和多元化。电竞行业选择采纳赛事推广的策略，通过微博、微信等平台的宣传，打造并推广电竞明星队伍及人气选手，增加玩家及普通用户对电竞的关注度，未来电竞传播将伴随5G设施的全面应用，在提供高质量电竞内容的同时，带动行业发展，推广智能传播，逐步在官方主流媒体中占据一席之地。

2. 新责任：尊重电竞特性情怀，自觉承担社会责任

电子游戏作为电子竞技的重要载体，本身具有极强的媒介属性，现实中电竞的媒介口碑呈现两个极端：其一，媒体对于电子游戏的声讨延续至今，现在也不乏对"沉迷电子游戏"的批判；其二，以电竞为宣传着重点，游戏公司推广其产品，培训机构利用电竞热度不断宣传游戏课程。因此电竞传播须以理解电竞内涵为基础，尊重电竞特性，牢牢抓住电竞的本质内涵，不断凸显"电竞热"的功能与价值，既无须过于追捧，追求利润，也没必要随波逐流，贬损电竞，而应秉持客观公正的态度，通过深入分析和持续追踪，真实地展示事实。

优质的电子竞技内容覆盖了制作、叙事以及效果等诸多方面，其具备塑造社会观点和引领电竞发展趋势的能力。电竞作为体育活动的一部分，与其他体育赛事紧密关联，媒体应顺应发展趋势，构建电竞与其他体育项目之间的连接，延长比赛周期，培育更多的核心观众。电竞传播还应增强社会责任意识，从观众的思维和行为习惯出发，正确阐释电竞发展所面临的种种问题，以发掘电竞所具有的积极能量，延伸内容，并最终实现正面的社会汇聚效应。

3. 新价值：完善产业生态，拓展行业价值

电竞文化兴起带来了新的机遇和挑战，电竞传播要主动求新，深挖电竞产业链上中下游，创造新价值。首先，利用平台开创原创IP，例如举办媒体论坛或峰会获取权威性的观点，联合电竞组织，共同创造多元化的电竞环境，创新电竞IP生态系统。其次，在引领产业融合的过程中得到上游的支持，发掘各个方面的潜力价值，推动行业必要的整合。再次，充分发挥媒介平台聚合资源和满足需求的功能，进一步吸引电竞观众，通过议程设定的能力持续提升事件关注度，精准接触用户的多样化需求，划分市场，有目的性地推广产业。最后，需要注重在下游拓展产品，推动全产业链的发展，电竞附属产品扩展到汽车、快消品、日化产品、服装、财务等众多行业，体现出电竞的多元化发展趋势，电竞衍生品和授权 IP 产品的潜力巨大。

（三）电竞衍生内容发展趋势

1. "电竞+"成为实体消费新趋势

中国电竞已形成成熟的上、中、下游产业链，并与其他产业相互融合，初步形成了中国电竞产业生态。电竞衍生内容成为电竞重要的破圈方式，一条围绕着版权方与俱乐部的电竞产业链逐渐形成。电子竞技已经成为集科技、竞技、娱乐、社交、文化于一身的体育产业，拥有独特的商业属性与市场价值。赛事联盟的首要目标是赛事成绩，终极目标是向大众普及电竞是一项体育运动的理念，进而探索未来全球电竞衍生周边产业的发展路径。

以大众媒介作为传播渠道，通过与旅游、会展、娱乐等产业跨界整合，电竞产业探索先行，发展"电竞+"模式，扩大相关商业盈利版图，提振行业市场信心。

2. 多元化商业场景

争夺体育 IP 资源，依托电竞明星选手个人 IP 强化媒体合作，吸引更多的入驻资本，以宣传推广为入口，将电竞赛事及相关的活动赛事制作、线下落地、衍生节目研发等，增强其可持续发展的能力，进行一种深度的跨界融合创新发展。

伴随 5G 时代的到来，以及 VR、AR、人工智能的进一步升级，虚拟体育赛事在未来几年将有更广阔的前景及更多的想象空间。依托大带宽、低时延、广连接的 5G 网络，为观众提供随时随地的多种观赛方式。在保障 4K/8K 超高清观赛的基础上，通过 VR 技术、"子弹时间"技术，结合基于主视点的自适应传输，观众可以通过手指滑动手机屏幕实现任意视角切换、自由缩放、随时暂停、定格旋转、慢动作环绕等操作，还可以通过 VR 一体化终端享受身临其境的沉浸式观赛，实现赛事直播的"千人千面"互动体验。观众可以通过 5G 赛事消息全面获知赛事宣传片、虚拟馆内场景、赛事日程、参赛队伍及运动员介绍、赛前花絮、精彩视频剪辑以及实时天气、交通通报、停车等待和安检情况等多维度赛事信息，以及票务管理、路径规划等配套服务，赋予电竞用户一站式观赛体验。

持续打造"电竞+"新业态和新场景，推动电竞赛事与举办地文旅业态的创新融合，电竞企业肩负社会责任助推公益传播也是电竞产业进一步发展的方向。

综上，电竞出圈已为常态，如今的电竞周边衍生产业呈现多元化发展，其自身发展的同时对其内容也进行了深度挖掘和产出，通过直播在大众娱乐推广的同时也加深了其文化深度，增强了其推广的受众面，使电竞行业的发展空间更加广阔。其次通过国家规章制度的管控，使电竞直播等行业更为有序化，产业整体向更良性的方向发展。

电竞行业在政策利好、社会认同、资本青睐的大环境下迎来了持续增长，正逐渐形成以电竞赛事为中心，涵盖内容授权、生产、制作、传播以及衍生产品的上下游结构，同时催生出软件开发、技术支持、赛事演艺、直播平台等丰富的业态。在不久的将来，专业电竞运动员、比赛战术分析师、电竞节目制作团队、专业解说以及电竞运动员经纪人等职业都将快速兴起，对经济、文化都将产生推动力。可以预见未来将形成多形式、多样化较为完整的产业链，同时电竞明星选手的个人属性以及潜在商业价值得到最大化的开发和提升，这些都将进一步促进规模经济的形成。未来，电竞产业将通过加强合规自律，完善标准体系，为电竞产业发展打下坚实基础；通过强化技术赋能、深化融合发展拓宽广阔空间，为电竞行业进一步发展注入新的活力，为数字经济健康发展提供有效助力，实现进一步高质量发展。

（四）电竞产业知识产权保护与开发

与传统体育项目不同，知识产权保护与开发对整个电竞产业的经济效益来说极为重要。除了传统体育赛事的赛事转播权、商标权、图文著作权等属知识产权保护对象外，网络游戏的著作权也是电竞领域知识产权保护最为重要和突出的一环。而随着电子竞技的内容逐步与传统体育赛事相融合，即虚拟体育项目的发展，传统体育赛事本身相关的知识产权也将成为电竞行业知识产权保护的主要对象。具体而言，电子竞技领域的知识产权保护对象可分为下述五类。

（1）赛事转播权

在传统体育赛事中，赛事转播权是其最主要的收入来源，也是各大体育公司争夺最激烈的知识产权领域之一。例如，美国暴雪娱乐公司就韩国电视台直播《星际争霸》比赛而控诉韩国电竞联盟一案，而该案件最终以各方达成协议和解而告终。在我国则是依据《中华人民共和国著作权法》《广播电视节目制作经营管理规定》等法律法规对赛事转播进行规范与保护。实践中，电竞的赛事转播权应作为《中华人民共和国著作权法》规定的视听作品信息网络传播权加以保护。

（2）商标

商标的核心价值在于商誉及标识作用，即消费者可通过商标识别和区分产品或服务的来源。而电子竞技作为一种全新的体育赛事活动，其本身也是一种特殊的商品或服务。因此，电子竞技中承载的商标也不同于传统体育中承载的商标。例如，各大电子竞技赛事惯常以其英文名称的简称来进行区分，包括英雄联盟的 LPL 联赛、王者荣耀的 KPL 联赛以及守望先锋的 OWL 联赛等。

（3）游戏著作权

网络游戏是电竞赛事的重要组成部分，也属于一部具备独创性的作品，本身就是一种可以受到法律保护的精神财富，也是可以获得经济效益的物质财富。网络游戏有权享受《中华人民共和国著作权法》的保护。

根据游戏种类和内容不同，网络游戏可以从三个维度分别予以著作权保护：一是游戏程序、游戏规则作为主要内容的计算机软件；二是以游戏画面、人物形象为主要内容的美术作品；三是以故事情节、人物对话为主要内容的文学作品。除此之外，网络游戏中可以区分的音乐、图片、故事等均可以单独构成作品，而受到《中华人民共和国著作权法》的保护。在我国现行司法实践中，为降低游戏开发商的权利保护成本，一般将网络游戏对应的计算机软件视为包含了游戏中的美术和文学作品一并予以保护，开发商仅登记计算机软件著作权即可。

（4）直播画面版权

直播画面系指玩家个人通过自身的技术或者解说风格，而在直播平台向用户展示自己的电子竞技实况，并与用户进行互动的一种直播形式。对于"电竞直播画面是否侵犯了游戏开发商本身的著作权"这一问题，由于我国现行法律法规暂未予以规定，故在起初亦存在两种争论：一是认为玩家个人形成的电竞直播画面核心在于玩家个人的手法以及独具风格的解说、互动而吸引平台用户，因此，直播画面属于对游戏作品的合理使用，并未侵犯游戏本身著作权；二是认为电竞直播画面本质上仍是运用了游戏本身的画面、背景音乐等游戏作品，故直播本身已侵犯著作权。而随着电竞行业的快速发展，以上争议已基本存在定论，即电竞直播画面属于以类似摄制电影方式创作的作品（即"类电作品"），侵犯游戏本身的著作权。

（5）作品署名权、姓名权等人格权利

在电竞体育赛事中，职业选手在游戏内的表现往往会影响到该赛事游戏在玩家群体的排名和声誉，从而间接地影响到游戏厂商的收益。在一般情况下，职业选手对自身所玩的赛事游戏具有较高的"忠诚度"，而对于更为知名的赛事选手，赛事主办方通常也会邀请其作为相关电竞赛事的"宣传大使"，从而获得一定的商业回报。但选手对电竞游戏所贡献的精彩画面、集锦等，几乎没有作为相关选手的任何形式的作品被予以保护，这一点仍有待未来电竞选手维权意识不断增强而予以完善解决。

第三章　全球电子竞技赛事发展与趋势

【摘　要】在推动数字经济健康发展的时代背景下，电竞产业生态不断发展，行业规模迅速增长，社会认可度和政府关注度也在逐步提升，占据电竞产业链核心地位的电竞赛事也引起多方关注。本章以培育良好的电竞赛事运营生态为研究目的，从电竞赛事的总体规模、特征、特点以及观众对电竞赛事的态度变化等方面进行研究。研究发现，虽然疫情对电子竞技产业造成了短期冲击，但长期来看仍然具有发展前景，在行业规范化、新兴技术融合、电竞生态健康发展等方面仍有较大成长空间。未来中国自主知识产权电竞赛事是发展的重点和趋势，一是从数字经济、文化自信高度设计和规划中国电竞赛事的整体格局；二是国内与国际"双线"发展策略；三是构建拥有自主知识产权的电竞IP生态体系；四是形成科学的品牌打造路径和策略；五是培育自主知识产权电竞赛事运营生态。

【关键词】电竞赛事；自主知识产权赛事；创新与融合

一　全球电子竞技赛事总体分析

（一）全球电竞赛事概述

1. 总体概述

近年来，全球电子竞技市场规模稳步提升，用户规模逐步扩大。随着电竞市场的发展，新的收益模式不断创新落地并日趋完善，电竞市场的产业生态日趋丰富成熟，直播和虚拟商品等创新性产品服务的收入来源不断增多。国际赛事接连举办、爆款电竞游戏产品层出不穷，这些新的变现模式不断突破传统体育的边界，使人们逐渐意识到电子竞技的新优势。而新的收入来源为电竞俱乐部、赛事主办方及发行方拓展业务提供更多富有开创性的方式。

从我国市场看，自 2017 年开始，我国电竞产业进入快速发展期。2018 年 IG 战队夺得英雄联盟全球总决赛中国大陆赛区冠军，2019~2020 年 FPX 战队在该项赛事上实现两连冠，2021 年 EDG 战队再次夺冠，诸多优秀比赛带给电竞产业高关注热度，使得电竞行业在中国的热度及影响力大幅提升，2023 年中国选手李培楠拿下 2023 年 IEM 全球总决赛冠军，这是中国选手在《星际争霸 2》项目单人最高规格赛事中的首次登顶。中国音数协游戏工委、中国游戏产业研究院在发布《2022 年中国游戏产业报告》时公布数据显示，因疫情影响，2022 年中国各地共举办 108 项赛事活动，较 2021 年有所减少。69% 的电竞赛事采用线上或者"线上+线下"结合的形式举办，仅 31% 的赛事采用线下办赛形式。但疫情依旧刺激了"宅经济"发展，吸引了新的电竞观众，新的电竞 IP 如《无畏契约》（Valorant）项目的爆火也促进了电竞观众增长。中国有世界上最大的游戏直播观众市场，直播观众从 2020 年起按照 7.6% 的复合年增长率到 2025 年将达到 2.675 亿人次，中国市场将贡献近三分之一的全球电竞收入。[1]

随着电竞行业日趋规范、新兴技术推动、全球各国政策支持、电竞生态健康发展，未来电竞市场规模将持续稳步扩大，各项赛事的规范性、商业化、观赏性、创新性以及与虚拟技术的结合程度均有较大成长空间。

2. 全球电竞赛事发展趋势与特点

（1）电竞赛事收入多元化

从电竞发展历程来看，以往电竞赛事的发展重度依赖品牌赞助方，2021 年全球电子竞技收入的 63% 来自赞助收入。但单一的收入来源会有风险，一旦收入来源有所减少，电竞产业市场发展将受到波及。随着电竞产业生态体系逐渐完善，电竞主体开始注重开拓赞助之外的收入来源，电竞赛事组织方和各参与方也在尝试收入来源的多元化突破。多元的收入渠道可保障电子竞技收益的持续增长，赋予该行业一定弹性空间以应对赞助收

---

[1] 2022 年中国游戏产业报告［R］. 中国音数协游戏工委，中国游戏产业研究院，2023。

入规模的变动。

如今，电子竞技的发展正处于一个转折点，并且逐渐摆脱传统体育赛事的既定商业模式。目前，电子竞技赛事的盈利模式除赞助及冠名收入外，主要分为以下几类：直播/转播收入、赛事直播用户付费、门票收入、赛事衍生品收入和其他收入，其他收入中包括但不限于跨界联合收入、政府财政支持、赛事用户资金支持、赛事现场商品销售收入以及互联网的其他收入等。更直接的粉丝变现方式有助于电子竞技行业实现收入来源的多样化。比如虚拟商品、粉丝忠诚度计划、电竞教育直达粉丝等商业模式，都在不同程度上助推电竞产业实现收入多样化。例如，巴西电竞战队LOUD 推出了与巴西街头服饰品牌的联名服装，而不仅限于队服合作；彪马（PUMA）与 Gen. G Esports 以及 Cloud9 达成合作，推出联名产品。除这些实体品牌的时尚跨界联名产品外，许多电竞组织也开始通过售卖虚拟商品实现变现，如电竞组织 Overactive Media、Guild Esports 等。电竞产业收入趋于多元是电竞市场未来发展的一个积极信号。

（2）全球化战略，本土化执行

电子竞技的全球化是必然趋势，头部电竞企业目前都放眼于全球化战略，在全球市场中抢占份额。如腾讯电竞，正致力于与全球顶级游戏开发公司建立深度合作，将优质的前沿产品引入中国，与此同时，也将中国优秀的游戏产品推向世界，实现双向市场交往。近年来，网易也始终强调网易游戏全球化战略。网易副总裁胡志鹏曾表示："希望能借助《永劫无间》来推动网易在海外市场的扩张，公司希望未来50%的游戏收入来自海外市场，该比例目前约为10%。"此外，美国、韩国等电竞产业发展比较早的国家，现阶段已形成了比较成熟的电竞产业体系和商业模式；巴西、东南亚等国家和地区的电竞行业也迅速发展，成为全球电竞产业的新生力量。

（3）影响因素多元化，驱动因素和制约因素并存

目前，加速电竞市场和电竞赛事增长的因素主要有以下五个方面：其一，电竞持续吸引年轻客户群体，激发流媒体平台和其他媒体公司的兴趣，电竞内容版权价格上升，新的媒体版权竞争成为新的价格驱动因素；其二，观看电竞内容的渠道不断增加，这意味着电竞赛事对赞助商的吸引力增大，电竞组织和俱乐部将获得更高金额的赞助；其三，粉丝对虚拟商品感兴趣，一些游戏发行商也提供虚拟商品作为数字藏品，进一步提升了

粉丝对虚拟商品的兴趣；其四，新的电竞公司增加了现场活动，这一举措将促进门票销售收入，吸引更多粉丝，使得周边产品消费增加；其五，随着新的游戏发行商的加入，电竞游戏市场的竞争将会更加激烈，对于俱乐部和选手的吸引力度也会增加，游戏发行商补贴也随之提高。

（二）全球电竞赛事发展特点

作为电子竞技产业最为核心和关键的一环，赛事举办的出色与否决定了电竞产品和项目的成败。1998年《星际争霸》《红色警戒》等游戏通过局域网联网对战形式风靡全国，电子竞技萌芽显现。随后，电子竞技的发展历程经过单机、网游、移动时代，在曲折波动中前进，逐步走向职业化、规范化、体系化。2020年12月，亚奥理事会第39次全体代表大会批准了杭州亚组委提交的关于优化竞赛项目设置的方案，在保持40个大项不变的前提下增设电子竞技与霹雳舞两个大项，电子竞技首次成为亚运会正式比赛项目。2021年2月，人社部首次颁布《电子竞技员国家职业技能标准》，该标准明确了电子竞技员的定义以及职业技能等级和学历要求，这标志着电竞走向标准化时代。

2023年2月，国际奥委会（IOC）宣布了2023年奥运电子竞技系列赛的细节，这是一项由国际奥委会与国际单项体育联合会（IFs）和游戏出版商合作创建的全球虚拟体育比赛。该赛事以奥运会虚拟系列赛的成功举办为基础，决赛于2023年6月22日至25日在新加坡新达中心举行，同期新加坡举办了奥林匹克电子竞技周，选手们为奥运电子竞技系列赛的桂冠展开争夺。这一赛事通过国际奥委会官网和奥运社交频道在全球范围内直播。

1. 赛事引领电竞产业发展，综合价值不断提升

成熟的电竞赛事能够反哺游戏内容生产，引领电竞产业发展，丰富电竞文化内容和泛化电竞产品。在全球范围内，美国的职业电子竞技联盟（CPL）、韩国的世界电子竞技大赛（WCG）和法国的电子竞技世界杯（ESWC）曾并称世界三大电子竞技赛事，对全球电竞赛事的发展曾起到较大的推动作用。

其中，韩国电竞赛事的成功形成了合理的电竞人才金字塔，带动电竞泛娱乐一体化发展。如三星集团等韩国顶级财团，对电竞的持续投入，进

一步打造了庞大的电竞生态圈，使电竞产业成为泛娱乐产业。国际化赛事将韩国的电竞生态圈推广至全球，中国、美国、欧洲诸国等纷纷借鉴韩国模式，电竞赛事在全球范围内创造了庞大的商业价值。在法国，电子竞技相关领域作为新兴行业，形成了一个充满活力和生机的生态系统。根据法国电子竞技协会最新发布的全国年度调查，法国有近 1100 万名电竞消费者或从业者，其中 22% 是 15 岁及以上的网民。在他们之中，有 200 万名电竞爱好者。[①]

近年来，电竞赛事不仅为个人带来荣誉，也为地区和国家带来荣誉，电子竞技赛事也被赋予了更多的品牌价值、城市价值乃至国家形象价值，电子竞技已开始收获与传统体育相同的尊重，电竞赛事的种类以及观看渠道的多元化将会全方位推动电子竞技进一步走向大众，使得电竞产业获得进一步发展。

2. 市场规模不断扩大，电竞赛事进入快速发展通道

电竞市场规模和参与人数在不断增加，从收看电竞节目的粉丝数量看，2022 年全球有 4.88 亿人收看电竞节目，其中，电竞爱好者（每月至少观看一次电竞内容的群体）为 2.19 亿人，偶尔观看的观众（每月观看电竞内容少于一次的群体）为 2.69 亿人，2023 年，全球电竞爱好者人数预计将达到 2.776 亿人，2020 年至 2023 年的复合年增长率为 8.2%，到 2026 年，这一人数将有望达到 3.344 亿人，2023 年至 2026 年的复合增长率为 6.4%。预计到 2023 年，全球偶尔观看的观众将达到 3.372 亿人次，2020 年至 2023 年的复合增长率为 7.8%，2026 年这一人数将达到 4.041 亿人，2023 年至 2026 年复合年增长率为 6.2%。[②]

此外，电竞赛事的收视率与传统运动赛事收视率水平相近，并且拥有更多元化的观众群。按最高观众人次统计，观看 2020 年英雄联盟职业联赛（LPL）夏季总决赛的观众为 6500 万人次，观看 2020 年王者荣耀职业联赛（KPL）总决赛的观众为 1.05 亿人次，而观看 2020 年 10 月的 NBA 总决赛的观众为 750 万人次，观看 2020 年 2 月的 NFL 超级碗的观众为 1.485 亿人

---

① 北京留法校友会新浪微博. 新闻 | 电竞奥运会？法国这么说［EB/OL］. https：//weibo. com/ttarticle/p/show？id＝2309404880944070001065. 2023-03-19/2023-09-27。

② 禹唐体育. 电子竞技产业报告（上）：国际篇［EB/OL］. http：//www. ytsports. cn/news- 25130. html。

次、观看 2020 年 1 月的英格兰超级联赛（EPL）曼联对利物浦的观众为1270 万人次；2020 年观看 KPL 的女性观众贡献的收视率占总收视率的60%，观看 LPL 的女性观众贡献的收视率占总收视率的 30%，而 NBA、NFL 和 EPL 的女性观众贡献的收视率均仅占总收视率的 20%；LPL 与 KPL的观众平均年龄较观看传统体育运动赛事的观众更为年轻；顶级电竞联赛所产生的年度总收入远低于传统体育联赛，具有较大的增长潜力。①

3. 新兴技术助力电竞数字化，利好政策驱动电竞规范化、专业化

一方面，5G、AR/VR、4K、8K 等新兴技术为电竞产业的数字化发展赋能。5G "大带宽、低延时、多连接" 的特点将为电竞带来新的表现形式和巨大的产业发展空间，优化电竞赛事的网络环境，充分降低网络延时对职业选手发挥的不利影响，提升赛事的对抗质量、直转播质量，并提升观众的现场体验感。VR 的沉浸性与交互性使其在电竞游戏产品领域也具有非常大的发展潜力空间，从最早的 WVA2015 全球首届 VR 电子竞技大赛使用的原地转动的 FPS 类竞技项目到目前最流行的 VR 大空间多人对战，VR电竞在硬件、内容、赛事运营层面都有了显著的提升。伴随 5G 时代的到来，以及 VR、AR、人工智能技术的进一步升级，VR 电竞赛事在未来几年将有更广阔的前景与发展空间。同时，大数据系统在电子竞技中也具有广泛的应用场景。对于电竞赛事场景，通过汇总选手在游戏中的各种比赛数据、量化选手比赛习惯的相关信息，将数据通过相关模型进行效果分析，借助数据评估选手在赛事中的表现，以此指导战队的 BP 策略和战术设计，分析比赛对手的各种情报。此外，电竞数据同样可以帮助产品延长游戏本身的生命周期，通过对电竞选手游戏数据进行监控不断优化产品。

另一方面，中国政府相关部门对于电竞产业的关注度也在不断上升，相继出台了电竞产业相关政策，为行业的发展提供规范引导，推出扶持利好政策，助力行业长期健康稳定发展。全国不少地方加强对电竞产业的扶持力度，出台各项政策支持电竞发展，比如对建设电子竞技园区、支持重大电竞赛事落地举办、电竞场馆建设、电竞人才培养、设立电竞发展基金及创新培育电竞衍生业态等方面的扶持。为推动电子竞技持续健康发展，

---

① 禹唐体育．电子竞技产业报告（上）：国际篇 [EB/OL]．http：//www.ytsports.cn/news-25130.html。

2021 年以来，国家相关监管部门陆续出台了多个措施，对游戏及电竞产业提出更高的规范要求，包括但不限于对未成年人保护、消费者权益保护、直播内容规范等方面加强监管，促进中国电竞产业健康化发展。

二　全球电子竞技赛事模式与案例

（一）电竞赛事模式分析

电竞产业链一般可分为上游、中游和下游，主要涵盖内容授权、赛事执行、赛事参与、内容制作、内容传播，以及相应监管部门对赛事内容的监管和电竞教育、电竞赞助等内容。电子竞技已经成为集科技、竞技、娱乐、文化、社交等多重功能和属性于一体的新兴体育产业，其市场主体包括游戏厂商、电竞俱乐部、职业选手、游戏解说和直播平台等主体，拥有独特的商业属性与市场价值。

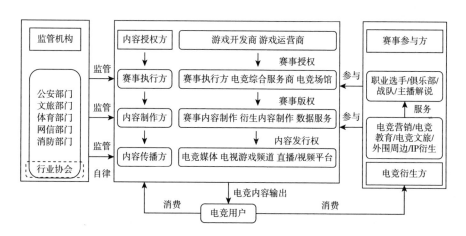

图 1　电竞赛事模式结构①

其中，电竞赛事上游主要包括腾讯、网易、完美世界等游戏研发和游戏运营厂商，其作用是为市场提供高质量的精品游戏以形成用户基础，进而推动顶层电竞赛事设计；中游主要是指电子竞技的内容制造，包括赛事执行端、内容制作端、赛事参与端等，如英雄体育 VSPO、NEOTV 等电竞

---

① 郑夺. 电子竞技概论［M］. 清华大学出版社，2022：67，147。在此基础上增加了电竞用户对产业结构的消费功能。2022 年中国电竞行业研究报告［R］. 艾瑞咨询，2022。

赛事组织方，以及 RNG、IG、LGD、EDG、DYG 等电子竞技俱乐部；下游则主要包括直播、媒体、电视游戏频道、电竞小镇等直接向消费者输出电子竞技内容、产品及服务的行业。

如前所述，电竞产业目前的主要收入来源有三类，一是电竞游戏收入（包括电竞游戏用户付费收入）；二是电竞衍生收入（包括俱乐部、直播平台收入等）；三是电竞赛事收入（包括门票、周边、赞助收入等），随着电竞产业的发展，出现了一些新的收入来源，如文旅、酒店、文化衍生品等，其中电竞游戏产品收入是电竞产业收入的核心。以《英雄联盟》为例，该游戏问世时间较长，已进入一般意义上游戏生命周期的中后段，以及受同时期《绝地求生》等端游和《王者荣耀》等手游的冲击，《英雄联盟》一度面临玩家大量流失、热度下降的困扰。电竞游戏产品收入在未来较长一段时间内仍会是电竞产业的主要收入来源，但随着国内电竞热门赛事品类增加、赛事影响力提升，电竞商业化进程加速，未来电竞市场的增量空间将来源于虚拟体育和游戏电竞商业化市场。

（二）韩国电竞赛事模式案例研究

从全球范围看，美国、韩国等国家的电竞产业起步较早，已初步形成了较为成熟的电竞产业体系和商业模式；而南美洲、东南亚、中东等地国家和地区的电竞产业作为后起之秀也迅速发展，成为全球电竞产业重要的新兴力量。作为数字体育的新形态和新经济形式，电竞产业在全球范围内进入蓬勃发展的新阶段。

韩国电子竞技产业具有成熟的产业体系、完善的电竞人才职业化培养机制、浓厚的电竞文化氛围，其俱乐部数量、职业选手人数、赛事成绩均位居世界前列。产业高度发达的背后离不开政府的大力扶持及韩国通信产业的高质量发展。普华永道发布的《全球娱乐及媒体行业展望2020—2024》显示，2024年中国、韩国和美国将主导全球电子竞技市场，共占据68%的市场份额[1]，其电竞赛事的主要特点如下[2]。

1. 政策强力推动，加快电竞产业全球化发展

韩国政府通过强力政策的引导，推动韩国电竞产业发展。1994年韩国

---

① 全球娱乐及媒体行业展望2020—2024［R］，普华永道，2020。
② 电竞行业研究报告：蓄后发之势，中国电竞乘势而上［R］. 中国银河证券，2021。

政府成立了文化产业政策局，开始研究和制定系统化的政策，以支持和保障游戏产业发展。

2. 培育行业领先赛事，以赛事对接电竞一体化发展

WCG，是韩国培育的最经典的电竞职业赛事之一。该赛事效仿国际奥委会组织运营模式，全面对接职业体育竞赛赛制。例如，韩国国际电子营销公司（ICM）借鉴奥运会赞助机制成功推动了 WCG 的举办；三星电子作为韩国本土最早关注电竞的赞助商，现已成为 WCG 的全球赞助商。韩国电子游戏人口基数较大，且电竞赛事成绩较好，商业模式相对成熟，逐步使包括通信、媒体、游戏、体育、影视、动漫在内的多个相关行业开始发生产业生态的一体化融合发展，促使韩国新兴的电竞产业圈逐渐形成。

3. 完善电竞职业化，健全俱乐部运营模式

韩国通过不断完善电竞选手的职业化体系，健全职业化培养方案，实现了电竞选手的高度职业化。韩国电竞选手的培养需要通过资格认证、层层选拔，优秀选手可以被韩国一流大学录取甚至获得全额奖学金。选手的培养大多由技能培养、退役职业规划、身体调适与自我评估三部分组成。取得优秀战绩的电竞选手被视为体育明星，将获得全社会的尊重和相应的荣誉。总体而言，韩国电竞职业选手待遇较高，并具有明晰的职业规划，退役之后可以转型从事教练、领队、俱乐部管理层、分析师、电视解说或平台主播等不同职业。电竞俱乐部在实践过程中，不断完善和健全各项制度，形成相对比较完善和成熟的俱乐部运营模式。韩国电竞俱乐部一般由数家企业共同赞助，资金充足，像三星等各大公司都建立了本企业旗下的电竞俱乐部。随着韩国电竞职业化的发展，韩国职业电子竞技协会（KeSPA）应运而生，其成立使得韩国俱乐部体系更加规范。

（三）奥林匹克电子竞技周

新加坡于 2010 年成功举办首届青年奥林匹克运动会，十多年后，随着新加坡拥抱技术和创新步伐加快，国际奥委会再次与其合作，2023 年 6 月 22 日至 25 日，由新加坡文化局、新加坡社区及青年部、新加坡体育局和新加坡国家奥林匹克委员会合作举办的首届奥林匹克电竞周（OEW）在新加坡举行。为期 4 天的盛会展示了虚拟运动的魅力，呈现虚拟运动领域的最新技术和创新，并让参与者有机会尝试部分虚拟运动项目。在 2023 年奥林匹克电竞周期间，主办方还举行了与相关行业各方的小组讨论、论坛和展览比赛。

三 中国电子竞技赛事发展分析

（一）中国电竞赛事总体分析

1. 电竞赛事发展历程

1998年至2004年为我国电子竞技赛事的萌芽期。1998年《星际争霸：母巢之战》《反恐精英》等游戏打开中国市场。两年之后，随着网吧数量激增，我国部分地区的网吧推出了线下游戏对抗赛事。2004年，国家广电总局加强了对网络游戏的监管。2005年至2014年为我国电竞赛事的成型期。2006年电子竞技职业选手联赛（PGL）成立，2011年《英雄联盟》正式登陆中国市场。2014年世界电子竞技大赛在宁夏举行。2015年至今则为我国电竞赛事的繁荣期。在这期间，移动游戏赛事兴起，电竞赛事产业逐渐成熟，电竞破圈事件频发。

与此同时，电子竞技正式进入亚运会在不少业洲国家都成为热点事件，知晓度较高，同时符合电竞观众的心理预期；也明显扭转了公众对电子竞技的观念态度，增强了电子竞技的社会认同。

2. 电竞赛事分类

从赛事运营角度来看，电竞赛事可分为两种，一种是官方赛事，另一种是授权赛事。官方赛事与授权赛事一样，包括单项和综合赛事。不同的是，官方赛事以单项比赛为主，授权赛事以综合比赛为主。

本报告基于电竞新定义，按照赛事举办方式和赛事知识产权两个维度，对目前主要的电竞赛事进行了重新分类（见表1）。

在游戏类主要赛事中，无论是单项赛事还是综合赛事，游戏公司都居于主导地位。新近的赛事形式是游戏公司与赛事运营机构营建电竞赛事小生态圈，比如联合主办的单项赛事：《和平精英》：和平精英职业联赛（PEL），《光环》（HALO）：HALO世界锦标赛等。

表 1　游戏电竞类主要赛事分类

		赛事举办方式	
		单项赛事	综合赛事
赛事知识产权类型	知识产权官方办赛	《英雄联盟》：英雄联盟全球总决赛（S 系列赛）；英雄联盟季中冠军赛（MSI）；英雄联盟全明星赛（ASE）；英雄联盟职业联赛（LPL）；英雄联盟冠军系列赛（LCS） 《刀塔》：DOTA2 国际邀请赛（Ti）；DOTA2 特级锦标赛；DOTA2 职业巡回赛；DOTA2 次级职业联赛 《反恐精英：全球攻势》：CS：GO 特级锦标赛 《绝地求生》：绝地求生全球邀请赛（PGI）；绝地求生冠军联赛（PCL）；全球总决赛（PGC）；中国大师赛（PCM）；发展联赛（PDL）；冠军联赛季前赛（PCLP） 《守望先锋》：守望先锋联赛（OWL）；守望先锋挑战者系列赛（OWOC）；守望先锋公开争霸赛（OWOD）；守望先锋世界杯（OWWC） 《和平精英》：和平精英新势力联赛（PEN）；和平精英国际冠军杯（PEC） 《王者荣耀》：世界冠军杯；职业联赛（KPL）；王者荣耀甲级职业联赛；全国大赛（大众赛） 《梦三国 2》：职业联赛（MPL）；无双杯（MUC）；甲级职业联赛（MSPL） 《魔兽争霸Ⅲ》：冠军联赛（WC3L） 《无尽对决》：无尽对决联赛（MPL） 《FIFA》：FIFA Online EA 冠军杯；职业联赛（FSL）；中超电竞 FIFA Online 4 表演赛	腾讯电竞运动会（TGA） 娱乐星赛季 网易电竞 X 系列赛（网易电竞 NeXT）
	知识产权授权办赛	《英雄联盟》：英雄联盟韩国职业联赛（LCK） 《刀塔》：莫斯科震中杯；DOTA2 亚洲邀请赛 《反恐精英：全球攻势》：CS：GO EPL；CS：GO EPICENTER 震中杯；CS：GO 超级联赛（CSL） 《FIFA》：FIFA 电竞国家杯；EA 冠军杯	世界电子竞技运动会（WESG） 英特尔极限大师赛（IEM） 北美格斗游戏比赛（EVO） NGL 联赛 VR 电子竞技国际大赛（VRES）

表 2　休闲类电竞主要赛事分类（部分）

		赛事举办方式	
		单项赛事	综合赛事
赛事知识产权类型	知识产权官方办赛	《欢乐斗地主》：腾讯斗地主锦标赛：欢乐全民赛 《天天象棋》：腾讯象棋锦标赛 《欢乐麻将》：腾讯麻将锦标赛 《野狐围棋》：腾讯围棋锦标赛	尚无全国性赛事
	知识产权授权办赛	《天天象棋》：上海杯象棋大师公开赛	尚无全国性赛事

　　休闲类电竞赛事还包括联合主办的单项赛事，如球球大作战全球总决赛（BGF）、炉石传说黄金公开赛等。总体而言，休闲类电竞参与人数多，但尚未形成具有全国影响力的赛事。

表 3　体育类电竞主要赛事分类

		赛事举办方式	
		单项赛事	综合赛事
赛事知识产权类型	知识产权官方办赛	《QQ飞车》：QQ飞车手游亚洲杯－全国车队公开赛 《跑跑卡丁车》：跑跑卡丁车手游P1联赛 《FIFA》：FIFA Online EA冠军杯；职业联赛（FSL）；中超电竞FIFA Online 4表演赛 《HADO》：HADO世界杯锦标赛（HWC）	腾讯电竞运动会（TGA） 实况力量棒球、Zwift、Virtual Regatta、GT赛车——奥林匹克虚拟系列赛（OVS）
	知识产权授权办赛	《F1》：F1电竞中国冠军赛 各赛事方授权的不同级别和地区赛事	全国智能体育大赛（国家体育总局授权） 《擎动中国》线上模拟器赛车总决赛 2020粤港澳大湾区赛车模拟器大奖赛 上海虚拟体育公开赛（SVS）

　　体育类电竞赛事近年来发展速度较快，尤其是契合体育强国、健康中国、数字中国、全民健身、全民健康等重大主题的自主知识产权体育电竞赛事，成为电竞赛事发展新的突破口。

3. 中国电竞赛事状况①

中国音数协游戏工委、中国游戏产业研究院发布的报告显示，2022年1~6月中国电子竞技赛事举办数量同比出现增长，共举办了62项系列赛事。由于2021年新上线了多个电子竞技游戏产品，其衍生出的新兴电子竞技赛事令2022年上半年的电子竞技赛事总数增加，在已经举办的赛事中，49%的赛事采用全程线上办赛的方式进行，32%的赛事采用线下办赛方式，19%的赛事采用"线上+线下"结合的形式举行。线上举办电子竞技赛事已经成为疫情期间重要的电子竞技赛事举办形式。在时间跨度较长的系列赛事举办期间，系列赛事因疫情原因无法继续采用线下比赛的形式进行，进而将部分比赛场次改为线上举办，形成了"线上+线下"结合的办赛模式。

2022年1~6月中国线下电子竞技赛事举办城市分布情况：中国电子竞技赛事的举办城市以一线城市和新一线城市为主，具有赛事集中分布在长三角地区的特点，上海、杭州举办赛事数量较多，在电子竞技赛事中具有聚集优势。

2022年1~6月，在中国电子竞技企业的业务类型中，电竞游戏厂商、电竞场馆和电竞赛事服务三种业务类型出现的频率较高，占比均超过20%，是中国电子竞技企业的重要业务类型。

中国电子竞技俱乐部数量分布情况：截至2022年6月，中国目前可查询的电子竞技俱乐部共有164家。其中，上海市电子竞技俱乐部数量最多，达到47家，北京市电子竞技俱乐部数量12家，成为拥有电子竞技俱乐部数量超过10家的2座城市；电子竞技俱乐部数量超过5家的城市共有9座，均为一线城市和新一线城市。

电子竞技产业国际化发展状况：2022年1~6月，中国电子竞技产业坚持国际化发展策略，在东南亚、中东等地区举办的电子竞技赛事取得一定成效，实现以电子竞技为载体传播中国文化的目的。部分采用国产电子竞技产品的赛事在印度尼西亚、越南等国家备受当地群众欢迎，吸引了数百万观众观看比赛；此外，国产电子竞技游戏产品成功入选东南亚运动会正式比赛项目，中国电子竞技在海外的影响力进一步扩大。

---

① 2022年1~6月中国电子竞技产业报告［R］.中国音数协游戏工委，中国游戏产业研究院，2022。

表4　2022年1~6月中国电子竞技产业国际化发展情况

时间	相关企业	相关产品	简介
2022年1月	网易	《永劫无间》	第一届《永劫无间》世界冠军赛成功举办，总奖金近千万元，吸引海外战队参赛
2022年1月	完美世界	《DOTA2》	中国上海市举办了IWO刀塔世界公开赛总决赛，是中国第一个获奥组委支持、在总决赛会场和直播中使用奥运五环标志的电竞赛事
2022年1月	完美世界	《CS：GO》	完美平台超级联赛是完美世界电竞主办的国内首个《CS：GO》官方联赛，第一赛季面向国内，第二赛季参赛队伍增加了5支亚洲地区战队（包括蒙古国、韩国、泰国选手）
2022年5月	网易	《第五人格》	第五人格全球总决赛2022年5月在广州和东京两地举行，最终中国战队击败日本战队夺冠。本次比赛共有来自全球6大赛区的16支战队参加，包括韩国、东南亚、欧美、日本等海外赛区的战队
2022年5月	沐瞳科技	《Mobile Legends：BangBang》	入选第31届东南亚运动会电竞项目，相关赛事最高同时在线人数和总观看市场规模均列本届东南亚运动会电竞项目首位
2022年6月	英雄体育VSPO	《PUBG》	2022PNC全明星赛6月19日在泰国顺利举办
2022年6月	腾讯	《英雄联盟》（手游）	2022英雄联盟手游全球冠军杯（ICONS手游2022）在新加坡正式开赛，共有来自全球8大赛区的24支顶尖队伍参加
2022年6月	腾讯、腾讯体育	《PUBG MOBILE》	2022PMPL东南亚赛区春季总决赛在马来西亚成功举办，来自东南亚四大赛区的16支队伍参加比赛

（二）中国电竞赛事发展趋势与特点

1. 全球电竞赛事投融资增加，商业化前景广阔

2020年新冠疫情使各大传统体育赛事停摆，全球体育产业遭遇重创，电子竞技独具"线上竞技"优势，联赛收视率普遍攀升，社交媒体粉丝激增，众多品牌将体育营销阵地由传统体育赛场转移到了电竞领域，创造庞大的流量价值与商业价值。据电竞商业机构Meta统计，2020年全年全球电竞行业共发生142起投融资事件，总额达到11.837亿美元。Drake Star报告显示，2022年全球游戏行业投资并购交易数达到1320笔（包括已公

布和已完成交易），交易额超 1270 亿美元①。

2. 资本企业争相布局电竞赛道，产业体系不断拓宽

资本企业逐浪电竞产业，成就电竞"跨界之王"。中国电竞用户当中 35 岁以下的用户占比高达 73%，而以"Z 世代"为主的 24 岁以下用户占比将近三成，电竞赛事所创造的热度、话题与流量推动品牌影响力直达"Z 世代"消费群体。随着电竞与娱乐行业的结合越发紧密，各方资本企业纷纷试水电竞产业。此外，需要特别澄清的是，电竞用户并不等同于游戏玩家。首先，游戏是一个十分宽泛的概念，各种平台、各种类型各种模式游戏繁多，而其中只有部分含有竞技性质的游戏适合发展为电竞项目；其次，在电竞游戏的玩家中有部分玩家专注于自身的游戏过程，而对电竞赛事、周边和其他元素则漠不关心，如一个《英雄联盟》玩家可能并不观看任何职业比赛，而电竞职业比赛中也有大量的粉丝和观众则是很少打游戏甚至完全不打游戏的"云玩家"，这一现象在《英雄联盟》这一竞技难度较大且需要大量时间的端游产品上尤其明显。相比电竞游戏玩家这一群体，电竞赛事在参与难度、门槛设置等方面的要求均更加宽松，因此无论是游戏时间较少的上班族，还是游戏相关性相对较弱的女性群体都可以成为"电竞用户"。

电商平台很早布局电竞赛道，吸收流量反哺品牌。比如苏宁和京东两大电商早在 2016~2017 年便创立了自己的战队，2020 年英雄联盟全球总决赛苏宁易购旗下电子竞技俱乐部 SN 战队以总比分 3∶1 击败京东旗下的 JDG 战队，最终进入决赛并获得亚军。在京东通讯主办的 JDEsports 游戏手机产业联盟发布会上，京东宣布要加大对电竞生态布局的建设力度，加速 JDEsports 计划落地。拼多多更是邀请中国《魔兽争霸 3》项目首位世界冠军李晓峰（SKY）入驻拼多多秒杀直播间为游戏设备带货，创造 2 小时破 300 万元销售额的纪录。

3. 电竞跨行业融合与创新，提升电竞内涵

泛娱乐头部企业持续加码电竞行业，抢入流量蓝海。在 2020 年 8 月的全球电竞运动领袖峰会暨腾讯电竞年度发布会上，微博和快手分别收购

---

① 腾讯网. 报告：2022 全球游戏业并购融资再创新高、超 1270 亿美元［EB/OL］. https：// new.qq.com/rain/a/20230128A061LD00. 2023-01-28/2023-10-25。

KPL 旗下 TS 战队和 YTG 战队。除了收购电竞战队之外，快手还通过购买顶级电竞赛事版权，构建多元丰富的游戏内容生态，持续赋能电竞产业发展。哔哩哔哩深耕电竞行业多年，电竞业务涵盖了俱乐部运营、艺人经纪、赛事运营及制播，以及赛事主场运营，拥有丰富完善的电竞生态。哔哩哔哩电竞在 2020 年 8 月与拳头游戏达成《英雄联盟》全球赛事战略合作，拿下中国大陆地区 2020~2022 年的全球赛事独家直播版权；连续两年作为电竞上海大师赛承办方，负责赛事执行以及整体规划、线上直播和线下落地等运营整套方案。

电竞呈现 IP 化发展态势，电竞衍生产业蓬勃发展。电竞市场整体下沉，年轻人群成为消费主流，电竞用户对电竞泛娱乐衍生内容认可度高，呈现强劲消费倾向，电竞游戏 IP 文化衍生经济的发展具有无限的想象空间。在 2020 年举办的腾讯游戏发布会上，《和平精英》宣布了 IP 世界观——全球玩家的竞技冒险世界。围绕此世界观，《和平精英》展开了角色、故事、音乐以及线下活动等多个维度的布局，并通过对产品、跨界 IP、电竞三个维度的纵深建设，不断实现破圈联动，延长产品生命周期，打造顶流 IP。上文所述的衍生内容属于"游戏衍生"的内容，在这一领域其实早有先行者：《魔兽》IP 早在 2016 年就被拍成了电影；而《英雄联盟》近年来一直在更新其宏大的世界观和背景故事，官方小说已经出版，并推出影视作品的呼声近年来一直不断，而其首部官方动画剧集《英雄联盟：双城之战》也已经正式上线。此外，2020 年《英雄联盟》推出的新英雄萨勒芬妮在上线前半年就开始以虚拟人气偶像的身份进行预热，并拥有个人推特和脸书账号，在海外一度破圈。

游戏厂商携手电竞俱乐部，开辟入局电竞新路径。国内知名游戏厂商三七互娱完成对 AG 电竞俱乐部的战略投资，未来将与 AG 进行多维度合作，在游戏研发、战队组建、赛事赞助、电竞消费等领域加大合作力度。游戏厂商不再局限在产业链上游为市场提供游戏精品，也将以投资电竞俱乐部与电竞直播平台等形式参与到电竞赛事中，进一步挖掘游戏用户，打通与电竞人群的沟通渠道。

平安银行跨界联动电竞行业。2020 年 8 月，平安银行与哔哩哔哩电竞达成深度战略合作，跨界营销推出电竞联名卡；2020 年 12 月，平安银行宣布冠名哔哩哔哩电竞旗下电子竞技俱乐部 BLG。通过携手具备多元电竞生态的哔哩哔哩电竞，背靠哔哩哔哩活力社区，实现圈层破壁，打造金融"潮牌"形象，拥抱年轻受众群体。

4. 电竞营销，拥抱"Z世代"和国潮国风消费浪潮

电竞赛事影响力的迅速扩张和成熟度的提升，拥有规模庞大的电竞用户群体，具有高度统一的用户属性，具有极高关注度、讨论度的电竞内容和情感投入，吸引了越来越多的主流赞助商关注并参与到电竞商业化过程中。赛事赞助成为仅次于媒体版权的电竞产业收入来源之一。

电竞粉丝经济产生庞大经济效益。近年来，电竞赛事和电竞明星的影响力持续提升，粉丝经济潜力巨大。电竞主播的流量大、用户黏性高，转型带货具有独特优势，"电竞+电商"新模式效果显著，粉丝效应带动了销售和品牌推广的双赢局面。

强社交属性、海量话题内容助推电竞商业化快速发展。强社交属性助推用户增长。电竞逐渐成为新一代年轻人的社交风尚，用户在游戏内部的人际互动形成虚拟社会交往活动，同时也借助游戏扩大原有朋友圈。以《王者荣耀》手游为例，该游戏具备端游便捷性、碎片娱乐特征，吸引大量原先使用电脑端的MOBA游戏用户群体加入，同时借助QQ等社交平台助力引流，激发用户裂变式增长，不断扩大玩家受众覆盖面。第三方机构Sensor Tower公开的2023年7月的全球热门移动游戏收入榜（TOP10）显示，腾讯《王者荣耀》手游在全球App Store和Google Play以2.2亿美元的收入，蝉联全球手游畅销榜冠军。该游戏最近推出的系列皮肤销量数据出色，其中2023年7月8日推出的米莱狄完美假期皮肤创下了当月销售高峰。此外，两款限定皮肤返场、新英雄朵莉亚引入以及夏日福利等活动的更新，也进一步巩固了其在畅销榜上的冠军地位。

5. 打造流量入口，实现泛娱乐领域跨界联动

开辟"电竞+跨界"空间，探索电竞生活新场景。电竞文化正影响着更多人群，给予年轻人展示个性的舞台，"电竞+场景"也开始与用户建立认同。电竞场馆的建设、活动赛事筹办以及广告投放都成为电竞商业的新增长点，通过深挖电竞用户群体喜爱偏好，打造电竞符号与观赛、娱乐、社交、消费等场景融合的营销平台。

"旅游+电竞"跨界融合引领文旅新风潮。电竞与城市结合形成"泛娱乐—文化—产业配套"的产业生态圈。聚焦大型电竞赛事，带动城市文化消费升级，推动城市相关产业发展，提升城市精神文明建设。电竞作为移动互联网时代新生文化现象，成为推动文化产业发展的新动力，在体育、文旅发展过程中占据着重要位置。北京、广州、成都、上海等地也相继发布电竞产业发展扶持政策，明确电竞产业对于城市建设产生的积极作用。

6. 产业资源整合，实现赛事、媒体、衍生领域一体化发展

电子竞技产业覆盖面广、价值链涵盖的领域多，涉及的资源配置和业务架构都相对复杂，产业生态一体化是产业未来发展的必然趋势。具体而言，产业生态一体化的关键在于将赛事资源和用户在不同层面与体育赛事的需求充分匹配，主要举措有以下几点：一是通过体育培训和赛事组织等，服务具有健身需求的用户，并在此基础之上开发新的赛事，形成正向循环；二是通过代理运营和自有媒体等，服务具有娱乐观赏需求的用户，并在此情况下推进相关产业的开发，实现价值的多轮挖掘；三是引入海外力量，多渠道助力国内电竞产业发展；四是关注电子竞技产业健康化发展，倡导电子竞技行业的自律和规范，筑牢未成年人保护防线；五是关注电子竞技产业规范化发展，进一步加强电子竞技产业发展的标准化、规范化、专业化建设，为电竞产业健康、有序、可持续发展提供指引；六是关注电子竞技产业创新性发展，加强电子竞技与元宇宙、VR、AR 等新技术的融合应用，电子竞技产业已挖掘出如 5G+VR 电竞馆、VR 电竞赛事项目、VR 体验馆等电竞与新技术结合的应用场景，推动其经济价值转化进程。此外，电子竞技产业与数字藏品达成多维度合作也将是元宇宙技术与电子竞技产业融合的另一种探索形式。

（三）电竞赛事的合规管理

1. 电竞赛事合规的基本框架

电子竞技赛事的举办是一项复杂而系统的工程，虽然传统体育赛事的举办模式和经验对电竞赛事的举办具有较高的参考价值，但由于电竞赛事的特殊性，电竞赛事的举办仍然需要进一步探索规范化管理，在向成熟的传统体育赛事学习的过程中，逐步形成更符合电竞赛事特征的赛事举办流程。

（1）网络安全保障

电竞赛事的举办通常需要通过特定的网络平台进行，包括游戏内自带的联机平台以及第三方游戏平台，且电竞赛事对网络的要求也极高。同时，电竞游戏本身的底层逻辑通常是基于用户注册量而通过投放广告等方式，或者将在线游戏与线下消费形成联动以获取一定的商业利益。因此，电竞赛事的举办方需要注意以下两点：一是对赛事的网络安全应当提供强有力的保障，能够保证承接赛事的网络环境高效、稳定；二是对赛事所用的游戏软件进行必要的净化，摒除以展示暴力、诱导消费、吸引广告为主要目的的功能和内容，围绕竞技比赛的核心打造赛事。

（2）个人信息保护

随着电竞行业的快速发展，越来越多的玩家参与到电竞游戏当中，而基于游戏平台的实名制要求，电竞游戏平台中可能存有用户的个人信息，包括姓名、性别、出生日期、身份证号码、联系方式、手机号码、银行账户、住址等。对此，电竞游戏平台在使用个人信息时应当符合《个人信息保护法》及其实施条例的相关规定。因此，电子竞技平台需要进一步加强对用户信息的保护力度。首先应当建立完善的用户信息保护制度；其次应当建立严格的隐私政策，确保用户信息安全；最后还应当加强对用户个人信息保护能力的考核力度。若用户信息泄露发生损失，则应当按照相关法律规定进行赔偿，同时对用户信息泄露事故进行内部追责和处理。

2. 参赛俱乐部与参赛选手的权益保障

对于电竞赛事的举办，俱乐部与职业选手是电竞赛事的核心参与者，故保障俱乐部与职业选手的合法权益是电竞赛事主办方应当首先关注的问题。就现阶段而言，国外举办较为成功的商业体育赛事，如欧洲足球五大联赛及冠军联赛、北美四大体育联赛、世界一级方程式锦标赛等，所共有的基本特点是运动协会、赛事主办方、俱乐部与运动员以合约形式确定赛事权益保障和分配机制，最终形成利益共赢。其中，运动员的权益更是由所设立的工会负责统一管理，在运动员安全保障、收入水平分级等各方面发挥积极作用，维护运动员合法权益。

3. 假赛、赌博等违法犯罪行为的法律风险防控

由于电竞赛事自身具有的激烈对抗性以及结果不确定性的客观特征，众多玩家对电竞赛事的胜负存在极强的赌博欲望和胜负欲。而与赌博相对应的，为了恶意操纵赛事的结果，某些俱乐部和职业选手选择在比赛中采取消极竞技甚至出现故意自摆乌龙等极端做法。整体而言，国内外各类主流电竞赛事，或多或少都受到过假赛、赌博等违法行为的困扰。

由于我国严格禁止电竞赛事博彩业，电竞赌博转入地下赌场或是国外博彩公司，这极大地增加了我国监管电竞赛事的难度，并容易产生更大的赌博、假赛风险。[①] 对于以电竞赛事赌博为业的不法分子，有可能涉嫌触犯赌博罪而受到刑事处罚。即便不构成赌博罪，偶发性地参与赌博本身也可能违反《治安管理处罚法》而受到行政处罚。此外，在电竞赛事中因参与赌博行为而故意采取假赛行为的选手也将受到惩罚。

（四）中国电竞赛事典型案例分析

1. 游戏电竞：王者荣耀职业联赛（KPL）

《王者荣耀》由腾讯公司研发，是当今最受欢迎的游戏之一，吸引了许多合作方、赞助商，并具有较为广泛的观众基础等。

在合作模式层面，KPL 从举办开始，就呈现快速发展的态势，也为赞助商和运营商提供了良好的合作基础，从最初的单纯赞助关系，发展到现在的合作伙伴关系。数据显示，KPL 开赛前，雪碧拿下了 2017 年 KPL 的冠名赞助权，在 KPL 举办期间，腾讯视频平台上对于赞助商雪碧的广告播放次数已经超过 450 万次，通过赞助与广告播放，达成了较好的传播效果。与国际知名品牌的合作会引起大众对赛事的关注，赞助商通过赞助赛事，使自己的品牌提高了知名度。

在赛事运营层面，KPL 官方在多个大流量社交软件上注册账号，分享赛事资讯、选手近况，营造赛事话题的讨论社区。季后赛进行到半决赛阶段，赛事运营方为了增加玩家和直播观众的娱乐互动性，模仿世界杯、NBA 等赛事猜冠军、猜比分，开设了赛事竞猜模式，玩家可以登录游戏账号，兑换竞猜币选择自己支持的战队，很好地与粉丝进行了互动、增强了用户黏性，这种活动方式增强了观众和粉丝们的参与感和体验感。

2. 休闲益智电竞：球球大作战职业联赛（BPL）

《球球大作战》主要包括球球大作战线上公开赛、塔坦杯精英挑战赛、球球大作战职业联赛（BPL）三个赛事体系，阿里体育与巨人网络搭建的《球球大作战》移动电竞赛事生态包括赛事全球化运营、增值服务、俱乐

---

① 李刚. 对当前我国体育彩票业社会福利效应的评价 [J]. 体育科学, 2008 (10): 32-40.

部运作、明星培养打造、赛事联盟构建、衍生品等方面。

3. 虚拟体育电竞：全国智能体育大赛、《擎动中国》、上海虚拟体育公开赛

全国智能体育大赛是国家体育总局授权的智能体育唯一赛事 IP，由中华全国体育总会主办，浙江省体育局承办。全国智能体育大赛是智能体育领域规模最大的综合性赛事，也是智能体育技术水平与竞技水平最高的展示平台。全国智能体育大赛通过远程互动场景与传统体育相结合的新型赛事形式，旨在打造一个不受时间、空间限制，全民参与的智能体育物联网运动平台。

《擎动中国》是由中央广播电视总台全力打造的首档顶级融媒体赛车节目，首创"网络端+电视端"双赛场模式，让全国赛车爱好者既在线下同场竞技，又在线上打破地域限制一较高下。《擎动中国》第二季于 2021年播出，打造大型汽车嘉年华活动，以竞技精神带动城市精神，以线上线下活动拉动品牌活力，充分释放中国车轮上的消费需求。作为《擎动中国》两大总决赛之一的线上模拟器赛车总决赛将永久落户中国澳门。

2022 年 9 月上海虚拟体育公开赛（SVS）开启，各大项目陆续于 12 月结束，选拔不设门槛，不限国籍，全年龄段均可参赛。上海虚拟体育公开赛设置了虚拟赛艇、虚拟赛车、虚拟滑雪、虚拟骑行、虚拟高尔夫 5 个项目。主办方甄选了可视化比较成熟的 5 个体育项目，结合 AI、5G、云直播、云赛事等技术，打造线上莓塔体育元宇宙平台赛事主体。

2023 年上海虚拟体育公开赛（SVS）包含虚拟骑行、虚拟赛艇、虚拟高尔夫、虚拟赛车、虚拟滑雪 5 大项目，赛事周期长达 7 个月，从 2023 年4 月 22 日持续至 10 月底。组委会为本届赛事设立的总奖金超过 100 万元，超越了新加坡首届奥林匹克电子竞技周和东京奥林匹克虚拟系列赛的总奖金金额，刷新了虚拟体育赛事在全球领域的最高奖金数额。虚拟骑行与虚拟赛艇两大项目全赛季将通过"联赛制"的方式进行，虚拟滑雪、虚拟高尔夫、虚拟赛车则面向广大体育爱好者开放报名。

第四章 "电竞入亚"的传播效果及对电竞产业的推动

【摘　要】杭州第19届亚运会上，中央广播电视总台作为亚运会主转播机构，充分利用总台全媒体多平台传播优势，立体呈现亚运会精彩瞬间，相关报道通过总台平台在境内累计触达414.23亿人次。2023年9月23日至10月8日，受众累计通过总台电视端观看亚运会达341.53亿次，总台新媒体端阅读与播放量达72.7亿次。创下了赛事报道规模最大、全媒体总触达人次最高的纪录。总台成功完成电子竞技转播首秀，开启了国际电竞赛事转播、专业解说新篇章。赛事转播视频在全媒体共触达3.31亿受众，其中电视端的转播、回看、点播触达2767.47万受众。亚运会电竞赛事全媒体新闻报道总数超过131万篇（条/个）；在微博平台，电竞相关话题的总阅读量超过300亿次，话题讨论量超3000万次，全站发博量达800万条。电竞产业链各参与方也已借势杭州亚运会开始筹备、调整未来在电子竞技赛事、电子竞技产品上的布局，从运营策略、IP衍生模式、人才培养模式等方面酝酿适合"后亚运时代"的规划。杭州亚运会后，伴随"电竞入奥"进程的加快，电竞产业与奥运会将获得双向增益。

【关键词】传播效果；受众拓展；正面认知；消费意愿提升；行业规范化；商业模式迭代；电竞入奥

一 "电竞入亚"是电竞传播生态变革的契机

近年来电子竞技行业蓬勃发展，已然成为世界上备受关注的新兴体育竞技类项目之一。杭州亚运会电子竞技赛事共有7个小项，分别为《英雄联盟》、《王者荣耀》（亚运版）（以下简称《王者荣耀》）、《和平精英》（亚运版)(以下简称《和平精英》)、《刀塔2》①、《梦三国2》、《街头霸王5》(冠军版本)(以下简称《街霸5》)、《足球在线4》②,包含5个PC端项目与2个手游端项目,囊括了MOBA(多人在线战术竞技类)、SPG(体育模拟类)等在内的各类型游戏,均为当下颇受欢迎的电子竞技品类③。本届杭州亚运会电子竞技项目,中国队共派出31名运动员出征,参加了除《街霸5》项目之外的其他6个小项,并取得了4金1铜的成绩,其中中国队获得的《王者荣耀》项目冠军是电子竞技项目在杭州亚运会上产生的首个冠军。

随着杭州亚运会的正式开幕,电子竞技赛事的开赛以及电子竞技赛事首次在中央广播电视总台(以下简称总台)的播出,社会各界对电子竞技给予了高关注度,在一定程度上推动了电竞传播生态的改变,而赛事转播在帮助电竞"破圈"的同时,也让受众对电子竞技的认知发生了变化,受众态度更加趋向正面,为电竞及相关产品付费的意愿也逐步提高。

(一)总台首次转播电竞赛事,推动电竞传播生态的改变

数字经济事关国家发展大局。2023年3月,总台国家电子竞技发展研究院正式揭牌成立,为发展"数字+体育+科技+文化"新业态打造全新的发展空间。研究院旨在发挥电子竞技联结中外、沟通世界的特殊作用,拓展讲好中国故事的新渠道、新领域。同时,积极介入电竞产业,建设新时代中国特色电竞新业态平台。研究院在杭州亚运会开幕前主导编撰并发布了《亚运电竞赛事制作规范》,这是我国首个电竞赛事制作标准。研究院启动的"八个一"重点项目,内容涵盖专家团队、标准体系、国际论坛、发展报告、培训计划、品牌赛事、电竞主题活动和"政产学研资"融合工程等。国家媒体与电子竞技的跨界联动,让全新成立的研究院成为连接汇聚年轻一代的新纽带。

电子竞技作为正式比赛项目在亚运会上的首次亮相,成为杭州亚运会最大的特色之一。杭州亚运会电子竞技赛事在电视端、互联网视频平台上被转播,创造了电竞赛事转播史上的多个"首次":首次在总台大屏转播呈现电

---

① 《刀塔2》即《DOTA2》,下同。

② 《足球在线4》即《FIFA ONLINE 4》,下同。

③ 参见杭州第19届亚运官网,https://www.hangzhou2022.cn/sssg/ssxm/202203/t20220330_46418.shtml。

竞赛事；首次将电子竞技赛事列入公共信号制作范围，总台制作的电竞赛事公共信号被中国台湾 ELTA TV，韩国 KBS、Eclat，泰国 Plan B，新加坡 MediaCorp，伊朗 IRIB 等多家境外媒体采用；总台发布了我国首个电竞赛事制作标准——《亚运电竞赛事制作规范》，为亚运会电子竞技项目在官方媒体转播中首次亮相保驾护航，既让大众通过大小屏联动的方式观看电子竞技赛事，也为今后电竞活动的健康发展和转播工作等积累了成功经验。

1. 总台亚运会电竞赛事制作及报道工作亮点

由总台体育青少节目中心和技术局联合组建的总台公共信号制作团队在杭州电竞中心圆满完成了《王者荣耀》等 4 个比赛项目的亚运会电竞赛事公共信号制作任务，总台制作的电竞赛事公共信号被韩国、泰国、新加坡、伊朗等国的媒体采用。累计公共信号制作时长 30 小时、彩排演练时长 24 小时，信号质量均符合组委会 PQC 质量要求，成功完成了总台在电竞赛事公共信号制作的首秀，开启了总台深度参与全球电子竞技领域的新篇章。电竞项目的整体转播报道不仅做到了安全、平稳，而且在评论解说、信号制作等方面展现了总台"思想+技术+艺术"融会贯通的高水准、硬实力，受到了广大观众和业内人士的普遍赞扬。

总台在杭州亚运会电子竞技项目转播报道上做到了强化教育培训、及时动态调整、确保播出质量。在转播报道过程中，紧扣核心重点赛事，稳妥推进大小屏转播，紧盯重点岗位人员，扎实做好赛前培训和赛时辅导。同时，也充分展现专业积累，确立电竞制作的总台标准、总台规范、总台特色，不断提升电竞转播水准。总台电竞赛事公共信号制作取得成功，电竞制作的总台标准得到实战检验并受各方认可。此外，通过对杭州亚运会电子竞技项目的转播报道，参与各方提高了对电子竞技项目的特性和传播规律的认识，让总台未来进一步加大对这一新兴体育项目的关注和投入，并对取得"两个效益"双丰收的前景充满了信心。

在本次电子竞技项目的公共信号制作工作中，总台积极发挥引领作用，协调其他制作机构，认真执行总台国家电子竞技发展研究院编撰的《亚运电竞赛事制作规范》。总台导演还直接参与指导主场馆重要赛事信号制作工作，赛前提出优化建议，赛中贯彻实施总台制作要求，在信号制作中使用 AI 安全审核等先进技术手段，进一步提高信号制作的安全性，使总台的制作规则深入人心、落到实处。依托总台强大的创新力量，总台电竞赛事公共信号制作采用全 IP 系统解决超多路信源的采集、传输问题，包括切换设备、包装设备、AR 技术设备、慢动作回放系统设备、传输系统设备在内的核心设备，都采用国产设备，打破了国外进口设备在电竞项目电视转播中的垄断地位，以更加经济、更高质量的方式制作国际电竞赛事公共信号。在增强现实（AR）技术应用、赛事包装方面，总台展示出技高一筹的水准，推动亚运会电竞赛事公共信号制作实现新的突破。此外，智慧观赛的多角度制作方式，也为新媒体观众提供了更多观赛体验，优化了电竞转播的垂类服务。

2. 总台亚运会电竞赛事制作及报道工作总结及展望

回顾本次杭州亚运会电竞赛事转播工作，可以看到，及时出台《亚运电竞赛事制作规范》，为亚运会电子竞技赛事的标准化、规范化信号制作打下了坚实基础；制作团队在学习和借鉴中不断摸索、实践和创新，做好了充分面对全新领域挑战的准备；制作团队充分应用总台强大的赛事制作能力，为今后进一步拓展电子竞技领域的合作范围积累了成功经验。

在未来，总台在电竞赛事转播报道中将重点从以下三个方面着手。

一是对电子竞技赛事的规范和引导。充分发挥总台国家电子竞技发展研究院的引导作用，进一步加强对电子竞技赛事发展规律和趋势的研究；充分发挥总台强大的创新实力，在实践中不断树立行业思想、艺术、技术的新标杆。当前尤其重要的是引领电子竞技赛事建立完备的行业标准、规范和准则，推动电子竞技赛事在更广阔的社会经济舞台上健康、有序、长远发展。

二是重点聚焦国际性赛事。与国际奥委会、亚奥理事会、国家体育总局等相关机构紧密合作，积极参与报道或组织电子竞技的国际性赛事，支持国产电竞产品主办国际性赛事，打造有中国自主知识产权的全球性电子竞技赛事。充分发挥电子竞技的体育竞赛功能，努力让电子竞技赛事成为世界青年友好交流的新舞台、体育外交的新形式、中国文化国际交流的新载体。

三是大力推动"虚拟体育"运动。积极响应国际奥委会的目标和行动，大力培育、推广"虚拟体育"类的电子竞技运动。联合科技创新企业和电子竞技产业的实体机构，充分利用 5G、增强现实、可穿戴设备、人工智能等新兴技术，不断提升虚拟体育运动的竞技性、观赏性和仿真度，壮大用户规模，探索组织虚拟体育类的电子竞技赛事，在数字体育世界描绘奥林匹克运动的新蓝图。

（二）"电竞入亚"传播效果及传播热点分析

本次杭州亚运会，总台开创性地通过CCTV-5体育和CCTV-5+体育赛事频道播出了电竞赛事。除电视端外，央视频、央视网、央视体育等多个总台新媒体平台也对重点赛事进行了转播。赛事视频在电视端及新媒体平台的传播，不仅扩大了电竞项目的受众数量，也帮助电竞项目扩展了受众圈层。同时，电子竞技项目也在以微博为代表的社交平台上引起了广泛讨论，掀起了热度。

1. 杭州亚运会电竞重点赛事视频的传播效果

2023年9月24日至10月2日杭州亚运会电子竞技项目展开激烈角逐，中央广播电视总台作为赛事的主转播机构，通过CCTV-5体育、CCTV-5+体育赛事频道转播了《王者荣耀》《和平精英》2个项目的4场赛事；央视频、央视体育等新媒体平台播出了除《街霸5》之外的其他6个项目的14场赛事。此外，包括腾讯集团、字节跳动集团、中国移动咪咕视频、快手在内的多家视频平台也全部采用总台新媒体平台播出信号对赛事进行了转播与回放。

（1）亚运会电竞赛事视频电视端传播效果分析

本届杭州亚运会电竞赛事中，CCTV-5+体育赛事频道转播了《王者荣耀》项目半决赛（中国vs泰国）及决赛（马来西亚vs中国）、《和平精英》项目半决赛（中国vs印度尼西亚vs泰国vs中国香港）及决赛（中国vs韩国vs中国台北vs印度尼西亚）4场比赛，CCTV-5体育频道播出了两场决赛的精编录像（见表1）。杭州亚运会电竞赛事在电视端转播的赛事，在2023年9月25日至10月8日期间通过转播（包括首播和重播）、回看及点播三种收看方式总共触达2767.47万观众[①]。

表1　杭州亚运会电竞项目赛事电视转播情况（共4场比赛）

项目	日期	开始时间	播出时长	赛别	转播频道	转播形式
《王者荣耀》	2023年9月25日	14：10	44分27秒	《王者荣耀》项目半决赛中国vs泰国	CCTV-5+体育赛事	首播

---

① 数据来源：CSM全国测量仪，下同。

续表

项目	日期	开始时间	播出时长	赛别	转播频道	转播形式
《王者荣耀》	2023年9月26日	19：10	44分47秒	《王者荣耀》项目决赛 马来西亚vs中国	CCTV-5+体育赛事	首播
	2023年9月26日	22：34	38分19秒	《王者荣耀》项目决赛 马来西亚vs中国	CCTV-5体育	重播
《和平精英》	2023年9月30日	15：12	41分08秒	《和平精英》项目半决赛 中国vs印度尼西亚vs 泰国vs中国香港	CCTV-5+体育赛事	首播
	2023年10月1日	22：55	14分20秒	《和平精英》项目决赛 中国vs韩国vs中国 台北vs印度尼西亚	CCTV-5+体育赛事	首播
	2023年10月2日	22：37	27分58秒	《和平精英》项目决赛 中国vs韩国vs中国 台北vs印度尼西亚	CCTV-5体育	重播

2023年9月25日至10月2日，《王者荣耀》项目赛事在电视端通过转播（包括首播和重播）、回看及点播三种收看方式总共触达观众1641.83万人，在电视端的市场份额①为1.08%，观众人均收视总分钟数②为28.77分钟（见表2）。

表2 杭州亚运会《王者荣耀》项目赛事电视端收视表现

单位：万人，%，分钟

项目	收视指标	收视表现
《王者荣耀》	观众规模	1641.83
	电视端市场份额	1.08
	观众人均收视总分钟数	28.77

① 市场份额：同时段通过电视端收看该项目赛事的人数占同一时段所有收看电视的人数的百分比，包含电视端转播（包括首播和重播）、回看及点播三种收看方式，下同。

② 观众人均收视总分钟数：平均每个观众通过电视端收看该项目赛事的时长，包含电视端转播（包括首播和重播）、回看及点播三种收看方式，下同。

针对重点观众群体①进行分析发现，男性、35～44 岁、大学及以上学历观众为《王者荣耀》项目赛事贡献了更多收视率②。其中男性观众的比例为 53.93%，较女性观众（46.07%）高出 7.86 个百分点（见图 1）。从年龄分布上看，35~44 岁观众的比例占 18～50 岁观众的 40.77%（见图 2）。从学历上，在高中及以上学历的观众中，大学及以上学历观众的比例达到 50.21%（见图 3）。

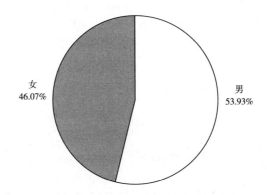

图 1　杭州亚运会《王者荣耀》项目赛事电视端观众性别结构

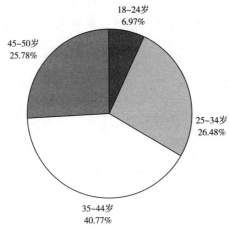

图 2　杭州亚运会《王者荣耀》项目赛事电视端 18~50 岁观众年龄结构

---

①　重点观众群体为电竞赛事的主要目标群体，包括 18～50 岁、高中及以上学历的观众，下同。

②　包含观众通过电视端转播（包括首播和重播）、回看及点播三种收看方式观看该项目赛事所产生的收视情况，下同。

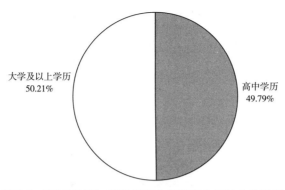

图 3　杭州亚运会《王者荣耀》项目赛事电视端高中及以上学历观众学历结构

2023 年 9 月 30 日至 10 月 8 日期间,《和平精英》项目赛事在电视端通过转播(包括首播和重播)、回看及点播三种收看方式总共触达观众 1469.89 万人,电视端市场份额为 2.40%,观众人均收视总分钟数为 27.89 分钟(见表 3)。

表 3　杭州亚运会《和平精英》项目赛事电视端收视表现

单位:万人,%,分钟

项目	收视指标	收视表现
《和平精英》	观众规模	1469.89
	电视端市场份额	2.40
	观众人均收视总分钟数	27.89

男性、35~44 岁、高中学历观众为《和平精英》项目赛事贡献了更多收视率。其中男性观众的比例为 52.17%,较女性观众(47.83%)高出 4.34 个百分点(见图 4)。从年龄分布上看,在 18~50 岁的重点人群中,35~44 岁观众的比例为 31.17%(见图 5)。从学历上看,高中及以上学历观众中,大学及以上学历观众的比例为 42.12%(见图 6)。

数据对比结果显示,电竞赛事吸引了更多女性、青/中年、高学历观众来到电视屏幕前。对比前周同周天同时段同频道收视情况[①],《王者荣

[①] 包含观众通过电视端转播(包括首播和重播)、回看及点播三种收看方式观看相关频道相关时段所产生的收视情况,下同。

耀》项目赛事播出时①女性观众收视占比增长 8.45%（见图 7）；18~24 岁青年、35~44 岁中年观众比例增幅分别达 89.67% 与 45.72%（见图 8）。此外，大学及以上学历观众增幅为 8.03%（见图 9）。在《和平精英》项目赛事播出时②，女性、18~24 岁、高中学历观众的比例，较前周同周天同时段同频道涨幅分别达 6.27%、387.69% 与 17.95%（见图 10、图 11、图 12）。

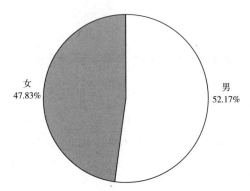

图 4 杭州亚运会《和平精英》项目赛事电视端观众性别结构

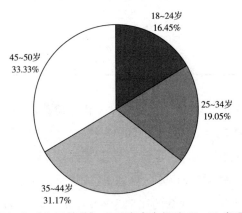

图 5 杭州亚运会《和平精英》项目赛事电视端 18~50 岁观众年龄结构

---

① 前周同周天同时段同频道播出节目包括世界田径锦标赛转播、2023 年世界田联钻石联赛尤金站转播、19 届亚运会男足小组赛 A 组第一轮转播及 2023 年世界举重锦标赛转播。

② 前周同周天同时段同频道播出节目包括 23/24 赛季英超联赛第 5 轮转播、2023 年世界田联钻石联赛尤金站转播、2022/2023 赛季世界斯诺克锦标赛转播及第 19 届亚运会乒乓球转播。

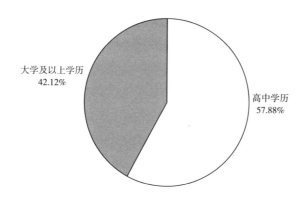

图 6 杭州亚运会《和平精英》项目赛事电视端高中及以上学历观众学历结构

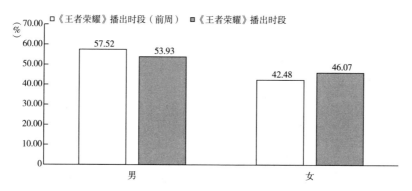

图 7 杭州亚运会《王者荣耀》项目赛事电视端观众性别结构
（对比前周数据）

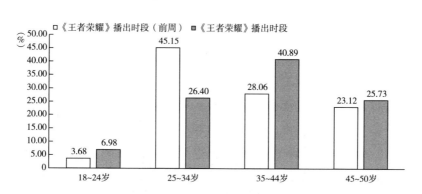

图 8 杭州亚运会《王者荣耀》项目赛事电视端 18~50 岁观众年龄结构
（对比前周数据）

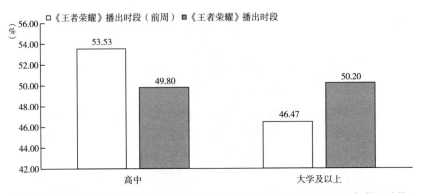

图 9 杭州亚运会《王者荣耀》项目赛事电视端高中及以上学历观众学历结构
（对比前周数据）

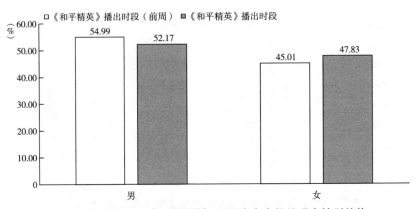

图 10 杭州亚运会《和平精英》项目赛事电视端观众性别结构
（对比前周数据）

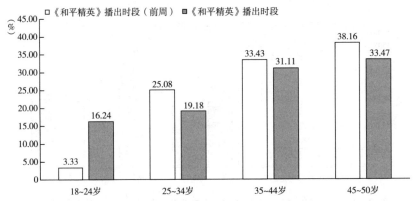

图 11 杭州亚运会《和平精英》项目赛事电视端 18~50 岁观众年龄结构
（对比前周数据）

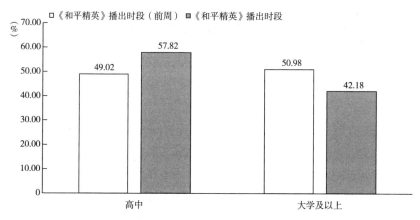

图 12 杭州亚运会《和平精英》项目赛事电视端高中及以上学历观众学历结构（对比前周数据）

（2）杭州亚运会电子竞技项目全媒体报道情况分析

纵观本次杭州亚运会报道，短视频报道占了极高的比重，除视频类媒体外，纸媒等传统平面媒体也纷纷使用短视频的形式进行新闻报道。受众对新型报道形式的偏好加速了传统媒体在报道形式上的转变，借助杭州亚运会新闻报道的契机推动了传统媒体的转型，进一步带动了媒体传播生态的变革。

中央广播电视总台作为杭州亚运会主转播机构，充分利用总台全媒体多平台传播优势，立体呈现亚运会精彩瞬间，相关报道通过总台平台在境内累计触达 414.23 亿人次。2023 年 9 月 23 日至 10 月 8 日，受众累计通过总台电视端观看亚运会达 341.53 亿次，总台新媒体端阅读与播放量达 72.7 亿次。创下了赛事报道规模最大、全媒体总触达人次最高的纪录。

自 2023 年 9 月 24 日至 10 月 4 日 17 时，与"杭州亚运会电竞"相关的新闻报道总数为 1317254 篇（条/个）。其中，平面媒体 372 篇，网络媒体 11161 篇，客户端 7950 篇，微信 5988 篇，微博 1253469 条，论坛 2078 条，境外媒体 1525 篇，自媒体 10604 篇，短视频 24017 个，Facebook 44 条，Twitter 46 条。其中，截至 2023 年 10 月 8 日，杭州亚运会电竞项目报道通过总台自有平台共触达 2.02 亿人，在各新媒体平台累计观看量达 3.7 亿人[①]。

---

① 数据来源：中国体育报业总社。

短视频的出现，不仅丰富了媒体新闻报道的形式，也帮助参赛选手"破圈"。在短视频兴起前，大多数参赛选手难以在赛后持续获得媒体热度，随着短视频的普及，选手赛后回乡、家庭生活等场景也会被其同伴记录、发表后在网络上引发讨论，让很多选手获得了前所未有的传播热度。参赛选手也可以通过短视频持续分享参赛心得、场外训练、赛后生活等，帮助选手在赛后获得连续的关注度，在一定程度上提升了选手的商业价值。

在调研过程中了解到，包括报纸、期刊等平面媒体在内的众多传统媒体都在积极向短视频报道转型，进一步推动了媒体传播形态的改变。而杭州亚运会这一重大综合体育赛事的举办，则加快了这一转型的进度。当然，在短视频的创作过程中，参与各方必须严格遵守版权保护规定，不得发生侵权行为。以中国体育报业总社为例，作为以报纸和期刊为主要传播渠道的传统平面媒体，中国体育报业总社在本次杭州亚运会的报道中，共发出了超过700条短视频报道，在全媒体平台上共获得点击量超12亿次。受众对报道形式的选择，迫使中国体育报业总社开始向短视频报道转型。

（3）杭州亚运会电竞赛事视频全媒体传播效果分析

全媒体传播效果是指亚运会电竞赛事视频内容在多终端、跨平台、多场景受众收视统计数据。数据覆盖电视、广播、移动端、PC端等多元传播渠道，包含但不限于首重播、直点播、长短视频等多种视听行为。

在杭州亚运会电竞项目比赛期间，共有6个项目的14场比赛通过互联网平台播出，其中《王者荣耀》项目2场，包括半决赛（中国 vs 泰国）及决赛（马来西亚 vs 中国）；《足球在线4》项目4场，包括败者组第7轮第1场（朴起永 vs 帕达那沙-瓦拉南）、胜者组决赛（迪德-颂赛沙恭 vs 郭峻赫）、败者组决赛（帕达那沙-瓦拉南 vs 郭峻赫）及总决赛（迪德-颂赛沙恭 vs 帕达那沙-瓦拉南）；《英雄联盟》项目3场，包括半决赛（韩国 vs 中国）、季军赛（中国 vs 越南）及决赛（韩国 vs 中国台北）；《梦三国2》项目2场，包括半决赛（中国 vs 越南）及决赛（中国 vs 中国香港）；《和平精英》项目2场，包括半决赛（中国 vs 印度尼西亚 vs 泰国 vs 中国香港）及决赛（中国 vs 韩国 vs 中国台北 vs 印度尼西亚）；《刀塔2》项目1场，仅转播了决赛（中国 vs 蒙古国），《街霸5》项目未转播（见表4）。

表 4 杭州亚运会电竞项目赛事互联网转播情况（共 14 场比赛）

项目	比赛日期	开始时间	赛别
《王者荣耀》	2023 年 9 月 25 日	14：10	《王者荣耀》项目半决赛（中国 vs 泰国）
	2023 年 9 月 26 日	19：10	《王者荣耀》项目决赛（马来西亚 vs 中国）
《足球在线 4》	2023 年 9 月 25 日	19：00	《足球在线 4》项目败者组第 7 轮第 1 场（朴起永 vs 帕达那沙-瓦拉南）
	2023 年 9 月 25 日	20：30	《足球在线 4》项目胜者组决赛（迪德-颂赛沙恭 vs 郭峻赫）
	2023 年 9 月 27 日	19：00	《足球在线 4》项目败者组决赛（帕达那沙-瓦拉南 vs 郭峻赫）
	2023 年 9 月 27 日	20：30	《足球在线 4》项目总决赛（迪德-颂赛沙恭 vs 帕达那沙-瓦拉南）
《英雄联盟》	2023 年 9 月 28 日	9：00	《英雄联盟》项目半决赛（韩国 vs 中国）
	2023 年 9 月 29 日	14：00	《英雄联盟》项目季军赛（中国 vs 越南）
	2023 年 9 月 29 日	19：00	《英雄联盟》项目决赛（韩国 vs 中国台北）
《梦三国 2》	2023 年 9 月 29 日	9：00	《梦三国 2》项目半决赛（中国 vs 越南）
	2023 年 9 月 30 日	19：00	《梦三国 2》项目决赛（中国 vs 中国香港）
《和平精英》	2023 年 9 月 30 日	15：12	《和平精英》项目半决赛（中国 vs 印度尼西亚 vs 泰国 vs 中国香港）
	2023 年 10 月 1 日	22：55	《和平精英》项目决赛（中国 vs 韩国 vs 中国台北 vs 印度尼西亚）
《刀塔 2》	2023 年 10 月 2 日	19：00	《刀塔 2》项目决赛（中国 vs 蒙古国）

2023 年 9 月 25 日至 10 月 8 日期间，杭州亚运会电竞项目所转播的 14 场赛事视频在全媒体累计触达 3.31 亿受众，单日触达峰值 7024.52 万人[①]。此外，14 场亚运电竞赛事在全媒体环境下视听总时长为 47.40 亿分钟，单日峰值 6.90 亿分钟，观众人均收看总分钟数[②]为 14.34 分钟。

观察各电竞项目亚运会赛事视频在全媒体的视听总时长，其中《王者荣耀》项目赛事的视听总时长最高，达 16.96 亿分钟；《梦三国 2》项目紧随其后，为 13.58 亿分钟（见图 13）。在亚运会电竞赛事视频全媒体观众

---

① 数据来源：CSM NewTAM 全媒体视听同源测量数据，下同。
② 观众人均收看总分钟数：平均每个受众通过全媒体任一/多个渠道收看某个/多个项目赛事视频的时长。

人均收看总分钟数方面，《英雄联盟》项目最高，观众人均收看总分钟数达12.47分钟；《刀塔2》项目位居第二，为10.37分钟（见图14）。另外，在亚运会电竞项目赛事视频全媒体受众总触达规模方面，《王者荣耀》项目赛事的受众总触达规模高达17852.63万人，《梦三国2》项目达15567.16万人（见图15）。

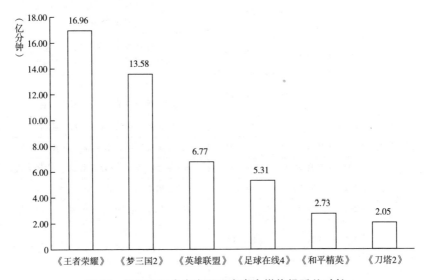

图13 杭州亚运会电竞项目赛事全媒体视听总时长

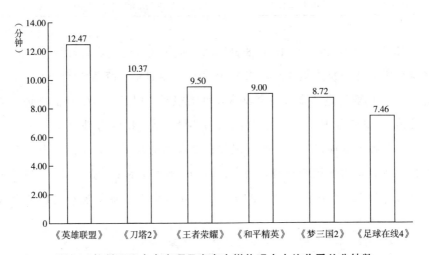

图14 杭州亚运会电竞项目赛事全媒体观众人均收看总分钟数

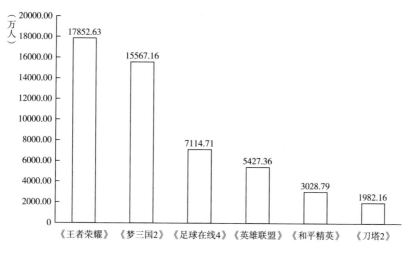

图 15 杭州亚运会电竞项目赛事全媒体受众总触达规模

《王者荣耀》是本届杭州亚运电竞赛事中受众规模最大的项目，其他 5 个项目的受众与《王者荣耀》项目受众间的重叠率①均超过 40%，《刀塔 2》项目与《王者荣耀》项目的受众重叠率更是高达 54.74%，即有超过五成的《刀塔 2》项目受众观看过《王者荣耀》项目赛事（见表 5）。

表 5 杭州亚运会电竞项目受众间重叠情况

单位：%

	《王者荣耀》	《梦三国 2》	《足球在线 4》	《英雄联盟》	《和平精英》	《刀塔 2》
《王者荣耀》	/	41.44	48.08	43.62	49.72	54.74
《梦三国 2》	36.13	/	46.14	45.62	42.75	52.51
《足球在线 4》	19.16	21.09	/	25.43	27.40	38.38
《英雄联盟》	13.26	15.90	19.40	/	24.63	28.00
《和平精英》	8.44	8.32	11.67	13.74	/	24.39
《刀塔 2》	5.83	6.97	10.69	10.23	15.96	/

分赛事观察，《王者荣耀》项目半决赛（中国 vs 泰国）的比赛，作为本届杭州亚运会总台进行转播的第一场电竞赛事，可谓热度"爆表"。赛

---

① 即观看过其他项目赛事视频的受众中也观看过《王者荣耀》项目视频的比例。

事视频在全媒体总共触达受众 16096.77 万人，位列全部转播赛事之首。
《梦三国 2》项目决赛紧随其后，在全媒体总共触达受众 15188.27 万人。
而《足球在线 4》项目总决赛受众规模位列全部转播赛事第三，触达受众
5945.51 万人，仅为《王者荣耀》项目半决赛受众的 36.93%。此外，《英
雄联盟》项目中国、韩国两队提前在四强战中相遇，中国队 0：2 告负。
中国队的遗憾出局，也使得《英雄联盟》项目决赛的收视热度有所减弱，
在全媒体的受众总触达数仅为 1100.75 万人，位列全部转播项目决赛受众
总触达规模之末。

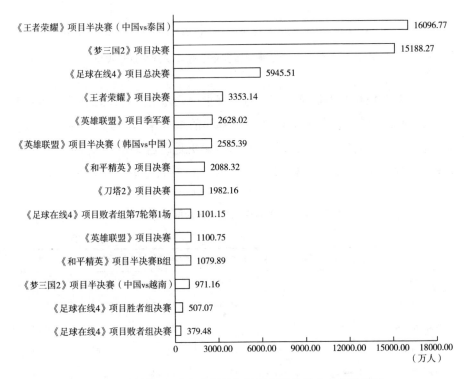

图 16　杭州亚运会电竞项目各赛别全媒体受众总触达规模

　　本届杭州亚运电竞赛事转播视频的全媒体触达受众中，男性受众占比
为 51.84%，略高于女性（48.16%）。中/青年观众是全媒体触达受众的主
力军，其中 15~34 岁青年受众占比为 33.97%，35~54 岁中年受众占比为
43.68%。在学历分布上，初中学历受众占比达 39.35%，高中学历受众占

比为25.27%,大学及以上高学历受众占比为22.61%。从地域角度看,城市受众的比例远高于乡村受众,达到67.34%(见图17)。

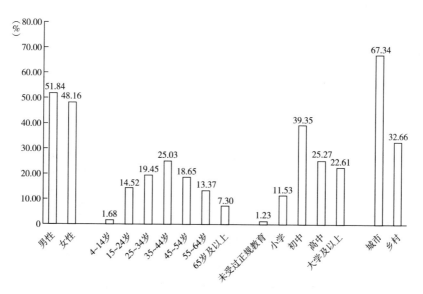

图17 杭州亚运会电竞项目赛事视频全媒体受众结构

观察各电竞项目赛事视频全媒体触达观众结构特征发现,不同于其他电竞项目男性受众更多的特征,《刀塔2》项目女性受众比例多于男性,占比达54.10%,高出男性8.20个百分点(见图18)。

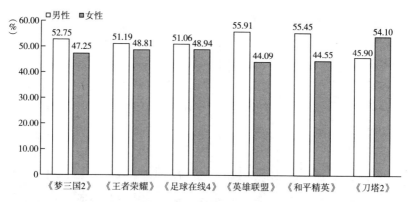

图18 杭州亚运会电竞项目赛事视频全媒体触达受众结构(性别分布)

从电竞项目赛事视频全媒体受众年龄分布上看，相较其他电竞项目，《刀塔2》项目全媒体受众中，15~34岁受众占比为37.13%，高于其他项目同类受众；《梦三国2》项目中35~54岁的受众占比为44.91%，高于其他项目同类受众；《和平精英》项目中55岁及以上的受众比例相对较高于其他项目同类受众，为25.19%（见图19）。

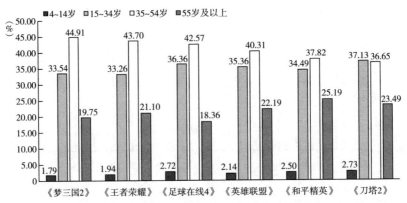

图19 杭州亚运会电竞项目赛事视频全媒体受众结构（年龄分布）

在杭州亚运会电竞项目赛事视频全媒体受众学历分布方面，各项目大学及以上学历受众的比例均超过20%，其中《王者荣耀》项目大学及以上学历受众群体比例最高，达23.01%；《刀塔2》与《和平精英》两个项目中，高中学历用户触达比例相对较高，分别达32.37%与28.77%（见图20）。

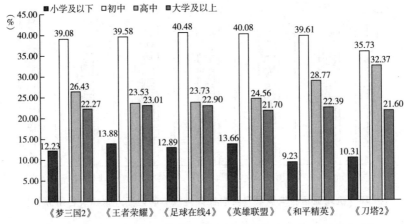

图20 杭州亚运会电竞项目赛事视频全媒体受众结构（学历分布）

全媒体环境下,《和平精英》项目赛事视频全媒体受众的城乡比例差异最大,其城市受众比例达到73.41%;而《刀塔2》项目赛事视频全媒体受众的城乡分布更均衡,其中超四成的受众来自乡村(见图21)。

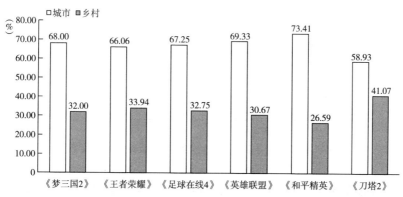

图 21 杭州亚运会电竞项目赛事视频全媒体受众结构(地域分布)

(4)杭州亚运会对电竞受众规模拓展效果

电竞赛事在杭州亚运会平台上的播出,为电竞项目扩大了受众基础,拓展了受众圈层。很多在杭州亚运会前不了解电竞项目的受众通过杭州亚运会开始认识并了解电竞项目。同时,电竞赛事在杭州亚运会上的精彩呈现,也让大部分受众决定将在杭州亚运会后继续关注并收看电竞赛事。

面向杭州亚运会电竞项目受众的调研①结果显示,68.64%的受众表示在杭州亚运会前②已经了解电竞项目;在杭州亚运会后③,了解电竞项目的受众比例上升至85.64%(见图22)。进一步分析数据后发现,杭州亚运会前对电竞项目不了解的受众中,有71.43%的受众表示在亚运开始后对电竞项目的了解程度有所提升;在杭州亚运会前对电竞项目比较了解的受众中,有58.61%的受众表示在杭州亚运会后对电竞项目的了解程度有所提升。

---

① 本调研面向杭州亚运会电子竞技项目的受众群体,通过在线问卷的方式进行调研,共回收有效问卷1017份,调研时间:9月30日~10月8日。
② 即2023年9月24日杭州亚运会电竞赛事正式开赛前,下同。
③ 即2023年9月24日杭州亚运会电竞赛事正式开赛后至用户回答问卷时间,下同。

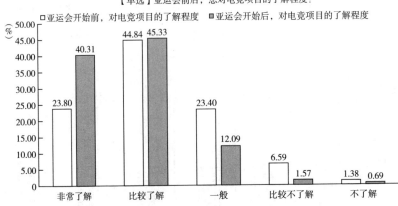

图22 杭州亚运会前后，受众对电竞项目的了解程度

根据调研结果，在收看了本届杭州亚运会电竞赛事的受众中，此前"从没看过"电竞赛事的受众占比为3.22%，"偶尔看过"的占比为50.86%（见图23）。同时，收看了本届杭州亚运会电竞赛事的受众中，有高达98.39%的受众表示今后还会继续观赛（见图24）。杭州亚运会的平台为电竞赛事吸引了更多观众，很多此前从没看过或偶尔观看电竞赛事的受众纷纷加入杭州亚运会电竞项目的收视大军，同时，杭州亚运会电竞赛事的播出也让受众进一步认识到电竞赛事的魅力，带动了受众观看电竞赛事的积极性，为电竞赛事带来了一批忠实观众。

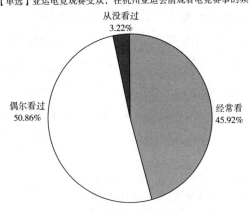

图23 杭州亚运电竞观赛受众，在亚运会前观看电竞赛事的频率

【单选】您以后是否还会继续收看电竞赛事?

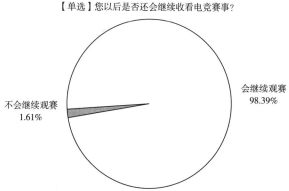

图24 杭州亚运会观赛受众再观赛意向

本届杭州亚运会电竞赛事在电视端及网络端的播出,为电竞项目吸引了更多女性和45岁及以上受众,拓宽了电竞赛事的受众圈层,很多从未接触过电竞的受众群体由此接触并了解了电竞赛事的相关内容。对比中国音数协电竞工委、中国游戏产业研究院发布的《2022年中国电子竞技产业报告》[①] 中国电竞用户属性数据与杭州亚运会电竞赛事视频全媒体触达受众属性可以看到,女性受众的比例由43.60%提升至48.16%,45岁及以上受众的比例由8.10%提升至39.32%,增幅显著(见图25)。有研究数据表明,女性受众具有更强的消费意愿,而中年受众则有更强的经济实力,这两个群体受众的关注将进一步促进电竞行业的营收。

2. 杭州亚运会期间电竞项目在主要媒体渠道的热度分析

杭州亚运会期间,电竞项目赛事的信息在各主要媒体渠道均引起了用户的广泛讨论,其中总台以优质的公共信号制作以及专业的解说评论在互联网平台广受好评。

在本届杭州亚运会电竞赛事的传播中,中央广播电视总台组建了公共信号制作团队,圆满完成了《王者荣耀》、《和平精英》、《英雄联盟》和《梦三国2》4个比赛项目的副场馆公共信号制作,以及主、副场馆的AR技术包装和央视频智慧观赛的信号制作任务。累计公共信号制作时长30小

---

① 游戏大观.《2022年中国电子竞技产业报告》发布:收入1445亿元,五年来首次下降[EB/OL]. http://www.gamelook.com.cn/2023/02/510498. 2023-02-17/2023-10-13。

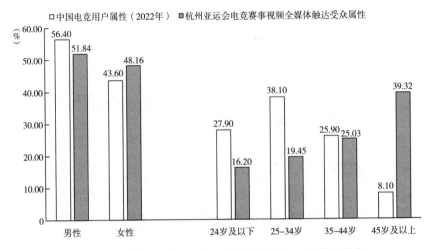

图 25 杭州亚运会前后，电竞受众的性别、年龄分布变化

时，制作质量得到主播机构 PQC 的高度评价，开创总台深入参与电竞赛事公共信号制作新篇章。为提升赛事观赏性、拓展参与互动性、突出科技创新性，通过强化互动模式、多维观看视角、专业赛事分析，制作团队用总台特有的智慧观赛信号，为全球电竞爱好者打造了个性化观赛服务和沉浸式观赛体验。

高质量的解说评论是总台的拳头产品，也是做好电竞赛事转播的关键。为将转播的规范性、专业性和普适性更好地融合，总台体育青少节目中心通过国家体育总局体育信息中心等合作单位的推荐，择优选取备选评论嘉宾，于 2023 年 9 月初赴京与总台体育评论员刘星宇、贺炜等共同进行集中培训。在培训中，总台评论员分享了总台出镜评论要求，以及自身参与评论工作的经验、技巧；各位备选评论嘉宾分别对各自专长项目的概况、规则、亚运会备战情况等内容进行了详细介绍。经过高强度的培训和磨合，最终选定的各个项目解说嘉宾与总台评论员形成了默契，统一了风格，为总台电竞赛事解说评论的精彩亮相做了充足的准备，总台对电竞赛事的评论解说，在不乏专业性的同时，通俗易懂、形象生动，被网友们比喻为电子竞技项目的"胎教级解说"，使那些接触电竞项目不久的观众也能看懂比赛。

以微博为主的网络社交媒体平台是本届杭州亚运会电竞项目相关信息

的主要传播渠道之一。微博官方发布数据显示,杭州亚运会期间,微博平台电竞相关话题的总阅读量超过 300 亿次,话题讨论量超 3000 万次,全站发博量达 800 万条,网友互动量超 7000 万人次,赛事期间,亚运会电竞选手涨粉超 200 万人,超话互动量超过 5200 万人次,500 多位各领域大 V 博主共同见证了中国电竞 4 金 1 铜的诞生,多元联动实现杭州亚运会电竞项目破圈传播①。

杭州亚运会开赛前夕,以新浪电竞为主的多家媒体账号在微博平台开始造势预热,"亚运会电竞""亚运竞荣耀""中国电竞亚运会加油""中国电竞出征亚运""一人一句为中国电竞加油"等话题频现,吸引大量用户的关注和讨论。

观察杭州亚运会期间电竞相关热点话题在微博平台的传播情况,官方数据显示,杭州亚运会期间,电竞赛事相关热搜数量持续飙升,212 个话题登上了微博热搜主榜,TOP10 热搜占比超过了 50%②。微博平台主话题"亚运会电竞"共获得 23.7 亿人次阅读量、387.5 万人次话题互动量,共有 41 家媒体参与该话题讨论③,共同关注杭州亚运会电竞比赛,为中国电竞加油。

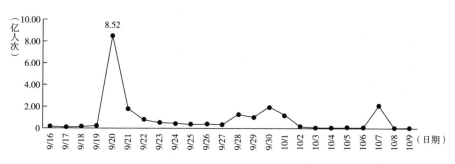

图 26 微博平台主话题"亚运会电竞"阅读量趋势

随着杭州亚运会电竞赛程的推进,电竞话题热度攀升,赛时热议话题也频频冲上热搜。数据显示,包括"DOTA2 中国队夺冠""英雄联盟中国

① 参见新浪微博,https://weibo.com/6249241592/NnI4WFPtv? pagetype = profilefeed。
② 参见新浪微博,https://weibo.com/6249241592/NnI4WFPtv? pagetype = profilefeed。
③ 参见新浪微博,https://m. s. weibo.com/vtopic/detail_new? click_from = searchpc&q = %23% E4%BA%9A%E8%BF%90%E4%BC%9A%E7%94%B5%E7%AB%9E%23。

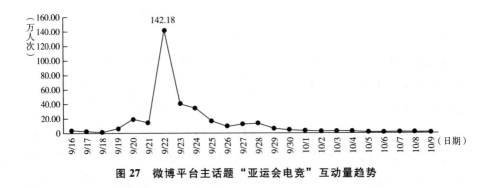

图27　微博平台主话题"亚运会电竞"互动量趋势

队 vs 越南队"在内的爆点话题曾冲上热搜榜首。"英雄联盟中国队铜牌"
"中国队决赛不藏了""DOTA2中国队晋级""英雄联盟中国队 vs 韩国队"
"电竞首金今日诞生"等话题亦引发很大关注。杭州亚运会电竞的热度得
以充分体现。

对网络热搜关键词分析后可见，杭州亚运会期间，舆论对电竞项目的
关注主要呈现以下特点：一是对于电竞项目的关注和讨论主要集中在"央
视"平台以及"微博""短视频"等渠道及形式，传播范围广、年轻受众
多；二是中国电竞选手的赛场表现受到舆论高度关注，《王者荣耀》《英雄
联盟》《和平精英》《刀塔2》等中国选手在本届亚运会上成功夺金或有突
出表现的项目关注度和讨论量普遍较高；三是中国电竞选手的表现和展现
的精神面貌收获广泛赞誉，"亚运之光""战至巅峰""加油""恭喜"等
关键词频繁被提及；四是杭州亚运会电竞赛事转播情况持续受到关注和热
议，"央视""直播""腾讯"等关键词出现频率较高；五是"电竞入亚"
提升了电竞项目的商业价值，"伊利""中国移动"等赞助商在亚运会期间
的曝光度明显增多；六是多位影视界明星在赛时发布微博为电竞选手加油
鼓劲，并积极参与相关话题互动，形成"破圈"效应，掀起观赛和讨论
热潮。

3. 杭州亚运会期间电竞项目传播热点分析

2023年9月24日至10月2日杭州亚运会电竞赛事期间，以《王者荣
耀》《英雄联盟》《和平精英》《刀塔2》为主的4个热门项目在微博平台
持续引发热议，项目决赛日时，相关话题在微博热搜榜更是连连霸榜。

作为本届杭州亚运会的首发及人气电竞项目之一,《王者荣耀》项目的比赛获得了极高讨论度。2023 年 9 月 26 日《王者荣耀》项目决赛,中国队创造历史,顺利拿下杭州亚运会电竞项目首枚金牌,微博平台 20 余个热议话题、103 家媒体见证电竞项目亚运会首金诞生。当天,话题"王者荣耀项目"累计阅读量达到 5.5 亿人次、互动量达到 25 万人次①;话题"王者项目拿下首金"获得 2.8 亿人次阅读量、25.5 万人次讨论量、112.4 万人次互动量②。

《英雄联盟》项目中,中韩两强队在半决赛相遇,无疑是本届杭州亚运会电竞赛事的焦点战之一。微博数据显示,2023 年 9 月 28 日上午 9~10 点,话题"英雄联盟中国队 vs 韩国队"获得 1.2 亿人次阅读量;随着中国队不敌韩国队,上午 10~11 点该话题互动量达当日高峰 20.4 万人次。整体上看,该话题共获得阅读量 4.5 亿人次、互动量 72.3 万人次③。

2023 年 9 月 29 日,《英雄联盟》项目的季军赛日,中国队三局战胜越南队,获得《英雄联盟》项目铜牌。话题"英雄联盟中国队 vs 越南队""英雄联盟中国队铜牌"共获得 9 亿人次阅读量、108.2 万人次互动量,在榜时长超 7 小时④。由于缺少了中国队的参赛,当天冠军战"英雄联盟韩国 vs 中国台北"话题阅读量和互动量仅为 1.1 亿人次与 10.6 万人次,相较中越季军赛未能引起大众广泛关注⑤。

区别于普通版本,《和平精英》(亚运版)采用了竞速模式,速度是决定胜负的关键。在 2023 年 10 月 1 日《和平精英》项目决赛上,中国队不断刷新成绩,成绩遥遥领先于其他队伍,话题"中国队决赛不藏了"由此

① 参见新浪微博,https://m. s. weibo. com/vtopic/detail_new? click_from = searchpc&q = %23%E7%8E%8B%E8%80%85%E8%8D%A3%E8%80%80%E9%A1%B9%E7%9B%AE%23。
② 参见新浪微博,https://m. s. weibo. com/vtopic/detail_new? click_from = searchpc&q = %23%E7%8E%8B%E8%80%85%E9%A1%B9%E7%9B%AE%E6%8B%BF%E4%B8%8B%E9%A6%96%E9%87%91%23。
③ 参见新浪微博,https://m. s. weibo. com/vtopic/detail_new? click_from = searchpc&q = %23%E8%8B%B1%E9%9B%84%E8%81%94%E7%9B%9F%E4%B8%AD%E5%9B%BD%E9%98%9Fvs%E9%9F%A9%E5%9B%BD%E9%98%9F%23。
④ 参见新浪微博,https://weibo. com/6249241592/NnI4WFPtv? pagetype = profilefeed。
⑤ 参见新浪微博,https://m. s. weibo. com/vtopic/detail_new? click_from = searchpc&q = %23%E8%8B%B1%E9%9B%84%E8%81%94%E7%9B%9F%E9%9F%A9%E5%9B%BDvs%E4%B8%AD%E5%9B%BD%E5%8F%B0%E5%8C%97%23。

而生，获得 5.1 亿人次阅读量、113 万人次讨论量、389.5 万人次互动量[①]。此外，"和平项目中国队遥遥领先""中国队创造亚洲电竞纪录"等话题亦产生热议。随着中国队毫无悬念顺利摘金，话题"和平项目夺得金牌"获得 2.8 亿阅读量、113.8 万人次讨论量、394.4 万人次互动量[②]。

2023 年 10 月 2 日是杭州亚运会电竞项目的最后一个比赛日，也是《刀塔 2》项目的决赛。中国队经历三局鏖战、逆风翻盘夺金，为杭州亚运会电竞项目比赛圆满画上句号，也使得"CN DOTA BEST DOTA"的口号响彻网络。微博数据显示，当晚有 81 家媒体解读中国队翻盘夺冠，话题"DOTA2 中国队夺冠"荣登热搜榜首位，阅读量高达 5.4 亿人次，获得 85.8 万人次互动量，在榜时长超 10.5 小时[③]。

4. 杭州亚运会电竞项目社会反响情况分析

本届杭州亚运会电子竞技项目社会反响整体正向、积极，相关微博话题热度值多次显示为"爆"。境内外主流媒体广泛报道杭州亚运会各电竞项目比赛情况及中国队夺冠的消息，对"电竞入亚"的意义给予肯定评价。众多赛事参与者、电竞粉丝、电竞产业从业者等也纷纷发表评论，分享参赛和观赛感受，对"电竞入亚"的意义和电竞未来发展前景表示赞许和期待，认为这是一个里程碑式的事件，不仅意味着电竞进一步体育化，也将推动电竞运动的大众化和规范化发展。

首先，官方发声营造适度期待。在杭州亚运会开幕前夕，总台于 2023 年 9 月 20 日正式发布的《亚运电竞赛事制作规范》，起到关键的舆论引导作用，迅速引起了各界关注，央视网、微博人民电竞、文汇网、环球网、南方网、湖北日报网、东方网、腾讯、网易等众多媒体对此转发报道，网民纷纷点赞"整个行业都翘首以待""最期待的画面出现了"等热搜话题。

其次，"兴奋点"聚焦于赛事本身。2023 年 9 月 24 日开赛之后，CCTV-5+体育赛事频道、央视体育客户端、央视网、央视频、央视影音等

---

① 参见新浪微博，https：//m.s.weibo.com/vtopic/detail_new? click_from=searchpc&q=%23%E4%B8%AD%E5%9B%BD%E9%98%9F%E5%86%B3%E8%B5%9B%E4%B8%8D%E8%97%8F%E4%BA%86%23。

② 参见新浪微博，https：//m.s.weibo.com/vtopic/detail_new? click_from=searchpc&q=%23%E5%92%8C%E5%B9%B3%E9%A1%B9%E7%9B%AE%E5%A4%BA%E5%BE%97%E9%87%91%E7%89%8C%23。

③ 参见新浪微博，https：//weibo.com/6249241592/NnI4WFPtv? pagetype=profilefeed。

总台媒体矩阵对电竞项目进行了转播,腾讯视频、腾讯体育、腾讯新闻、腾讯网、微信、微视、王者营地、虎牙直播、掌上英雄联盟等平台积极跟进,此阶段社会反响处于群体"兴奋"状态,总体聚焦于赛事本身,呈现积极正面姿态。

再次,境内外媒体报道客观友好。境内媒体的报道,以本次杭州亚运会电竞赛事的整体表现和运营情况,以及中国电子竞技国家集训队的成绩、展现的精神面貌等为主,并重点对"电竞入亚"的积极意义、"后亚运时代"电竞项目和虚拟体育的发展前景、未来如何加强行业规范和监管等进行了分析评论;境外媒体报道,包括美联社、法国国际广播电台、新加坡《海峡时报》等在内的境外主流媒体对电子竞技首次成为亚运会正式比赛项目的意义和民众观赛热情进行了报道,评论称亚运"新秀"电子竞技项目燃爆全场,是观众最喜欢看的比赛项目之一,也是电竞项目向奥运会迈进的重要一步。

同时,网民正向评价呈现压倒性态势。网民普遍对中国电竞选手的表现以及"电竞入亚"的意义表示赞许和肯定,认为选手们做到了为国争光,寄语中国电竞谱写更光辉的未来;大多数网民认为,此番"电竞入亚"最大的意义在于社会观念的巨大转变,亚洲顶级体育赛事对电竞的认可将使电竞发展更顺畅;部分网民表示,希望此次中国电竞队的成绩能产生更大的吸引力效应,推动电竞产业的发展;部分网民表示还将持续关注亚运会电竞赛事的转播,认为总台转播电竞比赛,标志着电竞又向前迈进了一大步。

亚奥理事会代理主席辛格在接受媒体采访时谈到电竞、霹雳舞等被纳入杭州亚运会正式比赛项目,他表示:"从我那个时代到现在,已经很不同了,人的兴趣也不一样。如果知道现在年轻人的兴趣点在哪些地方,为什么不创造舞台给他们呢?共同发展,让亚运会更多元、更包容,才是重要的。"另据媒体透露,在《足球在线 4》项目总决赛当晚,国际奥委会主席巴赫以及副主席黄思绵都来到了中国杭州电竞中心,见证了这个项目金牌的诞生。此外,亚洲电子体育联合会主席、中国香港代表团团长霍启刚也在现场观看了《足球在线 4》《刀塔 2》项目的比赛。

（三）"电竞入亚"推动电子竞技健康发展

面向杭州亚运会电竞项目受众的定性调研显示，本届杭州亚运会电竞赛事的成功举办，使大部分受众对电竞项目的了解程度、印象、兴趣等均较杭州亚运会前有了正面改观，同时也对电竞周边产业的受众关注度和消费意愿产生了积极影响。受众态度及需求的转变，也将影响游戏厂商的经营战略，通过策略调整进一步推动受众对电子竞技的需求升级，从而形成电子竞技产业的良性生态循环。

1. "电竞入亚"促进受众对电竞认知的改变

杭州亚运会提升了受众对电竞项目的正面认知。调研结果显示，杭州亚运会之前[①]，对电竞项目有正面印象的受众比例为24.48%，印象偏负面的受众比例为4.33%。杭州亚运会开始后[②]，对电竞项目有正面印象的受众比例上升至49.26%，较杭州亚运会之前的增幅超过100%；对电竞项目印象偏负面的受众比例为1.57%，较杭州亚运会前下降了2.76个百分点（见图28）。对数据进一步分析后发现，杭州亚运会前对电竞项目持负面印象的受众中，有78.57%的受众在杭州亚运会开始后对电竞的印象有所改观；杭州亚运会前对电竞项目持比较负面和中立印象的受众中，有76.90%的受众对电竞项目的印象有所改观。

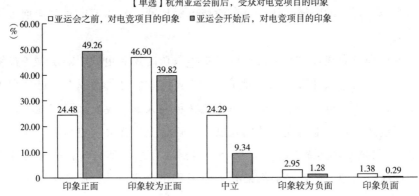

图 28　杭州亚运会前后，受众对电竞项目的印象

---

① 即 2023 年 9 月 24 日杭州亚运会电竞赛事正式开赛前，下同。
② 即 2023 年 9 月 24 日杭州亚运会电竞赛事正式开赛后至用户回答问卷时间，下同。

　　电竞项目在杭州亚运会上的精彩亮相，让不少观众在耳濡目染中对电竞项目增加兴趣。调研结果显示，杭州亚运会前有 29.01% 的受众对电竞项目很有兴趣，8.75% 的受众对电竞项目兴趣不高。杭州亚运会开始后，对电竞项目很有兴趣的受众比例提升至 46.21%，增幅达 59.29%；对电竞项目兴趣不高的受众比例下降至 3.34%，较杭州亚运会前下降 5.41 个百分点（见图 29）。杭州亚运会前对电竞项目没有兴趣的受众中，有 82.61% 提升了对电竞项目的兴趣；而对电竞项目兴趣较低的受众中，有 75% 的受众对电竞项目兴趣提升。

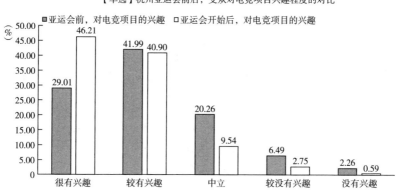

图 29　杭州亚运会前后，受众对电竞项目兴趣的对比

2. 杭州亚运会提升了受众对电竞及周边产业的消费意愿

　　受众调研数据显示，杭州亚运会在有效提升受众对电竞项目认知度的同时，也提升了受众对相关项目游戏的投入程度，以及对电竞及周边产业的消费意愿。

　　杭州亚运会电竞赛事的举办，让更多受众开始尝试体验游戏，也让不少低频玩家变为高频玩家，对游戏拉新、促活都产生了积极影响。数据显示，杭州亚运会之前，每天都玩杭州亚运会电竞项目游戏的受众比例为 25.17%，几乎不玩的受众比例为 3.24%。杭州亚运会开始后，每天都玩的受众比例提升至 34.61%，增幅达 37.50%；几乎不玩的受众比例降低至 2.06%，较杭州亚运会之前降低了 1.18 个百分点（见图 30）。杭州亚运会前几乎不玩的受众中，有 39.39% 的受众在杭州亚运会后开始尝试体验；

低频玩家受众中，有57.20%的受众开始提升玩的频率。

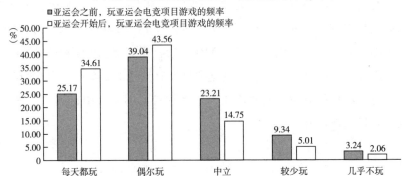

【单选】杭州亚运会前后，受众玩亚运会电竞项目游戏频率的对比

图30　杭州亚运会前后，受众玩亚运会电竞项目游戏频率的对比

除受众对电竞项目游戏的投入程度有所增加外，受众对电竞及相关产业的消费意愿也有所增加。受众对电竞及相关产业消费意愿的调研结果显示，杭州亚运会开始后，88.89%的受众表示对电竞及相关产业有付费意图或行为，较杭州亚运会开始前上涨了4.23个百分点（见图31）。杭州亚运会前不愿为电竞及相关产业付费的受众中，有31.40%的受众在杭州亚运会后态度发生了转变，愿意为之付费。杭州亚运会提升了部分受众为电竞及相关产业付费的意愿，利好电竞行业的发展。

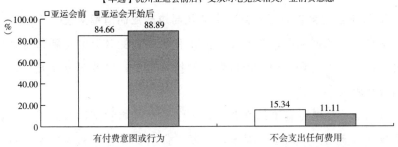

【单选】杭州亚运会前后，受众对电竞及相关产业消费意愿

图31　杭州亚运会前后，受众对电竞及相关产业消费意愿

在针对各项电竞及相关产业消费项目的消费意愿调查中，除受众对游戏内消费的意愿有所下降外，对其他电竞及相关产业的消费意愿都有提升。其中，受众购买电竞赛事门票的意愿提升最大，提高了14.55个百分点，可见杭州亚运会提升了受众的观赛热情，且受众愿意持续地关注电竞

赛事并为之购买门票，使电竞赛事向内容消费领域迈进了一步（见图32）。

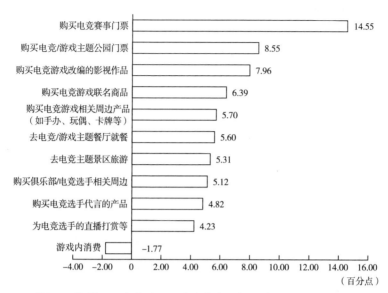

图32 杭州亚运会前后，受众为电竞及相关产业消费意愿变化

杭州亚运会开始后，愿意为电竞游戏衍生及其周边产品付费的受众比例有所上升，其中愿意为电竞游戏改编的影视作品付费的受众比例增幅达36.30%，其比例为29.89%；而愿意为电竞游戏联名商品和电竞游戏相关周边产品付费的受众比例较杭州亚运会前分别提升了6.39个和5.70个百分点（见图33）。

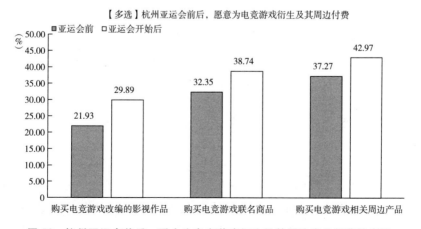

图33 杭州亚运会前后，受众为电竞游戏衍生及其周边产品付费的意愿

杭州亚运会开始后，受众对电竞赛事及相关产品的消费意愿均有上升。愿意购买电竞赛事门票的受众比例从 20.75% 增长至 35.30%，增幅高达 70.12%。愿意为俱乐部/电竞选手相关周边、电竞选手代言的产品及为电竞选手的直播打赏付费等的受众比例相较杭州亚运会前分别增长了 5.12 个、4.82 个与 4.23 个百分点（见图 34）。

【多选】杭州亚运会前后，愿意为电竞赛事及相关产品付费

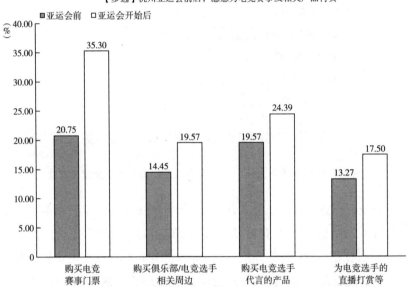

图 34　杭州亚运会前后，受众对电竞赛事及相关产品的消费意愿

杭州亚运会开始后，受众为电竞赛事衍生产品付费的意愿也有所提升。愿意购买电竞/游戏主题公园门票的受众比例增加了 8.55 个百分点，达到 23.30%；去电竞/游戏主题餐厅就餐、去电竞主题景区旅游的消费意愿分别增加了 5.60 个与 5.31 个百分点（见图 35）。

（四）"电竞入亚" 促进电竞赛事的传播发展

在面向杭州亚运会电竞项目受众的调研中，网络社交媒体以 55.36% 的占比成为受众了解电子竞技信息的最主要途径，短视频 App 以及电竞直播平台分别以 52.11% 和 45.23% 的占比列第二位和第三位。有 26.65% 的受众表示电视频道是其了解电子竞技信息的主要渠道，在所有媒体渠道中

位列第四,中/长视频 App 以 18.58%的比例位列第七(见图 36)。

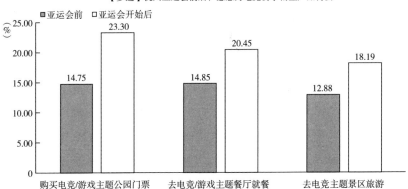

图 35 杭州亚运会前后,受众为电竞赛事衍生产品付费的意愿

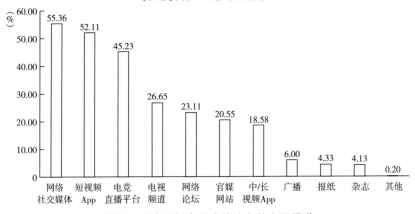

图 36 受众了解电子竞技信息的主要渠道

目前电子竞技赛事各渠道的制作及报道并没有统一的标准及规范,这也导致了受众在观看不同赛事时的体验不一致,从不同媒体获取的信息差异较大。随着受众对电子竞技赛事关注度的逐渐提升,其对赛事观看体验以及所获取到信息的准确度要求也随之提高。借"电竞入亚"的契机,媒体应探索电子竞技赛事转播的制作及报道规范,促进电子竞技赛事转播制作及报道的标准化发展。

1. 媒体的宣传报道对电子竞技传播的作用

面向杭州亚运会电竞项目受众的调研数据显示，81.12%的受众认为媒体报道对其了解电子竞技项目有影响（见图37），82.79%的受众认为媒体报道会影响其对电子竞技项目的印象（见图38）。可见媒体的宣传报道对电子竞技的推广有着非常重要的作用。

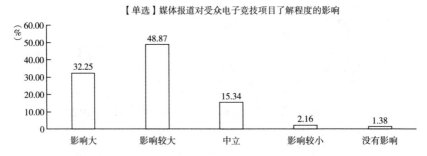

【单选】媒体报道对受众电子竞技项目了解程度的影响

图37 媒体报道对受众电子竞技项目了解程度的影响

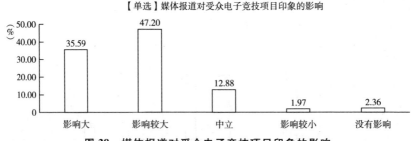

【单选】媒体报道对受众电子竞技项目印象的影响

图38 媒体报道对受众电子竞技项目印象的影响

电竞赛事的制作作为电竞产业非常重要的一环，其制作水平也将影响受众的观看体验。调研结果显示，88.00%的受众认同专业的电竞赛事制作会影响其对电竞赛事的观看热情（见图39）。

专业的报道内容可以帮助受众更好地了解电子竞技，树立对电子竞技的正面认知；而专业的电子竞技赛事制作，也可以激发受众对赛事内容的观看热情，提升受众对赛事的忠实度。内容消费是电子竞技产业一直在努力的目标，如果越来越多的受众能以正面的态度看待电子竞技并喜爱电子竞技赛事内容，就可以提升赛事线下门票销售、线上转播权销售等收入，进而推动电子竞技产业的进一步发展。

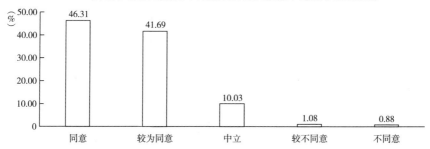

图39　专业的电竞赛事制作是否会影响受众对电竞赛事的观看热情

2. 探索电竞项目的制作及报道规范

随着电子竞技的高速发展，对电子竞技赛事的拍摄和制作需求越来越广泛。在实际制作过程中，由于行业内缺少相应的标准和规范文件，电子竞技赛事节目拍摄和制作普遍存在流程不规范、技术要求不统一、节目质量参差不齐等问题，严重影响了电子竞技赛事节目的高品质呈现和播出效果。在杭州亚运会开幕前夕，经相关部门审定批准，中央广播电视总台正式发布《亚运电竞赛事制作规范》（以下简称《规范》）。《规范》以电子竞技专业技术和实践经验的综合成果为基础，提出了节目采编、制播流程规范、节目信号的传输与播出及节目制作中其他需要规范环节的具体要求和指标。对电子竞技赛事节目制作流程的制定，可指导电子竞技赛事内容生产商的拍摄和制作，规范电子竞技赛事的内容生产，提高节目质量和制作效率；有助于电竞赛事组织方、电竞赛事运营方进行赛事转播板块的技术规划和建设；为云服务厂商、网络运营商、网络设备厂商提供技术参考依据，有助于对电子竞技赛事场景进行针对性优化，提升综合性能表现，从而推进电竞行业技术有序、健康发展，提升电竞赛事的办赛水平和观赛体验。

在本次杭州亚运会的赛事转播过程中，《规范》的及时推出，统一了电竞赛事制作的理念，规范了电竞赛事制作的标准流程，提出了机位设置、视音频信号制作、图文包装制作、节目信号传输与播出、电竞赛事流程、彩排执行和安全播出等具体要求，为总台深度参与这项在全球都颇具影响力的赛事铺平了道路，为充分做好亚运会电竞项目转播打下了坚实的基础。在杭州亚运会期间，总台制作团队将制作理念充分应用到实践中，依据《规范》指导进行电竞赛事的拍摄和制作，将亚运会电竞赛事的内容生产置于统一的理念和流程之下，在提高公共信号制作质量和制作效率的同时，也为电竞赛事组织方、电竞赛事运营方进行赛事制作技术规划和建设提供了重要参考，同时为各方共同提升电竞赛事的办赛水平和观赛体验，推动整个电竞行业转播技术的有序健康发展提供了规范指导①。

伴随电子竞技所受到的关注越来越多，其相关宣传报道的数量也与日俱增，制定统一的电子竞技宣传报道标准，可以满足一线人员的宣传报道需要。标准中需包含电子竞技项目的宣传报道基本原则，明确电子竞技项目报道中的术语使用及内容审查要点，并且对报道过程中可能遇到的舆情及风险点提供应对预案，以帮助一线人员更准确地为受众提供电子竞技相关信息。

3. 明确电竞赛事节目采编、制播流程规范

根据中央广播电视总台发布的《规范》，电竞赛事节目采集、制作和播出流程主要包括信号采集、节目制作、节目传输及播出，具体流程如图 40 所示。

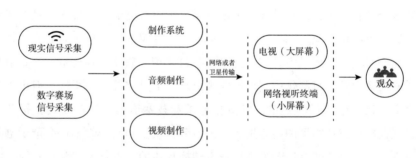

图 40　电竞赛事节目采集、制作和播出流程

信号采集是指对电竞赛事的现实画面和现实声音、数字赛场画面和声音、赛事数据等一系列信号进行采集，并收进电竞赛事制作系统。其中，现实画面信号主要包括：整体赛场画面、运动员画面、观众画面、主持人画面、解说评论员画面等。现实声音信号主要包括：运动员声音、观众声音、主持人声音、解说评论员声音、现场音乐。数字赛场信号主要包括：电竞赛事服务器内画面、运动员体征信号（心率、眼动等）、赛事服务器

---

① 《中央广播电视总台杭州亚运会电竞转播报道实践》，中央广播电视总台体育青少节目中心。

内数据、赛事服务器内声音等。

节目制作是对采集信号进行处理的过程，主要涉及信号变换、信号加工处理，信号内容的虚实融合，根据节目环节需求进行整合集成，最终生成完整的电竞赛事节目播出信号。

节目传输及播出是将节目播出信号通过高质量、高可用、高稳定的通信链路，例如，卫星、裸光纤、点对点专线、加密后的公共互联网等，安全传输到不同的播出平台，由播出平台向观众提供电竞赛事节目播送服务，最终通过电视（大屏幕）或者是网络视听终端（小屏幕）向观众展现电竞赛事。

在电竞赛事转播过程中，赛事制作方宜对比赛信号进行实时收录。主要收录内容为比赛完整清流信号、OB 回放文件等，其中 OB 回放文件需要比赛服务器单独收录，以便支持短视频等形式的剪辑和二次传播。

OB 作为电竞项目中展现比赛的独特视角，收录其回放的核心目的有两个：第一是可以更好地展现比赛的过程和结果，让观众充分了解比赛进程，并对比赛结果有清晰预判。第二是可以更好地展现战队整体战术和运动员个人实力，让观众明显体验到运动员远超于普通用户的操作和良好意识。因此，OB 视角的设计以及切换逻辑都要为以上两个目的服务。

依据电竞赛事节目制作流程及常规电竞赛事呈现的惯例，节目制作一般会涉及多个不同功能区的信号采集工作，比如，比赛场馆外景、比赛场地、现场观众、选手到达区、解说评论席、选手采访区画面以及一些航拍辅助画面等的信号采集工作。所涉及的每个区域在与公共信号制作系统耦合的前提下，制作方应考虑提高相应区域单独信号采集制作能力，以应对突发情况。

4. 明确电竞赛事节目视音频信号的采集、制作及传输规范

根据《亚运电竞赛事制作规范》，在电子竞技赛事制作过程中，视频信号采集的来源主要包括：摄像机画面、摄像头画面、OB 画面以及回放画面。音频信号采集的来源主要包括：主持人、解说评论员、运动员音频，赛事服务器音频，现场氛围声等。在完成视音频信号的采集后，还需要对视音频素材进行制作后输出。

视频信号制作流程如图 41 所示，摄像机、摄像头、OB 设备等采集到的视频信号，被传入切换台进行信号切换、特效混合、信号叠加等制作，之后输出给加嵌设备与音频信号混合；输出给监视器用于信号监看；输出给推流设备用于信号编解码。

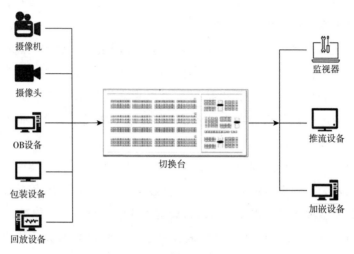

图 41　视频信号制作流程

音频信号制作流程如图 42 所示，主持人解说音频、选手音频、OB 设备音频、现场氛围声音频信号，被传入调音台进行信号切换、动态处理、均衡处理等制作，之后同步输出给加嵌设备与视频信号混合，输出给监听设备用于信号监听，输出给推流设备用于信号编解码。

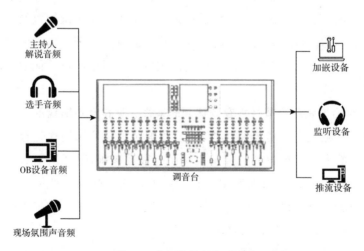

图 42　音频信号制作流程

视音频信号的输出需要满足最终的收视终端型号的要求，如终端屏幕的大小等。视频信号的输出参数要求：有效像素数、像素形状、取样结构、像素排列顺序、量化比特数、帧率、扫描模式、色度取样、色域和非线性转换曲线。音频信号的输出参数要求包括编码、采样率、采样位数、声道、码率及响度。

在视音频信号输出后，还需要对其进行在线包装。常见的在线包装内容包括字幕条、多视窗、底飞、信息板等图文包装和虚拟场景、虚拟元素等AR包装。此外，还应根据内容的需求，制作团队对节目进行慢动作制作、赛事数据制作等。

在完成节目信号输出后，需要对节目信号进行传输和播出。其中节目信号的传输技术要求包括深压缩信号传输、浅压缩信号传输、无压缩信号传输三种。在对信号进行压缩时，需满足以下参数要求：编解码器和协议、视频编码方式、音频编码方式、单信号码率、单向延迟（编码器至编码器）、传输网络环境。

节目信号播出时需根据接收终端屏幕的大小分别输出至少主备各一路信号，信号传输的输出参数要求：视频分辨率和帧率、编解码器、视频编码方式、音频编码方式、播出总码率、播出网络环境。

5. 明确电竞赛事节目制作过程中其他需要规范的环节

除对电子竞技赛事节目的采编、制播、传输环节进行规范外，根据《规范》，电子竞技赛事节目的制作过程中还有众多环节也需要予以规范明确。

赛事内容伴随式制作：赛事内容伴随式制作主要是在电竞赛事转播过程中，将比赛部分高光时刻、精彩画面进行实时制作呈现。

电子竞技赛事流程：电竞赛事流程是以展现数字赛场竞技为主体的一系列内容编排。电竞赛事流程通过对赛事信息、运动员信息、运动员所操控的数字人物竞技表现、数字赛场中竞技数据等多个维度记录，并通过解说评论员、裁判员、教练员的全场评述来全程展现电竞赛事，主要包含三个部分：赛前流程、局间流程、赛后流程。

彩排执行要求：包括技术彩排和联合彩排。技术彩排范围包括系统内部视音频信号互通测试、链接外部视频信号测试、外部音源信号交互对接测试、通话系统测试等。联合彩排范围包括音视频素材录入测试、现场环节灯光舞美效果编排测试等。

安全播出和故障应急处置要求：电竞赛事节目应满足 2021 年第二次修订的《广播电视安全播出管理规定》以及 GB/T 40645-2021 中对信息生成、信息处理、信息发布、信息传播、信息存储和信息销毁的安全技术要求以及安全保障要求。电竞赛事节目拍摄和制作系统应提供高质量、高稳定、高可用性的主备技术方案，在突发技术故障时，应有达到节目制作安全要求的备用技术方案，备用方案包括但不限于制作链路模块采用设备主备、流程主备等。

赛事公平性要求：为保证电竞赛事的公平性，对比赛环境、比赛流程、赛事制作等环节都有相应的公平性要求。

赛事制作动力保障要求：电竞赛事节目制作需要场馆或者主办方提供电源，确保在比赛制作过程中，不因出现断电等现象影响节目制作和播出。可提供双路电源供电或者提供 ups 发电车，ups 车的额定功率应大于转播车、音频车、卫星车等所有转播设备的需求功率。电源应为干净电源，不可外接转播设备以外的其他用电设备。

6. 探索电竞项目报道的基本原则

电子竞技作为正式比赛项目亮相杭州亚运会，不仅带动社会公众对电子竞技运动的认知更加客观深入，也为我国电子竞技产业国际化发展提供重要机会。电子竞技项目报道虽未形成统一范式，但并非无章可循。在体育赛事报道应共同遵循的原则基础上，考虑到电子竞技项目的特点，其报道更需要强调稳妥性原则、体育性原则与服务性原则。

稳妥性原则是指电子竞技项目报道中要把握尺度、精准研判、积极稳妥、安全有序地推进。目前社会对电子竞技的印象及态度仍具争议，因此在进行电子竞技项目报道时，要评估好相关电竞报道正向价值与社会效益，客观地传递赛事背景、参赛队伍及选手信息、比赛过程、竞技结果等，兼顾不同群体的社会反响，引导大众逐步加深对电竞的认知，把控好整体氛围。

目前社会大众对电子竞技的认知仍然有限，部分人对于电子竞技的体育属性仍持怀疑态度，因此在报道中宜体现体育性原则。在体现电子竞技的体育性原则时，应坚持正确的舆论导向，在报道中贯彻传统体育报道的基本原则，以体育精神为引领，聚焦赛事本身，兼顾文化价值，突出电子竞技的体育拼搏精神，深挖电子竞技运动的正向价值，加强正能量传播。同时还应在报道中，通过对公平公正的竞技环境、体能和脑力的挑战、团队合作与竞技精神、对抗性和竞技性等方面的报道重点体现电子竞技的体育性。

服务性原则是指通过提供有价值、有意义的信息，来满足不同用户群体的需求，从而进一步推动电竞的发展和普及。电子竞技成为杭州亚运会正式比赛项目以后，观赛群体将由电竞核心用户扩大到大众观赛人群，在报道时，应尽量兼顾电竞核心用户、大众观赛人群、相关从业者等不同人群的需求，提供有价值、个性化的多元信息。为服务大众观赛人群的需求，还应做好全程策划工作，在赛事过程中提供客观、及时、准确的报道，引导大众逐步正确理解和接纳电子竞技这种新兴的体育项目。

二　"电竞入亚"对电子竞技产业发展影响

杭州亚运会上，电子竞技首次作为正式项目登上了亚运会舞台，"电竞入亚"是电子竞技产业发展路程上重要的里程碑，意味着电子竞技作为一个正式的体育项目被主流社会承认和接纳。随着中国电子竞技国家队在亚运赛场上获得了"4金1铜"的好成绩，电子竞技也获得了更广泛的关注和热度。在杭州亚运会的推动下，电子竞技产业迎来了新的发展机遇。产业参与各方应牢牢把握机遇，推动电子竞技产业发展。

调研及数据分析发现，杭州亚运会已经实时推动了电竞衍生品销量及选手商业价值的提升，而受众对电竞游戏的热情以及消费意愿均有所增加，这也将推动产业链参与方对市场认知的改变。产业链各参与方以"电竞入亚"为契机，开始筹备、调整未来在电子竞技赛事、电竞游戏上的布局，从赛事及游戏的研发及运营策略、商业模式的更新迭代、IP衍生模式等方面酝酿适合"后亚运时代"的规划。电子竞技行业的发展以及相关规划的逐步落地，还将引发一系列影响和变化，如人才培养模式的完善、规范化行业标准的确立、与地方经济更紧密的结合以及协同发展、更多的国际化发展机会等，杭州亚运会对电子竞技产业的影响将是持久且深远的。

在杭州亚运会开赛前夕，国际奥委会正式成立了电子竞技委员会，该消息被公众视为国际奥委会开始正式考虑将电子竞技项目纳入奥运会的标志。电竞产业参与各方应在亚运会后重新思考国际奥委会的决策，要基于全球电竞产业对国际奥委会正式成立电子竞技委员会的反应，结合杭州亚运会电子竞技赛事的经验，分析电子竞技项目与奥林匹克精神以及传统竞技体育特征之间的契合度，研究如何建立完善的电子竞技赛事监督机制，探索未来电子竞技进入奥运会的可能方案。

（一）杭州亚运会对电竞项目及相关产业的商业推动

随着各电竞项目的相继开赛，受众对各项目游戏的关注度和参与意愿也随之上升。受众的观赛热情和为电竞及相关商业项目付费的意愿可以从杭州亚运会电竞项目的门票销售以及纪念品销售数据中窥见一斑。伴随受众对电竞关注度的提升，杭州亚运会参赛电竞选手的商业价值也即刻变现。由杭州亚运会带来的正面反馈已开始逐步助推电竞产业的健康发展。

1. 杭州亚运会电竞项目引发现场"观战"热潮

2023年8月12日，杭州亚组委在《杭州亚运会电子竞技项目门票销售公告》中明确规定，杭州亚运会电子竞技项目门票以报名抽签，中签支付的形式对公众销售。这是杭州亚运会中唯一通过抽签购买门票的项目。由于公众关注度和观赛意愿较高，杭州亚组委对电竞项目门票的在线报名申请制定了严格的规定：每个比赛场次报名申请数量上限为200万个，且用户在每一批次里只能就一个场次进行申请[①]。根据抽签情况推断，杭州亚运会电竞项目的门票申请购买用户数已超过500万[②]，《王者荣耀》《英雄联盟》等热门项目赛事出现了一票难求的情况。

从门票的定价来看，杭州亚组委给出的电子竞技项目票价范围是200~1000元，从实际公布的售票信息看，除了少数几场比赛（均为小组赛或1/4赛）的票价为A区500元、B区200元外，其余比赛的票价均为顶格票价，即A区1000元、B区400元。结合场地实际可售卖座位数及通过总台记者采访获得的上座率数据推算，杭州亚运会电竞赛事的门票收益

---

① 参见杭州第19届亚运会官网，https：//ticket. hangzhou2022. cn/#/ticketConsultation/detail/37。

② 南方都市报. 数说电竞与亚运的故事：王者荣耀亚运版是什么，门票为何难买［EB/OL］. https：//baijiahao. baidu. com/s？id = 1778190562942173377&wfr = spider&for = pc. 2023－09－27/2023－10－13。

约为 3000 万元至 3500 万元。2023 年 10 月 8 日杭州亚组委发布消息，杭州亚运会票务销售金额超过了 6 亿元[①]，根据估算的销售收入，电竞赛事贡献了约 5%的票务收入。

根据赛场亲历者反馈，相较于商业联赛中选手粉丝聚集现场的情况，杭州亚运会赛场上大部分观众并非选手的粉丝，而是对电竞感兴趣、有好奇心的观众。从现场效果看，在场观众被赛场上激烈的比赛所吸引、感染，全身心地融入赛事进程中，和场上选手一起紧张、开心。这样的体验加深了观众与电竞赛事的联结，让其对电竞的关注进一步加深。

2. 衍生品热销，以电竞热度带动传统文化传播

杭州亚运会官方旗舰店中电竞相关纪念品自 2023 年 3 月 7 日上架以来，受到了电竞爱好者的关注，而杭州亚运会电竞赛事的启动，更是带动了纪念品销量的增长，部分商品快速售罄。根据旗舰店销量数据，《英雄联盟》纪念书签徽章（单价 38 元）的销量在开赛前为 5000 份，开赛后销量迅速超过 6000 份，且部分样式的徽章快速售罄；《王者荣耀》纪念钥匙扣（单价 48 元）的销量在开赛前为 600 份，开赛后销量超过 900 份，部分热门款式已售罄；而亚运会电竞游戏泡泡贴纸（单价 15 元）在开赛前销量为 500 份，开赛后销量迅速翻倍，超过 1000 份。不仅单价低于 50 元的纪念品销量上升迅速，而且高单价的商品如亚运会电竞纪念金属卡/贴（单价 398 元）的销量在开赛前约 100 份，开赛后销量上升了 200%，迅速超过 300 份，其中《英雄联盟》金属贴快速售罄。此外，如《王者荣耀》纪念版书签、双层徽章等热门纪念商品，在开赛前的销量已超过 1000 份，在开赛后即迅速售罄。

杭州亚运会除了使用游戏中经典人物的形象以徽章、书签等常见形式进行纪念品制作外，还将纪念品的材质、风格与杭州传统以及中国文化进行结合，推出了如依托杭州经典的丝绸印花工艺制作的《王者荣耀》人物款真丝飘带丝巾、人物款水墨风 T 恤、人物款丝绸眼罩等。通过精美的衍生品设计将中国文化元素与电竞游戏进行结合，将电竞与中国文化融合，借电子竞技完成了中国文化的宣传和推广。

---

① 光明网. 杭州亚运会票务收入突破 6 亿元［EB/OL］. https：//m.gmw.cn/2023-10/07/content_1303533702.htm. 2023-10-7/2023-10-13。

3. 杭州亚运会提升参赛选手商业价值

杭州亚运会作为亚洲综合性体育赛事，一直备受大众及品牌方的关注，能够入选电子竞技国家集训队的选手被视为国家荣誉的代表，同时其个人 IP 的商业价值也将随之提升。

以入选了杭州亚运会《王者荣耀》项目国家集训队的选手徐必成（一诺）为例，其在入选国家集训队前已有相当多的人气，与 58 同城、九号公司两个品牌建立了商业合作。在入选国家集训队后，他又获得了包括沪上阿姨奶茶、康师傅红烧牛肉面、伊刻活泉、雀巢咖啡、红魔手机、王老吉等品牌的支持，其商业合作品牌数量较入选前增加了 200%。入选国家集训队提升了选手个人的商业价值。在获得冠军后，其合作的品牌伊刻活泉联合九号公司、红魔手机、沪上阿姨奶茶以及 58 同城在纽约时代广场大屏上投放了选手个人形象宣传片（带品牌露出）。可见，以杭州亚运会电子竞技赛事为平台，选手及商业品牌都获得了很好的宣传及商业效果。

除商业合作外，在直播及短视频领域，亚运会冠军的身份也对徐必成的数据表现有所加成。在 2023 年 10 月 4 日晚间徐必成开启了杭州亚运会后的首次直播，该场直播持续 3 小时 31 分钟，直播期间共有活跃用户 45029 人，弹幕 30.5 万条，直播峰值热度达 5813945 人次，送礼物人数 22496 人，礼物总值 35.69 万元[①]。除直播外，其发布在虎牙直播上的短视频也获得了高点击量，其账号在 2023 年 10 月 4、5、6 日三天发布的三条视频，点击量分别为 12 万人次、16 万人次以及 16 万人次，远高于其夺冠前发布视频的平均点击量。

杭州亚运会的舞台为参赛选手，尤其是获得了奖牌的选手，带来了更多的商业机会，选手可以获得更多商业品牌的关注和支持。选手获得了荣誉，品牌方获得了曝光度和关注度，进而加深了选手和品牌的合作黏性。

（二）电竞产业酝酿"后亚运时代"的发展路径

在杭州亚运会电竞项目开赛前所进行的面向电竞从业者的小范围调研

---

① 网易号．"直播圈的日常"：这是亚运金牌的热度？王者荣耀金牌选手一诺首播收付费礼物 30.4W［EB/OL］．https：//www.163.com/dy/article/IGBV9F5V05562JY7.html. 2023-10-06/ 2023-10-13

中，有一定数量的从业者认为，电竞产业已具有一定的市场规模及受众规模，其发展并不会被杭州亚运会影响。也有部分从业者认为，电子竞技对杭州亚运会的影响将远大于杭州亚运会对电子竞技的影响。伴随杭州亚运会电竞赛事的播出，受众对电竞的认知逐步向正面改观，对电竞的热情逐步增加，同时对电竞及相关产品的消费意愿也被激发。这样的社会影响力显然已经超出了部分从业者在赛前的预判。受众认知和需求的改变，也将影响产业链参与各方对市场的判断，也势必将影响其研发、运营、推广等环节上的策略制定，进而影响电竞行业的发展。

在杭州亚运会电子竞技项目开赛后面向从业者调研的结果显示[①]，超过92%的从业者认为"电竞入亚"对电竞产业有影响，其中认为影响很大的从业者的比例达47.29%（见图43）。81.51%的从业者认为，杭州亚运会的舞台帮助电竞/游戏树立了更加正面且积极的形象，75.63%的从业者认为，杭州亚运会让更多人认识了电竞/游戏，67.23%的从业者认为杭州亚运会为电竞/游戏带来了更多的发展机会（见图44）。杭州亚运会成为电竞产业发展历程中的重要里程碑，电竞产业的"后亚运时代"正式开启。

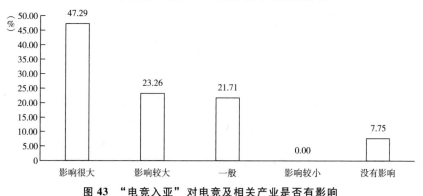

【单选】"电竞入亚"对电竞及相关产业是否有影响

图 43　"电竞入亚"对电竞及相关产业是否有影响

超过95.80%的从业者认为，电竞赛事/电竞游戏及相关产业的发展规划已经或即将因为杭州亚运会的影响而做出调整（见图45）。借助杭州亚

---

① 该调研自 2023 年 9 月 25 日开始执行至 9 月 27 日结束，以在线问卷的形式面向电竞及相关行业从业时间超过 2 年的从业者进行调研，共回收 129 份有效问卷。

【多选】"电竞入亚"对电竞及相关产业的影响

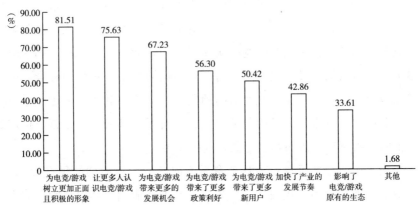

图 44 "电竞入亚"对电竞及相关产业的影响

运会带来的高关注度，电竞产业链的参与各方都制定了一系列战略规划，从电竞游戏产品研发、电竞行业的运营战略及 IP 开发模式的调整、电竞赛事的改革与创新、电竞赛事的盈利模式变革等维度为电子竞技在"后亚运时代"发展酝酿新征程。

【多选】杭州亚运会对电竞赛事/电竞游戏及相关产业发展规划的影响

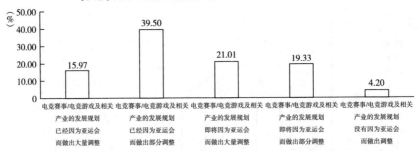

图 45 杭州亚运会对电竞赛事/电竞游戏及相关产业发展规划的影响

1. 以创新的电竞游戏研发策略满足用户多样化需求

根据中国音数协电竞工委、中国游戏产业研究院发布的《2022 年中国电子竞技产业报告》，中国电竞产业的总体市场规模中，有 81.52% 的收入来自电竞游戏产品，可见游戏产品收入是电竞行业的支柱，也已拥有成熟的商业模式。在产业现有商业模式下，将社会的关注度以及新用户流量引入电竞游戏市场是较快的创收路线，通过推动受众在电竞游戏产品中的消费，带动电竞产业的发展。

杭州亚运会为电竞产业发展带来了流量红利，这也意味着用户的需求更加多样化，只有以创新的电竞游戏研发策略满足用户需求，才能将流量红利转化为细水长流的实际收益。85.08%的受访从业者认为，新游戏的研发策略已经或即将因为杭州亚运会而做出调整（见图46），面向不同受众进行精细化游戏营销的策略在业界已被落地实践。

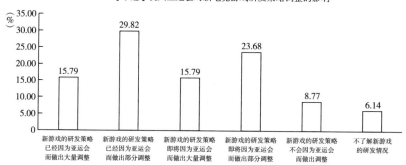

【单选】杭州亚运会对新电竞游戏研发策略调整的影响

图46 杭州亚运会对新电竞游戏研发策略调整的影响

电竞游戏产品相较于其他类型电子游戏有着较高的参与门槛，其对游戏的底层逻辑设计、战术设定、对战策略等都有着较高的要求，这也意味着游戏厂商需要在前期进行较高的投入。同时，电子游戏行业是高度市场化的行业，受众的认可程度将直接决定游戏的成败。因此游戏厂商在研发前，应仔细研究市场产品特点，分析受众需求，充分评估市场接受度，而不是在亚运会电竞热潮中贸然投入新电竞游戏研发领域。

2. 电竞游戏营销策略精细化，IP衍生开发模式多元化

面对杭州亚运会所带来的新入流量，电竞游戏原有的"圈地自萌"式的宣推及运营模式将难以左右新用户的去留。原有的电竞游戏圈有着较高的"护城墙"，墙内用户有自成体系的生态模式，这也形成了一种默认的新用户筛选机制，能适应这种生态模式的用户才会被生态圈接纳并留存。而当电子竞技登上了杭州亚运会这个主流赛事平台后，电竞游戏就必须走向大众、面对大众，如果厂商希望其电竞游戏能"破圈"，并逐步被主流大众接受，就需要调整现有的宣推及运营模式，让电竞游戏降低"护城墙"，包容更多用户群体。

从业者调研结果显示，有 88.60% 的从业者认为某些游戏的宣推方式已经/即将因为杭州亚运会而做出调整（见图 47）；有 85.97% 的从业者认为某些游戏的运营模式已经/即将因为杭州亚运会而做出调整（见图 48）。

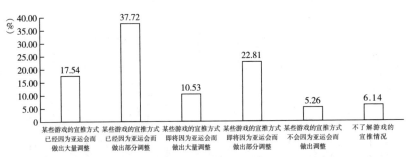

图47 杭州亚运会对电竞游戏宣推模式调整的影响

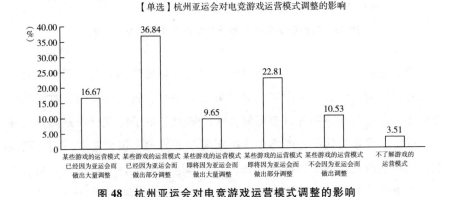

图48 杭州亚运会对电竞游戏运营模式调整的影响

面对受众被杭州亚运会电竞赛事激发出的消费意愿，相关厂商则可以通过多元化的 IP 衍生开发来巩固现有粉丝基础，突破受众圈层。一方面，丰富的 IP 衍生品可以满足电竞游戏粉丝的消费需求，电竞游戏粉丝可以通过消费衍生品巩固与电竞游戏的联结，确立其在粉丝圈层中的被认可度；另一方面，对于仅对电竞游戏有初步了解的受众，制作精良的 IP 衍生品可以吸引其关注，在受众无须对电竞游戏有深入了解的基础上，就可以极低的门槛与电竞游戏产生联结，开拓电竞游戏 IP 粉丝（即对电竞游戏的参与程度低，但是愿意为电竞游戏中的 IP 形象及其衍生品付费）的新圈层。

超过 90%的从业者认为，目前杭州亚运会对电竞游戏已进行的衍生开发产生了影响（见图 49）。随着杭州亚运会影响力的逐步扩散及深化，其对电竞游戏商业模式的影响将逐步显现，新型电竞游戏的商业模式也将应运而生。中国传媒大学动画与数字艺术学院院长王雷也提出，"后亚运时代"是电竞游戏 IP 衍生开发的好时机。

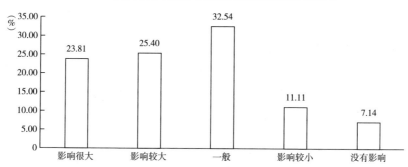

【单选】杭州亚运会对电竞游戏已进行的衍生开发的影响

图 49　杭州亚运会对电竞游戏已进行的衍生开发的影响

从国际上看，任天堂、三丽鸥、迪士尼等公司都有极为成功的 IP 运营案例。以马力欧（早年译作马里奥）为例，作为任天堂公司游戏《马力欧》系列中的主角，马力欧以其亲善的形象为广大受众所熟悉，受众哪怕没有玩过《马力欧》系列游戏，也非常熟悉并喜爱这个角色。得益于该游戏 IP 的强大影响力，以马力欧为主角的《超级马力欧兄弟大电影》在 2023 年上映后，获得了巨大的成功，截至 2023 年 5 月，该片全球票房已突破 12 亿美元，成为 2023 年第一部 "10 亿俱乐部" 影片，也是游戏改编电影历史上总票房冠军①。除游戏改编电影大获成功外，日本大阪环球影城的超级马力欧主题乐园自 2021 年正式开放以来，也受到游客的欢迎。通过对游戏场景及闯关情节的真实还原，以及借助 AR 等高科技设备营造的真实氛围，辅以游戏中的经典 BGM，让游客仿佛置身于游戏世界中，沉浸

---

① 1905 电影网.《超级马力欧兄弟大电影》全球票房突破 12 亿美元［EB/OL］. https：//baijiahao. baidu. com/s？ id = 1765953997529590402&wfr = spider&for = pc. 2023－05－15/2023－10－13。

地体验游戏。IP 衍生项目突破了游戏的护城边界外延，拓展到更多非游戏粉丝，为 IP 带来了电影粉丝、乐园粉丝甚至是新 IP 粉丝，其成功经验是可以被电竞游戏行业参考的。

如三丽鸥、迪士尼等公司在卡通形象 IP 运营上的经验也可以为电竞游戏所借鉴。目前如《王者荣耀》等电竞游戏已创造出大量精美的游戏人物形象，是否可以跳脱出游戏场景和情节的限制，将人物形象以独立 IP 推出值得思考，参考美乐蒂、玲娜贝儿等热门卡通形象的营销模式，让人物 IP "出圈"，推出周边产品，展开联名合作，打破原有的粉丝圈壁垒，使之成为能被大众喜爱并乐于为之消费的热门 IP。

3. 带动赛事运营模式改革，推动电竞赛事自主化发展

电竞产品是电竞行业的支柱，而电竞赛事则一直被视为电竞产品重要的宣推方式之一。伴随杭州亚运会为电竞行业带来的社会热度及正面形象，以及电竞游戏研发及运营策略的调整，电竞赛事的运营模式也将发生改革，而受众对电竞赛事的热情也将推动电竞赛事的发展。

调研结果显示，超过 85% 的从业者认为某些电竞赛事的运营模式已经或即将因为杭州亚运会而做出调整（见图 50）。电竞赛事与电竞游戏的发展是相辅相成的，对电竞赛事运营模式的调整，配合电竞游戏研发及运营策略的变化，能让受众与电竞游戏建立深度联结，从而更好地带动受众消费电竞游戏，最终反哺电竞赛事的发展。

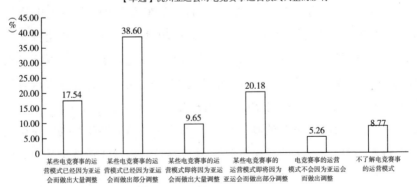

图 50 杭州亚运会对电竞赛事运营模式调整的影响

随着受众对电竞赛事的热情被杭州亚运会调动，更多游戏将会用电竞对产品进行包装营销。在面向从业者的调研中，超过70%的受访从业者认为新的电竞赛事已经或即将因为杭州亚运会的影响而开始筹备或做出调整（见图51）。杭州亚运会之前，囿于电子竞技在社会中的刻板印象，部分游戏厂商对游戏的电竞化发展持观望态度。随着电子竞技项目在杭州亚运会正式赛程中的亮相，电子竞技在官方平台上也开始被传播，这对电竞的社会印象起到了正面影响，也提升了游戏厂商对电竞行业未来发展的信心，将推动更多游戏项目的电竞化进程。

【单选】杭州亚运会对新电竞赛事筹备的影响

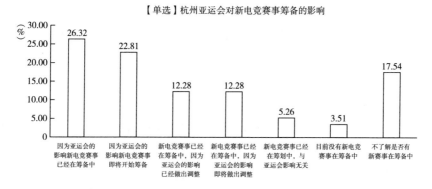

图 51 杭州亚运会对新电竞赛事筹备的影响

不仅在中国，受杭州亚运会电子竞技赛事的影响，其他亚洲国家，也已开始规划新的电子竞技赛事。除国家层面的电竞赛事外，在部分国家也有第三方组织机构陆续开始在本国组织电竞赛事。当地时间 2023 年 10 月 23 日，沙特王储兼首相穆罕默德·本·萨勒曼宣布，沙特将启动一年一度的电竞世界杯（Esports World Cup），首届赛事将于 2024 年夏季在利雅得举办。穆罕默德·本·萨勒曼称该赛事将包括"世界上最受欢迎的游戏"，并提供"电竞史上最大的奖金池"。有分析认为，体育、电子竞技和游戏作为沙特"2030 愿景"的一部分，沙特政府将斥资数千亿美元，通过借力全球年轻人，帮助该国实现经济多元化并改善国际形象。

尽管部分游戏公司已经跃跃欲试，但国家体育总局体育科学研究所电子竞技研究室主任杨越对于游戏电竞化发展情况仍持较谨慎的态度。电竞行业一直处于自然生长的状态，没有统一的行业标准来对其进行约束。杭州亚运会在帮助电子竞技登上官方舞台的同时，也对行业提出了标准化、规范化的问题。一旦确立了行业标准后，现有的电竞赛事以及电竞游戏都面临着更新迭代，作为高度市场化的行业，迭代后的版本及规则都需要与市场进行重新磨合，最终市场的反馈目前无法预期。

4. 开发电竞赛事内容潜力，带动电竞赛事商业模式迭代

杭州亚运会电竞赛事门票的热销、互联网平台赛事视频的广泛传播以及受众对电竞赛事门票购买意愿的提升，都证明了电竞赛事通过内容消费进行赢利的潜力。完美世界首席执行官萧泓博士也提出，电竞除了"玩"的价值，还有"看"的价值。伴随电竞行业的发展，未来其观众数量可能会超过玩家数量，电竞行业将会从面向用户的项目扩展为同时面向用户和观众的项目。届时，电竞赛事和电竞游戏的边界将更加清晰，电竞游戏依靠玩家赢利，而电竞赛事将以赛事内容的营销进行获利。彼时电竞赛事的商业模式将会有较大的变化，转播授权、付费收看、广告冠名等渠道的收益可能会大幅上升。

通过杭州亚运会，行业更加认可电竞赛事可以通过其观赏价值来实现盈利，而受众，尤其是忠实受众会是这一盈利模式的基础。电竞产业可以培养更多的圈层战队，如省份区域战队、校际战队等，在获得特定圈层受众关注的同时，也让受众对战队有更强的归属感。同时还需要增加比赛的数量，通过高质量的比赛吸引受众，以高曝光获得受众的注意力，从而收获一批有归属感的忠实电竞赛事受众。

受众的培养需要时间来沉淀，市场的培育以及行业生态的迭代不会在一朝一夕间完成，但产业链各参与方已开始了初步探索。从业者调研的结果也印证了这一观点，有24.56%的从业者认为新型电竞赛事商业模式已经因为杭州亚运会而产生，有50.00%的从业者认为新型电竞赛事商业模式即将因为杭州亚运会而产生（见图52）。

（三）"电竞入亚"促进电竞产业生态的完善和成长

杭州亚运会已经逐步推动电竞产业的创新和发展，产业链各方都在通过战略的调整以延伸并扩大杭州亚运会所带来的热度及流量，电竞行业将进入充满勃勃生机、万物竞发的快速发展期。

在正式登上杭州亚运会的舞台前，电竞行业一直是小众行业，圈层

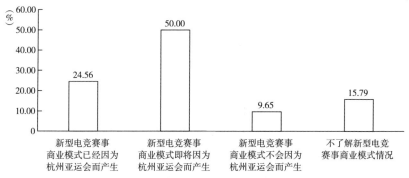

图52　杭州亚运会对新型电竞赛事商业模式产生的影响

壁垒高,而杭州亚运会所带来的巨大影响力让电竞行业突破了原有的受众圈层,让很多原本不认识或不了解电竞行业的人,开始认识并了解电竞行业,帮助电竞行业进入大众视野。在获得更大关注度和发展空间的同时,电竞行业将面临行业标准化等问题,其所承载的社会责任也更加重要。

电竞行业的发展壮大,离不开国家政策的支持和保障,如何完善电竞行业人才培养模式、如何制定标准化的行业规范都将影响电竞生态的发展,而与地方实体经济的融合发展以及中国文化数字化国际化战略的实施,都是社会对电竞行业发展的期望。

1. "电竞入亚"助力行业获得稳定持续的政策保障

新兴产业要想规范化、可持续发展,离不开国家政策的支持和保障。基于全球电竞产业发展现状,电竞行业期待相关部门立足实际出台政策,推动我国电竞规范、健康发展。而成为亚运会的正式比赛项目则为电竞行业获得稳定持续的政策保障提供了助力。其一,强化党建引领、政府指导、市场主体、社会参与的电竞治理模式,不断完善政府在青少年游戏防沉迷政策和监管方面的职能。其二,在行业管理层面,根据我国实际,将监管职能统一归口电竞主管部门或成立全国性的指导性行业组织对电竞行业进行监管,明确各机构或组织的职能,避免出现权责不清、职责重复、多头领导等问题,推动电竞行业管理规范化、标准化。其三,可以在现有的反垄断法律中增加或完善电竞行业的相关规定,为中小型企业创造发展空间，保障行业的正当竞争。其四，相关部门要根据电竞特点，完善电竞行业的知识产权保护，严厉打击抄袭、盗版等侵权行为，提高电竞的市场化水平，让电竞产业的商业价值得到充分开发。其五，避免过度同质化竞争导致电竞行业发展受挫，相关部门要依据我国国情，鼓励电竞研发主体创造具有国家和民族特色、科技水平高、观赏性强的电竞产品，在传播我国优秀文化的同时，定期与各国电竞机构、组织、企业、用户等进行全方位的沟通与交流，以开放包容的心态积极融入全球电子竞技发展格局。

此外，各级政府可将国家标准、赛事等方面的资源与本地产业要素和资本要素进行融合，在符合政策规范、社会效益和市场需求的情况下与电竞产业主体联合，共同打造电子竞技体育产业资本扶持平台，推进地方传统文化产业向数字文化产业转型，赋能区域振兴，实现电竞产业融合业态，助力社会经济发展，促进精神文明建设。

2. "电竞入亚"成为行业标准化规范制定契机

电竞项目在杭州亚运会上的正式亮相为行业带来了三个思考：电竞项目的定义、项目入选运动会的标准，以及赛事行业标准的建立。

电竞项目的定义一直存在争议，从国际奥委会到亚组委再到从业者，各自心中都对电竞有着不同的定义。承载项目的介质形态，选手的运动姿态，项目规则设置是否公平、公正，能否形成对抗、比赛，是否符合体育精神等，都是目前主要的争议点。本次杭州亚运会上几个电竞项目的全方位展示，让行业可以通过综合性运动会的赛场，重新审视每个项目的呈现效果，从而深入思考电子竞技的定义和边界。

对于杭州亚运会这样的综合性运动会而言，每个体育项目的入选都有固定的标准和流程。电竞项目的入选也应有科学的标准，游戏自身的规则设定是否公平公正、是否符合电竞精神、是否符合体育精神、受众是否覆盖了多元化的文化，都是影响其入选电子竞技项目的因素。目前由于电子竞技仍处在发展的初级阶段，即使是杭州亚运会这样的综合性大型运动会，在电子竞技项目的选择上，各项因素的评判标准以及评判比重还没有建立标准化公式。此外，由于电竞项目的版权属于各游戏公司所有，其代理权、运营权的变化也将影响项目的入选。如在2023年3月，《炉石传说》在中国境内的代理权问题，导致其最终被取消了亚运会电竞赛事的项目设置。电子竞技项目已明确成为2026年第20届爱知-名古屋亚运会的正式项目，届时电竞项目的筛选流程将如何完善值得拭目以待。

杭州亚运会的 7 个电竞项目赛事均由一个场馆来承办，这个决策的过程中忽略了每个电竞项目间的差异性，从而导致在实践过程中，每个项目背后的厂商做出了大量的妥协，在一定程度上牺牲了项目的部分特色及观赏性。尽管从赛事效果呈现角度上看，各项目间的差异不大，存在标准化的可能性，但从项目的规则设计、终端配备等环节看，每个项目是各自独立的。尽管从国际市场看，不同电竞项目间的标准化仍是空白，并没有可以参考的标准，但杭州亚运会电竞赛事的举办为行业提供了一个参考。从本次杭州亚运会电竞赛事的落地经验出发，通过成立全国性行业组织的方式，为每个项目建立独立的赛事标准，确立赛事规范；而在线下的赛事运营中，可探索具有普适性的、统一的赛事展示标准化模式，从而保证场馆的通用性及观众体验的一致性。

杭州亚运会上电竞项目的正式开赛让行业开始正视这些问题，通过大型洲际综合性赛事的舞台全方位审视电竞项目，推动相关组织着手进行解决，同时，也需要从业者相互配合，与行业一起逐步完善标准化进程。

3. 以成熟的人才培养模式增强中国电竞竞争力

任何行业发展的核心都是人才，随着电竞行业的发展，其对人才的数量及质量的要求也在逐步提高。目前国内的电竞人才培养仍未形成成熟的体系，伴随着电竞行业所提供的职位的多样化，将助推人才培养体系的逐步完善，通过持续为行业输送高质量的核心人才，促进电竞行业的成长壮大。

电竞赛事的核心仍然是明星选手在赛场上的精彩表现，伴随着明星选手的成长，围绕其产生的支撑产业，如俱乐部、教练、衍生品、经纪管理、赛事转播等才能一起发展繁荣。目前国内的选手选拔、培训模式仍极具争议，受到了来自政策、社会、家庭等多个方面的限制和质疑。从业者调研结果显示，有 75.19% 的从业者认为，为潜在候选人及其家长树立对电竞赛事、电竞选手职业生涯的积极认知是未来电竞人才培养模式优化的主要方向。此外，也有超过 50% 的从业者认为，电竞选手职业生涯的规划及保障优化、提升电竞选手综合素质的培养、电竞选手退役后的职业规划是未来电竞人才培养模式的发展方向（见图 53）。在未来，行业需要建立电竞人才培养体系，完善人才"引、留、用"机制。对于电竞职业选手，要完善其选拔、培养、晋升、退出等机制，可基于我国电竞发展实际，建立科学化、标准化的新型人才选拔和培养体系，完善电竞项目的"以赛代练"机制，同时构建电子竞技运动员等级评价体系，建立电竞选手晋升和转型通道，帮助解决退役电竞运动员的安置问题。

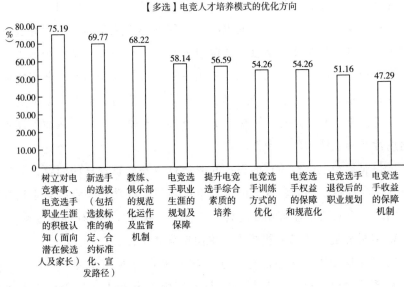

【多选】电竞人才培养模式的优化方向

图53 电竞人才培养模式的优化方向

电竞教育不应停留在对选手的竞技技能训练层面，电竞教育的目的是培养复合型的数字化人才。伴随电竞行业不断发展壮大，电竞行业所能提供的职业机会、职业范围都将不断扩大，在电竞行业发展为稳定的商业体系后，其能提供的职业类型也将更多元化，行业对人才的需求也会更多样化。而在电竞与实体经济的结合发展过程中，市场对电竞与传统行业的跨界人才也会有大量需求。同时，伴随着5G、云游戏、AIGC、AR/VR等技术在电竞行业中的落地和普及，行业所覆盖的职业范围及种类也将持续扩大。

对于其他电竞行业所需的专业人才，如产品研发、市场推广、赛事运营、俱乐部运营、电竞解说等方面的人才，要鼓励我国高校结合市场需求，开设基础性、综合性、实操性较强的电竞专业和课程，培养产学研用一体化的复合型人才，同时鼓励企业与高校合作定向培养人才。此外，要建立从业人员定期培训和交流制度，以明确行业发展动向，促进行业资源开放共享，共同维护电竞行业生态体系。目前国内部分高校已开设了电竞相关专业，为电竞行业培养具有高综合素质的专业人才。根据中国传媒大学动画与数字艺术学院院长王雷的介绍，中国传媒大学的电竞相关专业旨在培养服务于电竞赛事转播、电竞内容节目制作等的专项人才，通过系统的知识学习及理论实践，为电竞行业输送专业的节目制作人员。

伴随电竞赛事热度的增加，赛事的数量及覆盖的项目将快速增多，如何完善电竞选手的选拔、培训模式，确保电竞行业的核心人才能稳定并长期发展，是中国电竞提升整体竞争力所面临的首要问题。在大众对电竞行业认知逐步改观的情况下，电竞人才的持续教育也应逐步推行。伴随行业的成长以及新技术的落地和普及，从业者也需具备复合型人才的综合素质。人才的可持续性发展是行业得以长久生存并发展壮大的基础，也将是中国电竞可以在国际舞台立足并大放光彩的核心竞争力。

4. 探索融合发展模式，助力电子竞技与地方经济协同发展

随着电竞热度的逐步攀升，各地政府也在积极探索电竞产业与本地经济的融合发展模式。在与各地政府的合作过程中，电竞活动的平台属性正在逐步被开发，在带动文化宣传的同时，也拉动实体经济发展，拓展实体经济发展新路径。

2023 年 3 月，中央广播电视总台与重庆市人民政府签署《中央广播电视总台与重庆市人民政府关于促进电子竞技产业健康可持续发展战略合作协议》，助推重庆市的电竞产业发展。根据协议，双方将合作打造高质量、高水平的系列电子竞技活动，推动电子竞技类优质内容的生产、传播与消费，为在渝打造带动全国数字经济高质量发展新的增长极和动力源积极贡献力量。

近年来，重庆相继出台了一系列扶持互联网产业和电子竞技产业的政策，吸引众多互联网企业和电竞产业链头部厂商纷纷聚集重庆。2018 年 9 月，阿里体育电子体育总部落户重庆市高新区，阿里体育还计划与高新区联手打造"世界电子竞技街区"[①]。2020 年 3 月，重庆市人民政府办公厅发

[①] 新华网."重庆日报"报道：知名电竞赛事接连来渝举办 如何让电竞产业发展后劲更足 [EB/OL]. http：//m. xinhuanet. com/cq/2019 - 02/15/c_1124118532. htm. 2019 - 02 - 25/ 2023-11-10。

布《关于加快线上业态线上服务线上管理的发展意见》，提出要加快发展壮大游戏、电子竞技、线上直播、数字出版等产业。由于当地政策的支持，一系列高水平电竞赛事陆续落地重庆，如世界电子竞技运动会（WESG）全球总决赛、《刀塔2》电竞赛事"SLI重庆Major"、《王者荣耀》职业联赛等。在区县级层面，雄心勃勃要打造电竞小镇的忠县，出台了《忠县促进电竞产业发展的若干政策意见》，明确对从事电竞的企业、人才和创业者提供基金扶持、贷款贴息、财政补贴、税务减免、专项奖励等激励机制。巴南区瞄准人才和赛事，积极引导职业院校开展电子竞技人才培养，打造专业场馆，举办电子竞技博览会、首届中国电子竞技行业年会等业内盛事；位于江津区的重庆交通职业学院也已联合昭信火拳教育开设电竞专业①。

2023电竞上海大师赛于2023年12月1日至5日在上海静安体育中心举行，这是中央广播电视总台首个参与主办的电竞赛事。总台基于"思想+艺术+技术"融合创新传播的理念，依托VR、AR、XR技术和总台"百城千屏"超高清技术成果，通过2023电竞上海大师赛，打造自主赛事品牌，创新体育观赛模式，推进数字体育建设，持续促进电竞产业健康发展。比赛期间，总台国家电子竞技发展研究院还联合主办产业论坛等延展活动，深入探讨电竞行业标准建设、电竞文化建设、电竞业态建设等话题。

电子竞技是以赛事为核心，集产品研发、赛事运营、俱乐部运营、媒体直转播、设备制造等于一体，具有市场规模巨大、产业链条长、延展性和融合性高等特点的新兴产业。电竞产业自身的发展以及与地方实体经济的跨界融合，将实现全产业链上中下游协同发展。一是上游的产品研发主体在维护网络游戏产品良性运行的基础上，投入开发国际奥委会与其他国际单项体育协会所提倡的虚拟体育产品，帮助电竞产业提质升级；二是从维护行业整体利益的角度出发，避免赛事资源垄断，减少恶性并购事件和"卡脖子"事件的发生，帮助中小型企业、中下游产业主体创新赋能，实现行业领域的"百花齐放"；三是探索多种商业模式，开发电竞音乐等衍生产品，拓宽资金来源渠道。从产业跨界融合的角度看，可探索发展"电竞+""+电竞"模式。电子竞技产业作为受众广、年轻化、时尚化的新兴

---

① 华龙网.渝论场│电竞产业"风"来了，重庆能抓住吗？［EB/OL］. https：//baijiahao. baidu. com/s？id=1699147847851322823&wfr=spider&for=pc. 2021-05-08/2023-11-10。

项目，在赋能传统文化、旅游、教育、酒店、餐饮、会展、农业、养老等行业同时，能够与新兴科学技术结合产生新的电竞项目。福州市政府与国家体育总局开展合作，通过电子竞技产业的布局推动数字产业发展、建设数字福州；瞄准数字体育产业前沿发展方向，突出市场主导和消费引导，加快推动电子竞技和数字体育项目、资金落地福州，打造产业发展集群；积极探索"电竞+文创、科技、旅游、娱乐"等融合发展的创新业态，赋能传统产业转型升级，做大做强数字经济，打造"数字应用第一城"①。福州市的电竞化城市转型措施将在不久的未来陆续落地。

从城市经济发展的角度看，电竞活动更多起到了媒介的作用，通过电竞活动吸引年轻群体的关注，以更好地组织文化交流、地方旅游等项目，提升地区人气，推动当地文旅产业的协同发展。如 LGD 俱乐部在杭州当地建立了比赛场馆，在举办比赛时，会有大量粉丝在场馆周围聚集，带动了场馆附近的住宿、餐饮等消费。俱乐部还会不定期举办电竞相关活动、承办城市联赛或承办政府活动，全方位带动了场馆周边的经济。此外，随着电竞产业的蓬勃发展，部分头部电竞企业已经开始规划电竞与实体经济的融合模式，在未来，将会有更多的新产业模式落地。

5. 进一步推动中国电竞走向世界，实践文化数字化战略

在本次杭州亚运会电竞赛事上，中国队以"4 金 1 铜"的亮眼成绩向亚洲展示了实力，是中国电竞走向世界历程中的重要一步。电竞的走向世界不只是单纯商业意义上的扩大经营范围，国家体育总局体育科学研究所电子竞技研究室主任杨越指出，中国电竞走向世界承载了推动中国政治经济国际影响力的使命。

电竞游戏产品本身是很好的中华优秀传统文化传播载体，在杭州亚运会《王者荣耀》亚运版本中，有孙悟空、后羿等中国人家喻户晓的东方神话英雄，也有张飞、关羽、周瑜等大量的三国时期英雄，很好地向全世界传播了中国传统文化；其中，亚运版本还加入了不少杭州亚运会元素，例如开局时会出现本届亚运会的会徽，在峡谷中路还刻着"三潭印月"及"雷峰夕照"景观的地贴等。这些在电竞游戏产品中植入的中国元素可潜

---

① 福州新闻网. 市政府召开常务会议［EB/OL］. http：//m. fznews. com. cn/fzyw/20220420/62602472da0cb. shtml. 2022-04-20/2023-10-13。

移默化地影响海外游戏玩家，帮助中国文化在海外青少年群体中扎根。

相较于电竞游戏产品，电竞赛事则更加年轻、时尚、现代化，因此更适合作为当代中国文化对外传播的载体。如《无畏契约》项目官方宣布中国战队将会参与之后的 VCT 全球冠军赛时，赛事论坛上就有了大量针对中国战队的讨论。而中国选手在国际赛事上的亮相，选手的整体风貌也会被广大赛事观众讨论，让国际观众了解当代中国年轻人的风采；此外，还可以通过国际电竞在中国的落地，展现中国城市面貌，让世界认识当代中国。

在政府、体育组织与版权方通过亚运会建立起相对完备的协作关系之后，更多国际产业交流，更多高规格的洲际、世界级综合性赛事活动有望出现，也将更好地推动中国电竞产业国际化发展。一是举办国际会议，实现互学互鉴。为进一步提升中国电竞产业在全球范围内的影响力，形成品牌效应，可在国家相关主管部门的指导下，联合相关国际机构共同举办国际化、高规格的电竞产业交流活动，聚焦电子竞技主题，兼顾电竞产业的传播赋能和跨界融合，促进高层次人才交流与合作。二是打造国际品牌赛事，增强产业竞争力。当前我国正处在建设体育强国的关键时期，发展中国自主虚拟体育赛事，对于打造中国电竞赛事"金名片"、在国际体育新赛道上赢得话语权、推动中国电竞项目"入奥"等都具有重要意义。以"电竞入亚"为契机，以杭州第19届亚运会七个电竞项目为依托，研究打造中国品牌的国际性赛事，助力构建电竞产业国际化发展新格局，促进电竞产业要素国际化循环，提升我国电竞产业国际传播力和影响力。三是举办国际电竞活动，展现正向价值。以国内外青年群体为核心受众，兼顾其他年龄层受众人群，结合不同年龄层触媒习惯，融合潮流文化，打造电竞嘉年华、电竞文化节、电竞晚会、电竞博览会等线上与线下相结合的内容活动产品，打造沉浸式电竞综合体，展示电子竞技行业正向价值。

（四）从国际奥委会成立电子竞技委员会展望"电竞入奥"

北京时间2023年9月6日，国际奥委会官方网站发布消息，宣布成立国际奥委会电子竞技委员会，国际奥委会委员戴维·拉帕蒂恩担任该委员会主席。消息一出，即引发了社会的广泛讨论。媒体及行业的讨论主要集中于国际奥委会对于"电子竞技"的定义，以及对"电竞入奥"可能性的猜测。

在杭州亚运会结束后，"电竞入亚"的影响已逐渐释放，以舆论对电竞项目的正面积极反馈为基础，伴随电竞行业如火如荼地发展，电竞项目与官方大型综合性体育赛事的相互成就将大力推进"电竞入奥"的进度。

1. 电竞项目与国际奥委会的目标与需求高度契合

国际奥委会近年来一直重视在奥运会中增加具有活力的新兴项目，以吸引更多年轻人参与和关注奥运会以及奥林匹克运动。纵观近年来许多新入选奥运会的比赛项目，如滑板、攀岩、霹雳舞、壁球、腰旗橄榄球等，其一大共性就是深受年轻人的喜爱且拥有固定的年轻受众群体。电竞项目显然也具有这一共性。

2023年10月16日在孟买举行的国际奥委会第141次全体会议上，通过了在2028年洛杉矶奥运会上增加棒垒球、棍网球、板球、壁球、腰旗橄榄球这五个新比赛项目的决议。会上，国际奥委会主席托马斯·巴赫表示，这些新增大项赋予了洛杉矶奥运会独特性，也使得奥林匹克运动能够与全世界更多新的运动员和粉丝群体联系在一起。《奥林匹克宪章》提到，"在全世界范围内领导奥林匹克运动健康地发展"是奥运会的使命之一，从滑板、攀岩，到霹雳舞，再到"五小球"，奥运会通过增设新项目的方式，在提升各国申办奥运意愿的同时，也吸引了更多年轻消费者的关注[①]，为奥运会赛事的商业价值注入了新的增长元素。

以霹雳舞入选奥运会比赛项目为例，2020年12月，国际奥委会同意增设霹雳舞为2024年巴黎奥运会比赛项目。同年，亚奥理事会也宣布霹雳舞成为亚运会正式竞赛项目。巴黎奥组委主席托尼·埃斯坦盖在接受新华社记者采访时说："霹雳舞为我们提供了很好的契机，也与巴黎2024年奥运会希望呈现的内容不谋而合。我们希望举办一届独具创新、更接近年轻群体、更有都市气息、更能走向场外的奥运会。"在《奥林匹克2020议程》和新规范指引下，吸纳霹雳舞也符合时代发展潮流、激励新观众、吸引年轻人的办赛原则；奥运会需体现观赏性、文化相关性、参与性以及包容性[②]。

---

① 凤凰网体育."体育产业生态圈"：腰旗、棒球等成功入奥，「新运动」能成奥运流量密码吗？[EB/OL]. http：//sports.ifeng.com/c/8U4MEIj9P0c. 2023-10-21/2023-11-10。

② 中国青年网. 巴黎奥组委提议奥运增设霹雳舞项目 完整裁判系统是关键[EB/OL]. https：//baijiahao.baidu.com/s？id = 1626217148567480126&wfr = spider&for = pc. 2019-02-23/2023-11-10。

霹雳舞起源于 20 世纪 70 年代，属于街头舞蹈的一种形式，街头舞蹈下辖的分类除了霹雳舞外，还有机械舞、电流舞等多个分类，但入选奥运会比赛项目的仅有霹雳舞这一分类。由此可见，除了有庞大的年轻受众群体外，奥委会选择加入奥运会项目的主要标准还有：全球有广泛的参与性、更强的对抗性、更严谨公平的规则和对未来有影响。参考霹雳舞的入选标准，电竞项目显然也十分符合国际奥委会项目入选的标准。

电竞项目深受年轻人的喜爱，这与国际奥委会致力于在年轻人中推广和传播奥林匹克理想，让百年奥运更有生机和活力的目标及需求高度契合。参考电竞项目在本次杭州亚运会上的呈现效果及赛后反馈，可见电竞项目在世界各地有着广泛的受众群体，比赛过程中呈现了的强烈对抗性，项目评分标准公平公正，也增强了亚运会赛事在年轻人中的影响力。

2. 亚运会加深了电竞项目的正面形象，电竞"入奥"进度将加速

电竞项目的健康发展是全世界面临的问题，也被行业认为是其"入奥"途中的主要障碍之一。而在本次杭州亚运会上，电竞项目成为正式的比赛项目，比赛过程也通过官方媒体渠道进行传播，赛事的转播在一定程度上让社会扭转了对电竞项目的固有成见，加深了社会对电竞项目的正面认知，这将加快电竞项目的"入奥"进度。

在 2022 年夏天，NFL 与国际美式橄榄球联合会达成合作伙伴关系，而双方合作的目的之一就是推动腰旗橄榄球出现在 2028 年洛杉矶奥运会的项目设置中[①]。同年夏天，腰旗橄榄球出现在被称为"奥运必经之路"的世界运动会的赛场上。羽毛球、沙滩排球等多个奥运会比赛项目都曾是通过世运会登上奥运舞台的。很快，在 2023 年 10 月 16 日，国际奥委会即表示腰旗橄榄球将被纳入 2028 年洛杉矶奥运会的正式比赛项目，腰旗橄榄球在世界运动会上的亮相无疑加速了其入选奥运会比赛项目的进度。

如同腰旗橄榄球通过在世界运动会上的亮相以展示其与奥运精神以及竞技体育特征的高度契合，电竞项目也通过在杭州亚运会上的亮相为自身正名。杭州亚运会上电子竞技项目也展现了其类似传统竞技体育的精彩场面，

---

① 凤凰网体育."体育产业生态圈"：腰旗、棒球等成功入奥，「新运动」能成奥运流量密码吗？［EB/OL］. http://sports.ifeng.com/c/8U4MEIj9P0c. 2023-10-21/2023-11-10.

如《刀塔2》项目的决赛，比赛过程十分紧张刺激，胜负悬念一直持续到比赛的最后一刻，从观赏角度看，这是一场精彩的比赛。精彩的对抗性场面呈现以及赛事结果的不确定性是传统竞技体育项目的重要特点，在杭州亚运会电子竞技项目中，这些特点也一一为大众呈现。在激烈的比赛过程中，电子竞技运动员体力、智力、心理等方面的潜力被充分调动和发挥。本次杭州亚运会电子竞技比赛中，几场赛事的持续时间近4个小时，长时间的对阵需要运动员有充沛的体力，并通过其高超的技艺获得最终的胜利。

电子竞技项目正式成为亚运会比赛项目后，不仅可以为电竞"正名"，也是引导公众理性认识电竞的大好契机。一方面，亚运会电竞项目的金牌能带来示范效应，展现电竞积极、正向的一面；另一方面，电竞选手表现出职业的竞技状态、高频的训练强度和强大的心理抗压能力，可以让一些游戏爱好者感受到差距，了解职业电竞选手面对的压力和风险，在一定程度上起到"劝退"作用。只有正确看待电竞行业，才能对热爱网络游戏的青少年进行科学教育，合理引导，从而有助于破解青少年沉迷游戏的难题。社会对电竞项目的负面印象通过杭州亚运会的赛事转播开始逐步扭转，行业对"电竞入奥"的信心也随之增加。

3. 电竞项目的理论研究仍需深入，进一步完善广义电竞的内涵及分类

虚拟体育电竞和游戏电竞都属于电子竞技的分支，但国际奥委会和行业对可纳入比赛的电竞项目仍存在偏向差异，随着电竞项目理论研究的不断深入，广义电竞的定义、内涵及分类将更加标准化，这将有助于电竞行业的规范化，助力其在"入奥"道路上更进一步。

在国际奥委会成立国际奥委会电子竞技委员会的决策宣布之时，结合此前国际奥委会多次在公开渠道的表态，以及在2023年6月首届奥林匹克电子竞技周（Olympic Esports Week）上国际奥委会主席巴赫谈道："第一届奥林匹克电子竞技周标志着我们支持奥林匹克运动中虚拟体育发展的雄心，这是一个重要的里程碑"，这标志着虚拟体育已经成为国际奥委会和国际单项体育组织电竞化探索的主要方向。

国际奥委会与亚奥理事会从不同的项目分支共同推动着电子竞技行业的发展。奥林匹克电子竞技周以及杭州亚运会都通过公开舞台让行业进一步思考电子竞技的广义定义及精神内涵。如同霹雳舞、滑板、攀岩等项目的"入奥"过程一样，电子竞技项目需要通过深入且扎实的理论研究来探索其娱乐功能与竞技体育的契合，并获得社会大众的认可。同时，对于电子竞技项目的分类、项目的入选标准、项目的行业标准等的探讨也再一次被行业重视，通过行业监督机制的建立以及行业标准的制定来推动国际奥委会的认可，也是"电竞入奥"之路上的重要步骤。以攀岩项目为例，国际竞技攀岩委员会于1997年在国际登山联合会内成立，服务于攀岩运动的发展；2007年，国际登山联合会决定脱离它和竞赛攀岩的关系，国际攀岩联合会成立，并被批准正式加入国际单项体育联合会总会；2010年，国际奥委会明确承认了国际攀岩联合会；随后在2016年，国际奥委会宣布接纳竞技攀岩为2020年东京奥运会正式比赛项目；2020年12月7日，国际奥委会执委会同意2024年巴黎奥运会增设攀岩项目。

4. "电竞入奥"将进一步推动电竞产业的发展

随着成为杭州亚运会的正式比赛项目，电竞产业进入了发展新阶段，而在未来，随着"电竞入奥"进度的加快，电竞产业的经济价值将进一步体现，促使奥运会与电竞产业的双向增益。伴随电竞产业在"后亚运时代"的改革与发展，"电竞入亚"对经济的拉动效应将持续释放，电竞产业未来将成为国民经济增长新动能。

根据《中国传媒产业发展报告（2023）》中的数据，网络游戏作为传媒产业的重要组成部分，2022年其产值超过2000亿元，位列传媒产业细分领域市场收入第五。而随着人工智能、虚拟现实、元宇宙等技术的突破性发展，电竞产业和游戏产业必然将获得更大的发展，更有可能成为新科技、新纪元、新文化的入口，其背后所蕴含的经济动能是巨大的。

入选奥运会正式比赛项目对该项目产业发展的助推早有先例。自霹雳舞被国际奥委会纳入正式比赛项目后，以霹雳舞为主要分支的街舞产业在国内快速发展。在霹雳舞成为亚运会和奥运会正式比赛项目后，相关企业纷纷加入街舞行业，国家在政策等方面也给予大力支持，街舞运动发展越发规范。2023年发布的《中国街舞产业研究发展报告》显示，目前全国街舞从业者近300万人，街舞培训机构超万家，全国每年有超过1000万人次选择学习街舞运动。据不完全统计，每年我国的街舞赛事活动有上千场，每场赛事活动参与人数从几十人到上千人不等①。不只在国内,根据 WDSF 的数据,法国地区约有 100 万人参与霹雳舞运动,拥有 350 家注册俱乐部。每年法国都会举办约 11 场大型国际赛事和 560 场全国性赛事②。攀岩被纳入奥运会正式比赛项目并在 2021 年东京奥运会上正式亮相后,也带动了攀岩运动在我国的发展。在中国登山协会审批和支持下,全国建立了一批攀岩特色学校,攀岩运动正在融入中小学的校园生活,有些地方还开设了专门的中小学攀岩教师师资培训班及统一的中小学攀岩课程、攀岩冬令营和夏令营,攀岩运动新生代力量逐渐崛起③。

从产业发展的角度看,成功"入奥"将助推电竞产业加速发展,帮助电竞产业从野蛮生长向高质量发展转型。电竞产业具有十分广阔的产业前景,不论是其分项还是外延生态都在快速完善并发展中。伴随"入奥"进度的加快,电竞产业将进一步加速其健康发展,并助推其商业模式的丰富和完善。而电竞项目在年轻受众群体中的影响力,也将帮助奥运会获得更多青年人的关注,让百年奥运焕发生机和活力。

---

① 国家体育总局官网. "中国体育报"文章:以产业促进街舞更好发展 [EB/OL]. https://www. sport. gov. cn/n20001280/n20067608/n20067635/c26569792/content. html. 2023 - 10 - 17/ 2023-11-10。

② 中国青年网. 巴黎奥组委提议奥运增设霹雳舞项目 完整裁判系统是关键 [EB/OL]. https://baijiahao. baidu. com/s? id = 1626217148567480126&wfr = spider&for = pc. 2019 - 02 - 23/2023-11-10。

③ 妍妍说体坛. 攀岩加入奥运后带来了经济价值吸引力,许多攀岩俱乐部陆续出现 [EB/OL]. https://baijiahao. baidu. com/s? id = 1707147882844558244&wfr = spider&for = pc&searchword = %E 6%94%80% E5% B2% A9% 20% E5% A5% A5% E8% BF% 90% 20% E4% BA% A7% E4% B8% 9A. 2021-08-04/2023-10-25。

第五章　全球视角下的中国电子竞技国际化发展

【摘　要】近年来，观看以游戏电竞、虚拟体育等为媒介的电竞赛事及其衍生内容已成为全球青年群体中喜闻乐见的兴趣爱好之一。依托电子竞技特有的"游戏+体育""文化+科技""线上+线下"等多元融合属性，中国电竞发展势头迅猛，成为新的国际交往媒介和对外文化传播载体。在全球范围内，电竞观众规模持续扩张、渗透率对标传统体育、观赛频率时长提升等是全球各国电竞发展的共性，但各国所处的发展阶段、流行的电竞项目等存在较大差异。中国电竞发展起步早、竞技实力较强，在竞技氛围、市场规模、产业生态等方面保持着较大优势。全球移动电竞崛起背景之下，通过全球化赛事体系搭建、俱乐部国际化运营、赛事内容标准化输出、与国际电竞组织接轨等方式，我国电竞国际化发展路径正在逐步清晰。以移动游戏电竞产品为主的国际市场拓展探索取得良好成效，对中国电竞国际化发展、中华优秀传统文化传播等发挥了积极作用。

【关键词】电子竞技；对外文化传播

一　中国电子竞技国际化发展的背景

电竞在各国的发展历程有较大差异，各国在资源禀赋、产业要素、政策引导、市场机制等方面的差异，使不同国家在电竞产业发展上所处的阶段也不相同。但世界各国青年群体对于电子竞技的浓厚兴趣高度一致。这种基于体育内核、科技赋能的情感凝聚力正在推动电子竞技成为全球文化交流的新载体，其战略重要性日益受到各国政府的高度重视。

（一）观赛热情高涨，渗透率对标传统体育

1. 全球观众规模

Newzoo 研究数据显示，2022 年全球电竞观众增至 5.32 亿人，到 2025 年，这一数字将以 8.1% 的复合年增长率持续增长至 6.40 亿人[①]。

2. 普通人渗透率

欧洲议会文化教育委员会（CULT）委托 YouGov 所做的一项调查显示，电竞在部分国家的渗透率对标甚至超越传统体育联盟。尤其在中国，普通人口样本中电竞粉丝占比达 41.4%，超越了世界杯足球赛、西班牙足球甲级联赛等特定体育联盟的粉丝占比，仅次于夏季奥林匹克运动会[②]（见表 1）。

表 1　选定国家的电子竞技粉丝和不同体育联盟粉丝在普通人口中的占比

单位：%

国家/地区	普通人口样本中粉丝（至少对以下体育项目有兴趣）的占比							
	电子竞技	夏季奥林匹克运动会	世界杯足球赛	西班牙足球甲级联赛	一级方程式赛车	NBA（美国）	NHL（美国）	欧洲高尔夫巡回赛
巴西	35.0	48.5	64.7	33.2	42.8	29.2	12.5	11.8
中国	41.4	59.3	34.3	23.0	22.7	35.4	15.0	12.0
法国	7.0	44.7	39.1	16.3	18.7	11.3	5.2	4.3
德国	8.0	36.0	47.8	11.2	22.7	8.6	6.8	5.1
日本	8.0	41.5	29.3	9.6	13.5	9.5	4.4	6.6
波兰	19.9	63.7	63.2	28.8	33.3	20.5	15.5	11.1
沙特阿拉伯	27.6	33.5	57.8	41.9	30.2	22.2	15.3	16.0
韩国	15.8	48.8	58.1	22.4	16.3	25.0	10.7	14.4
西班牙	12.5	49.0	47.0	50.0	38.1	26.3	7.0	9.0
瑞典	9.7	46.7	42.5	16.0	17.0	6.9	17.9	8.3
英国	3.9	46.2	38.4	8.4	21.8	4.5	3.5	6.1
美国	10.3	36.9	17.3	9.7	12.1	24.2	19.1	7.4

3. 线上线下观赛

腾讯电竞针对海外五国（巴西、法国、韩国、美国和新加坡，下同）的

[①] 2022 年全球电竞与游戏直播市场报告 . Newzoo，2022。全球电竞观众指每年至少观看一次专业电竞内容的所有人，综合核心电竞爱好者和非核心观众。

[②] Research for CULT Committee：Esports-background analysis，2022，p.31。

问卷调查显示，平均 69.4% 的受访者曾看过赛事直播或录播视频（中国，72.0%①），平均 29.6% 的受访者曾去赛事现场观赛过（中国，24.1%②）。其中，韩国和新加坡线上观赛人数占比近八成；巴西线下观赛人次占比达53.7%；法国和美国分别有 29.5% 和 27.2% 的受访者表示没有看过电竞比赛（见图 1）。③

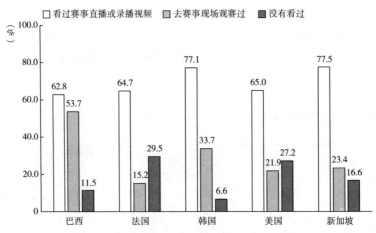

图 1　海外五国受访者电竞观赛情况分析

4. 热门电竞项目

尽管全球电竞观众的观赛热情高涨，但各个国家和地区最受欢迎的电竞项目存在显著差异。欧美地区以《CS：GO》《堡垒之夜》《使命召唤》《守望先锋》等 FPS 类项目为主，而东亚、东南亚地区则以《英雄联盟》《王者荣耀》《MLBB》等 MOBA 类项目为主。以巴西为代表的电竞新兴市场，则以对硬件设备和网络条件要求较低的《MLBB》《Free Fire》等项目为主。但从全球整体观赛情况来看，《英雄联盟》全球总决赛仍是收视率最高、影响力最大的一项赛事。

针对海外五国的调研数据显示，《英雄联盟》进入各国用户观赛项目前五名。其中，该项目在韩国以 58.1% 位列第一，在法国、巴西的占比分别

---

① 面向中国大陆地区的网络问卷调查数据，企鹅有调，2022 年 5 月。
② 面向中国大陆地区的网络问卷调查数据，企鹅有调，2022 年 5 月。
③ 企鹅有调 2022 年通过网络问卷的形式向巴西、法国、韩国、美国、新加坡五个国家开展线上调查，各国样本量依次为 339、329、332、320、325，共计 1645 份有效问卷。

44.4%、43.7%，位列第二、第三。同时，各国本土游戏在当地受欢迎程度较高，如《绝地求生》韩国用户观看占比达 55.8%，《使命召唤》和《堡垒之夜》的美国用户观看占比分别为 50.2% 和 48.5%（见图 2）。

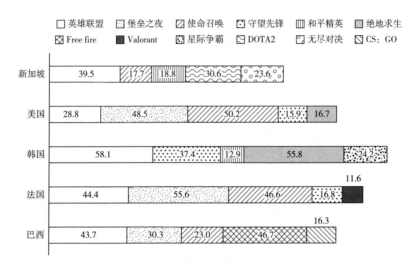

图 2　海外五国受访者观看的电竞项目 TOP5（%）

据海外 Esports Charts 门户网站数据，《英雄联盟》在 2022 年直播观看量方面位居电子竞技项目排行榜榜首，MOBA 类项目总观看时长为 6.15 亿小时，其中《英雄联盟》S12 全球总决赛成为 2022 年收视率最高的赛事，总观看时长约为 1.4194 亿小时。《英雄联盟》S12 全球总决赛中 T1 和 DRX 之间的最终对决，吸引超过 500 万观众收看，创下了《英雄联盟》电子竞技的观赛新纪录。

（二）移动电竞崛起，新兴市场发展潜力大

目前，电竞市场正从传统 PC 和游戏机竞技转向移动电竞，这主要受更先进的移动硬件和 5G 网络发展的影响。在移动电竞发展浪潮下，东南亚、南美、中东等地区成为发展潜力较大的新兴市场，这也是中国电竞品牌的海外核心目标市场。

1. 东南亚地区

东南亚地区总人口超过 6.5 亿，被视为处于高速成长期的全球第三大市

场，仅次于中国，也是世界上电竞发展最为迅速的地区之一。新加坡、印度尼西亚、马来西亚、越南等国在移动电竞项目方面发展势头良好。目前，东南亚地区最受欢迎的电竞项目是《MLBB》，该项目号称"东南亚国民游戏"，各项电竞赛事收视率屡创新高。此外，《PUBG Mobile》《Free Fire》系列电竞赛事在东南亚地区拥有广泛受众。

印度尼西亚是东南亚地区最大的游戏电竞市场。2018年雅加达举办第18届亚运会电子竞技表演赛及2019年第30届东南亚运动会以来，印度尼西亚的电子竞技产业发展迅速。印度尼西亚政府成立印度尼西亚电竞协会（IESPA），旨在举办电竞比赛和培养电竞选手，进一步推动了印度尼西亚电竞行业的发展。2021年，印度尼西亚在全球游戏市场中排名第十七位，游戏玩家占东南亚国家的43%。PC端电竞游戏产品以《实况足球》《DOTA2》等为主；竞技手游越来越普及，最热门竞技手游是《MLBB》《Free Fire》《PUBG Mobile》等。目前收视率最高的是《MLBB》职业联赛印度尼西亚赛区第9赛季的比赛，该赛峰值观众达到284.5万人。

越南电竞产业在东南亚地区发展相对较早。在2009年、2010年ACG赛事的《DOTA》项目上，越南战队StarsBoba尽显黑马本色，两次捧起冠军奖杯，该国电竞表现让世界观众眼前一亮。然而，2012年越南政府一纸禁令，《DOTA2》《帝国时代》遭到封杀，给越南电竞产业浇了一盆冷水。当时仍在S2赛季的新兴游戏《英雄联盟》却不在封禁名单，越南战队Saigon Jokers打进英雄联盟S赛，为后来越南电竞的发展保留下了种子。2013年，越南政府态度扭转，不光举办了名为"越南电竞大奖"的颁奖典礼，还表态将会支持电竞产业的发展。随后，越南电竞产业生态逐步向好，庞大的玩家基数培养出一批优秀电竞选手向全球电竞市场输出。2022年，第31届东南亚运动会在越南河内正式举行，东道主越南以4金3银的成绩在各参赛国家中傲视群雄。越南的电竞实力虽在世界范围内不能与欧美及东亚国家比肩，但在东南亚地区却已可充当霸主角色。此外，第31届东南亚运动会中的电竞项目聚焦于全球性竞技游戏产品，从品类上来看，多为FPS、MOBA、"大球"类比赛项目，此类电竞游戏产品在当地颇受关注，且更加贴合越南电竞受众喜好。

2017年，电子竞技被菲律宾总统办公室下属的菲律宾运动会和娱乐委员会（PGAB）正式确认为体育运动。在电竞合法化后，菲律宾成立了电子竞技组织 PESO，并在 2020 年被菲律宾奥委会（POC）认定为准会员，目前 PESO 已经逐渐演变成了菲律宾全国电子竞技国民体育协会（NSA），主要负责组织活动并颁布跟电竞相关的规则、促进菲律宾电竞的推广以及国家队选手与教练的招募。菲律宾电竞市场现有超过 4300 万的活跃游戏玩家，且自 2017 年来每年稳步增长 12.9%。其中，《MLBB》是该国最受欢迎的多人在线战术竞技类游戏之一，《绝地求生》（PUBG）、《DOTA2》和《英雄联盟》等游戏也对菲律宾电竞行业产生了重大影响。在 2022 年举办的第 31 届东南亚运动会中，菲律宾获得了《英雄联盟》手游项目女子组与《MLBB》项目的金牌，这让电竞在菲律宾得到了前所未有的高度认可。同时，著名的校园游戏和电子竞技教育组织 Acad Arena 为菲律宾高校举办各类电竞赛事，并提供相关奖学金。

柬埔寨的电子竞技为新兴行业，职业赛事刚刚出现，但目前玩家人数较多。《MLBB》进入柬埔寨之初，建立了职业联赛 MPL 柬埔寨赛区，其玩家以学生群体为主，2022 年秋季赛中，最高观众人数已超过 11 万人。在 2022 年第 14 届世界电子竞技锦标赛中，柬埔寨电子竞技国家代表队 Impunity KH 首次获得国际赛事季军。2022 年，T.Y Media & Advertising 与柬埔寨电子竞技联合会（EFC）签署谅解备忘录，在柬埔寨建立第一个电子竞技中心。2023 年 5~6 月，柬埔寨首次举办了东南亚运动会和东盟残疾人运动会（以下简称东盟残运会），电子竞技成为此届东盟残运会的新项目，这也让柬埔寨成为历史上首个将电子竞技加入东盟残运会的国家。

2. 南美地区

南美地区的巴西、阿根廷等国近年来的电竞发展备受瞩目。巴西是南美洲最大的游戏市场，游戏收入在全球排名第 12 位。南美地区最受欢迎的电竞游戏产品是对设备硬件要求较低的《Free Fire》《英雄联盟》《堡垒之夜》《使命召唤》。南美电竞市场与同样偏好移动手游的东南亚市场处于相似的发展阶段，且当地对 MOBA 类移动电竞项目热情较高。当前多项市场研究数据显示，巴西市场潜力巨大，再加上墨西哥、阿根廷、哥伦比亚等国的电竞市场，南美地区电竞市场拥有庞大的市场潜力。

巴西是南美地区最大的电竞市场，电竞观众超过 2000 万人，成为电竞观众数量排名世界第三位的国家。2021 年，巴西游戏市场创造了 23 亿美元的收入，整体同比增长 5.1%。游戏应用下载量则达到了 45.7 亿次，消费者支出超过了 5.71 亿美元。2021 年，巴西拥有 1200 多名活跃电竞选手，是南美之最。《Free Fire》成为巴西最热门的战术竞技类移动电竞游戏，全球累计下载量超 10 亿次，2021 年第二季度在 Google Play 日活跃用户峰值达到 1.5 亿人，排名全球第三位。赛事方面，巴西本地大型体育赛事"贫民窟碗"（Favelas Bowl）由《Free Fire》取代了原来的足球项目，吸引了巴西贫民窟中超过五万名玩家报名参加，巴西最大的有线电视频道之一 SporTV 为决赛做了直播。在推特公布的 2022 年上半年全球讨论度最高的电竞联赛榜单中，《英雄联盟》巴西冠军联赛（CBLOL）位列第一，观赛人数均值保持在 35 万人次左右，属于南美地区端游的头部赛事。除了《Free Fire》、《英雄联盟》、《CS：GO》和《穿越火线》项目之外，《英雄联盟》手游的全球化电竞赛事和字节跳动旗下的《MLBB》也都在巴西建立赛区，2023 年《无畏契约》冠军巡回赛季前邀请赛在巴西圣保罗正式举行。

3. 中东地区

在沙特、阿联酋等中东国家的带动下，中东地区电竞发展也受到越来越多的关注。Newzoo 预测，到 2024 年中东地区的电竞玩家复合年增长率将达到 15.1%，高于全球平均水平 10%。市场研究机构 YouGov 表示，中东地区的游戏市场是一个正在快速增长的市场，随着活跃游戏玩家社区的不断壮大和互联网的高度普及，中东地区的电竞产业很可能迎来繁荣发展。

电子游戏行业是沙特媒体行业中增长最快的行业。2022 年初，沙特阿拉伯主权财富基金（Public Investment Fund，PIF）全资子公司 Savvy Games Group（SGG），斥资 15 亿美元收购了知名赛事承办方 ESL 以及 FACEIT，进而将二者合并成为 ESL FACEIT 电竞集团。沙特电子竞技联合会 2022 年发起的 Gamers8：The Land of Heroes 在首都利雅得举办，吸引 140 万现场观众、1.32 亿线上观众观赛，成为"火遍全球"的电竞赛事和游戏盛会。2023 年 10 月，沙特宣布启动电竞世界杯，希望加强其在全球电竞生态系统中的地位。

阿联酋的迪拜作为集旅游、文化、时尚、购物、航空枢纽于一体的国际城市，是中东国家经济转型的一个缩影。凭借落地多项国际电竞赛事，迪拜电竞发展持续向好。2019 年 10 月，总部位于迪拜的 W Ventures 公司宣布将投资 5000 万美元，在中东和北非开发电竞和游戏生态系统。迪拜计划建造专门的电竞体育场。总部位于韩国的国际电子竞技联盟（IeSF）与阿联酋的 Motive 媒体集团也在推进中东的电竞服务。在迪拜世界贸易中心举办的 2022 全球电子竞技巡回赛上，国际电子竞技联合会（GEF）首席执行官保罗·福斯特宣布，迪拜将在 2025 年承办全球电子竞技运动会。

（三）创新融合发展，产业辐射带动能力强

从全球来看，电子竞技在跨界融合方面表现出强大的生命力，对影视、旅游、科技、文化创意等的多方联动发展有极大推动作用。在此背景下，以电竞 IP 为核心的线上线下新业态在带动新就业、提供新娱乐、创造新价值等方面发挥重要作用。

1. 电竞直播

全球范围内，短视频、直播等带动普通观众涌入游戏电竞直播领域。无论是职业电竞选手的日常网络直播活动，还是普通玩家或带货网红的直播视频都在不断增多。Newzoo 数据显示，2022 年全球游戏直播观众较 2021 年增长 13.8%，达到 9.212 亿人，几乎是电竞观众的两倍。Newzoo 认为，"Co-streaming" 将成为厂商和赛事方扩大用户规模的有效工具，拥有广泛的应用前景。"Co-streaming" 类似国内曾经提及的 "共创" 概念，即在官方的直播间之外，运营者与部分第三方平台、高人气主播合作，基于不同类型的内容，拓宽合作渠道。而版权方并不需要像过去一样支付商务费用，主播也无须支付转播费用，直播间的收入完全归主播所有①。例如，在《无畏契约》大师赛期间，明星主播 Shroud 的直播间人气甚至超过了官方频道，拳头游戏没有给 Shroud 支付商务费用，Shroud 也无须支付版权费用，并且收入全部归他所有。

2. 电竞影视

基于电竞内容进行创作的电竞小说、电竞综艺、电竞影视剧等文娱作品不断涌现，在全球掀起关注热潮。如拳头游戏和 Fortiche Production 负责制作的《英雄联盟》游戏改编动画《英雄联盟：双城之战》2021 年 11 月在 Netflix 和腾讯视频播出，剧集内容收获 IMDB9.4 的评分，其全球主题曲

---

① 杨直. 来自 Newzoo 的提醒：基于关系的 "Co-streaming" [J]. 电子竞技，2022（7）：46−49。

《Enemy》位列 Spotify 播放量最高歌曲榜第七，其中文主题曲《孤勇者》上榜腾讯音乐榜 2021 年度 10 大歌曲。

此外，Paramount+（派拉蒙）以仿电竞纪录片形式拍摄的《英雄联盟》电竞赛事主题剧《Players》，聚焦北美 LCS 联赛讲述电竞俱乐部和电竞选手的故事，受到北美地区观众广泛认可。Parrot Analytics 的收视数据显示，《Players》的需求量是美国观众的平均需求量的 4.4 倍，峰值为 7.8 倍。而从国内来看，电竞主题相关的大热影视作品《你是我的荣耀》《全职高手》《穿越火线》等，全网播放总量近 200 亿次。2022 年腾讯视频、英雄体育 VSPO、《王者荣耀》联合出品的电竞实训节目《战至巅峰》累计 36 次登上新浪微博热搜话题，相关话题阅读量超 20 亿次。

对于需要追求更广泛认同的电竞产业来说，影视剧、综艺是当仁不让的出圈手段，而对电竞 IP 方来说，影视剧也可以成为商业化的抓手。但归根到底，优质的内容是一切的前提。正如《Players》导演 Yacenda 所说："我们的目标不是要提高 LCS 的收视率，而是要让不懂电竞的观众认真对待电竞。我想做出一些东西，让电竞粉丝可以拿给自己的父母看，用来解释什么是电竞。"

3. "电竞+消费"场景

在以电竞 IP 为核心的线下消费场景创新方面，中国的电竞网馆、电竞餐饮、电竞酒店、电竞文旅等受到全球关注。电竞文化与实体产业的融合发展，是当前中国电竞生态中较为引人注目的特征之一。网吧设备租赁与酒店行业的结合，为电竞爱好者提供了竞技交流及小型电竞赛事举办的场所。

4. 电竞文旅

借助电竞提升一个国家、一个城市的旅游吸引力是当前电竞产业在世界各国兴起的重要原因之一。世界各国不少城市十分看重电竞给城市带来的积极价值，争相打造"电竞之都"。各个城市不断扩大电竞基础设施建设、举办赛事，以行业和赛事促进城市发展，以城市资源反哺电竞和游戏发展。

时任柏林市长的穆勒 2021 年在接受德国《每日镜报》采访时曾表示①，电竞能够改变城市，相关赛事的举办能吸引成千上万的游客，每天

---

① 环球时报. 欧洲如何打造"电竞之都"？[EB/OL]. https：//world. huanqiu. com/article/41WEcjmyiiK。

消费达数十万欧元，电竞俱乐部也能增加就业、丰富生活。斯德哥尔摩、科隆、巴黎、布加勒斯特、布达佩斯等城市同样致力于电竞在本地的发展。以波兰的卡托维兹为例，这座人口仅30万的波兰煤炭小镇自2012年起与ESL合作，已连续11年举办全球瞩目的IEM Katowice电竞赛事。曾经的"波兰煤都"通过举办电竞赛事成功转型，受到全球电竞粉丝争相追捧（见图3）。

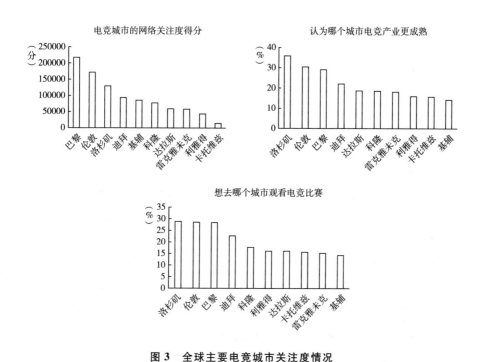

图3　全球主要电竞城市关注度情况

资料来源：企鹅有调针对北上广深四个一线城市的定向调研中，全体电竞用户的评价。

在中国，上海、北京、广州、深圳等一线城市也纷纷发展电竞行业，与游戏厂商、电竞企业、俱乐部、直播平台等产业链各方形成深度合作，围绕产业孵化、赛事落地、人才培养、消费融合等进行电竞城市开发建设，以此助力区域经济增长，为城市文化名片增加新内涵。

（四）促进对外交流，成为文化软实力象征

从宏观层面来看，作为承载全球青年群体强烈情感认同的新兴数字文化活动，电竞扮演着对内情感凝聚、对外文化交流的重要角色。全球范围内，游戏、电竞以其线上线下强交互的独特属性，让用户与用户、用户与电竞之间建立起更加广泛而强烈的情感连接，促进人与人、文化与文化之间的交流互动。尤其依托赛事实现跨国交流的电竞活动，真正成为各国人际往来、文化交流的通道和纽带。在此背景下，电子竞技逐渐被视为各个国家的文化软实力符号之一。

1. 重现历史遗迹

2022年欧洲议会通过的一项决议认为，游戏、电竞是一种汇聚了电影、图形艺术、音乐和戏剧等技术的综合性艺术形式，而且这种"艺术形式"具有广泛的触达范围，世界各地的玩家受众可以实现跨文化、跨国家交流。此外，游戏和电竞的叙事可以通过3D重建历史遗迹和场景等方式，为欧盟展示其丰富历史和遗产提供更多空间，成为宣传欧洲历史、文化传统和价值观多样性的有力载体，为"欧盟软实力作出贡献"。

2. 促进文化交流

企鹅有调等发布的《2022年亚洲电竞运动行业发展报告》显示，66.3%网民认同电竞能促进国家层面的文化交流。通过不同人群的认同度比较，最大的差异体现在电竞用户和非电竞用户的认知上，差异大于不同性别、年龄、学历、地域群体之间对这一观点的认知。增进电竞作为国际化沟通语言的认同，关键在于大众群体的行业普及，以体验促进认知，以认知促进认同。同时，在促进大众认知之外，也期待中国电竞产业夯实产业基础，推动文化传播，在国际舞台上积极贡献"中国经验"。

3. 展示文化元素

针对海外五国的问卷调研结果显示，受访者对中国丰富的历史文化认可度较高，且电子竞技已经成为其了解中国文化的重要途径。

数据显示，在国外有关中国的描述认同度上，海外大众多数对中国丰富的文化表示认可，平均分值为4.03分。除此之外，观光旅游也得到了较高认同，中国被认为是值得一去的旅游目的地，认同度得分为3.8分。海外观众在观看电竞比赛的过程中，中国传统节日成为关注焦点，占比高达51.3%。同时，中国服饰、中国建筑及中国历史人物等元素的关注度亦位居前列，各自占比为39.3%、35.8%、32.9%。此外，中国语言及文字、中国乐器、中国音乐、中国地理和其他与中国文化相关的中国特色元素亦通过电竞项目展示,在海外电竞观赛过程中引发关注(见图4)。

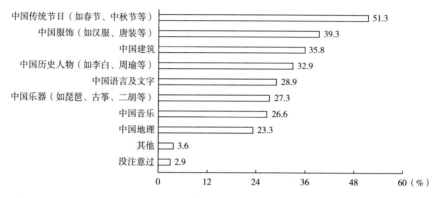

图 4 国外观看电竞比赛对中国文化元素的关注度

(五) 政府态度积极,制定长期性发展战略

电竞正在成为全球最具潜力、发展最为迅猛的新兴体育形态。其经济、文化、社会、体育等多元价值越来越受到各国政府的重视。法国总统马克龙穿着 VIT 队服并举办电竞选手招待会,俄罗斯总统普京向 TI10 冠军 Team Spirit 发贺电等充分说明,各国高层以实际行动表达了对本国电子竞技发展的关切。更重要的是,各国政府正在纷纷制定和公布有关电子竞技的长期发展战略,推动电竞创新、健康、有序、可持续发展成为共识。

1. 欧洲国家

2022 年 11 月 10 日,欧洲议会正式通过一项有关电竞和电子游戏的决议,敦促相关机构制定长期的电竞和游戏战略,希望从资金、人才等多个方面扶持欧盟电竞和游戏参与者以及整体生态的发展。而在此之前,法国、英国、德国、丹麦等欧洲国家自 2019 年起就已出台电竞发展的相关战略。

2019 年,法国经济、财政与工业部发布《2020—2025 年电子竞技战略》明确提出,到 2025 年使法国成为欧洲电竞的领导者,并成为世界上电竞领先的国家之一。法国总统马克龙在 2022 年的连任竞选宣言中也透露了电竞产业在法国未来的发展规划。他声称要将法国打造为"电竞国度",除了积极促成 CS:GO Major 在巴黎的落地外,法国将努力申办 2024 年英雄联盟和 DOTA2 的全球总决赛。以实现电子竞技体育与传统竞技体育在 2024 年巴黎奥运会的全面呼应。

2019 年，英国电子竞技协会发布了 2022 年的愿景规划，明确指出提高英国电竞的知名度、提高英国电竞的标准、激励未来电竞人才三个核心目标。在 2022 年 8 月的英联邦运动会上，电竞比赛首次成为其正式比赛项目，这在亚洲以外尚属首次。英国西米德兰兹郡与国际电子竞技联合会（GEF）签署了一份长达 10 年的战略合作协议，该协议涵盖大型赛事举办、电竞人才培养以及相关大学的电竞教育课程开发。

德国于 2019 年推出全球首个电竞专用签证，其电子竞技联盟致力于让电竞成为一项体育运动。总部位于科隆的 ESL Gaming 每年在全球举办 50 多个赛事，举办 13000 场比赛。

2019 年起，丹麦政府投入价值近 1000 万元人民币的资金用以加强丹麦作为区域性电子竞技国家的地位，并制定了国家级电竞发展战略。丹麦著名的第三方赛事品牌 BLAST，积极在西班牙、葡萄牙等国开展活动。

2020 年，乌克兰职业电子竞技协会发布五年电竞发展战略，目标包括每年为乌克兰电竞和游戏产业吸引约 2000 万美元的投资，使电竞在乌克兰成为仅次于足球的第二大运动等。

2. 中东国家

中东国家发力电竞产业主要基于经济转型需求。一些国家希望通过电竞吸引年轻人，促进经济多样化发展，减少对石油产业的依赖。中东多国政府认为，电竞产业是吸引年轻人口的关键行业。目前，阿联酋、沙特等中东国家正在大力投资技术基础设施，并推进移民政策等"软基础设施"，以支持电竞生态系统良好发展。

2022 年，首届迪拜电子竞技节（Dubai Esports Festival，DEF 2022）由英雄体育 VSPO、迪拜经济和旅游部及迪拜展览中心联合主办。阿联酋除了培养迪拜和其他地方的电子竞技社区，DEF 2022 成为迪拜电竞赛事和游戏行业的一个不可或缺的元素。为巩固迪拜作为全球技术、创新、创业和活动中心的地位，阿联酋发布《迪拜创意经济战略》，旨在支持迪拜创意创业的增长。

沙特王储萨勒曼在 2022 年 9 月代表沙特政府发布了《游戏和电子竞技国家战略计划书》，提出到 2030 年使沙特成为该领域的全球中心，促进经济多样化、创造就业机会，提供高水平娱乐活动。该战略计划包括三个主要目标，即通过改善玩家体验来提高生活质量，提供新的娱乐机会；为GDP 贡献约 133 亿美元，到 2030 年创造超 3.9 万个直接和间接的就业机会；通过制作 30 多款游戏使沙特在该领域达到全球领先地位，其职业电竞玩家数进入全球前三。

3. 亚洲国家

亚洲各国电竞发展存在较为明显的不均衡、不同步特征。在电子竞技领域，中韩两国发展起步早，无论是端游电竞还是移动电竞，在竞技实力、商业生态等方面都保持较大优势。而东南亚的印度尼西亚、越南、马来西亚等国则属于"跟随者"。但 2020 年以来，东南亚多国凭借移动电竞的发展实现用户快速增长，产业发展势头良好。

总体来看，全球多国开始从国家战略高度审视电子竞技，我国这项工作虽然起步较早，但目前仍以地方性政策法规制定为主，在战略认知及制度顶层设计方面有较大提升空间。

二　中国电子竞技国际化发展的内涵与意义

电子竞技是近十年快速崛起的一个世界性文化现象，在全球拥有庞大的年轻受众。随着电子竞技的全球化，越来越多的人意识到电竞是一种跨越文化和地理边界的活动，许多国家和地区都开始积极开展电竞比赛和电竞文化交流活动。在公平竞争原则指导下的电子竞技运动，能有效促进不同国家、不同肤色、不同民族、不同信仰、不同年龄的群体之间互相理解，加强相互间的友谊和团结。在当前复杂的国际局势中，电竞是提升国际体育话语权，讲好中国故事、传播中国声音的有效渠道之一。

国际性的大型电竞赛事和优秀的国际化电竞游戏产品等电竞产业形态为文化传播提供了绝佳的展示窗口和途径，电子竞技正在成为中华优秀传统文化传播的重要载体和平台，这个平台可以将中国的文化元素推向全球，让世界更好地了解和认识中国。文化兴则国运兴，大力推动电竞国际交流有利于提高国家文化软实力，进一步坚定文化自信。

电竞在文化交流中的价值，主要体现在如下四个方面。

其一，促进文化交融。电竞作为一种全球性的文化现象，为不同国家和地区的人们提供了一个共同的语言和兴趣点。通过电竞比赛和活动，各国选手展现出了独特的风格和文化特色，在比赛中融入了各种文化元素，如音乐、服饰、语言、团队等。这有助于不同国家和地区的文化元素得到推广和宣传，并丰富了电竞活动的文化内涵。

其二，传播文化价值观。团队合作、公平竞争、坚持不懈等竞技属性极大增强电竞赛事观赏性。同时，这些价值观可以通过电竞赛事和游戏内容传播给观众和玩家，对他们的价值观和行为产生积极影响，促进良好的社会道德和价值观念的传承。

其三，促进经济和产业发展。电竞作为一项新兴的产业，对国家的经济发展有着重要的贡献。在国际市场推广和扩大电竞产业，可以吸引外国投资和扩大相关产业链，促进就业和经济增长。同时，电竞赛事吸引了大量的观众和粉丝，他们愿意为了参与或观看电竞赛事而前往不同的国家和地区。这为当地旅游业和相关产业带来了增长和发展的机会，增加了旅游业的收入和知名度，促进了经济的发展。

其四，提升文化软实力。电竞在国际舞台上的成功表现和影响力，可以提升国家的文化软实力。成功的电竞选手和战队成为国家的文化代表，他们的成就和影响力在国际上得到广泛认可。这有助于提升国家的国际影响力，增强国家的软实力，进一步促进国际交流与合作。

总的来说，电竞具有促进文化交流、提升认知理解的作用，提升国家形象和国际影响力，以及推动旅游业和经济发展。通过电竞的发展和推广，国家可以在全球舞台上展示自己的文化魅力和创造力，促进文化的多元发展和共享。它不仅是一种娱乐形式，也是一种文化现象和交流平台。

三 中国电子竞技国际化发展的特点

2017年以来，随着PC、移动设备技术的发展，我国电子竞技进入了快速发展期。《"十四五"文化产业发展规划》中提出，要推动电子竞技和游戏业的融合发展，大力发展沉浸式娱乐体验产品。这意味着我国开始对电子竞技产业的发展给予高度重视，电子竞技产业将迎来新的爆发式增长。中国电竞产业的快速发展吸引了国内外各大赛事和俱乐部的关注，也吸引了全球范围内的电竞爱好者的目光。

近年来，中国电竞国际化发展逐渐成为一个众人关注的热点话题。随着中国电竞行业的不断壮大，越来越多的中国电竞企业和选手走出国门，参加国际比赛。例如，中国战队曾多次参加英雄联盟全球总决赛，取得了不俗成绩，同时也为中国电竞产业打开了一扇走向国际市场的大门。除了电竞战队之外，中国电竞企业也开启了国际化的步伐。中国电竞企业开始在国际市场上寻求合作伙伴，参与国际电竞赛事，并积极开展海外市场拓展工作，尝试与国外电竞公司合作，向海外市场推广中国电竞产品。在此过程中，各家企业也纷纷推出自己的品牌，在国际市场上建立起了一定的知名度。例如腾讯、网易、完美世界等企业已经在国际市场上开辟了自己的市场。这些企业通过拓展国际市场，不仅积累了经验，也为中国电竞行业的发展注入了新的动力。除此之外，中国电竞选手也在国际赛场上获得了不俗的成绩，展现了中国电竞的国际形象。

此外，随着国家政策的引导和支持，中国电竞产业正逐步向国际市场拓展。中国电竞企业和赛事组织纷纷积极参与国际比赛和活动，建立与国外电竞公司合作的渠道，推广中国品牌。同时，国家相关主管部门出台了一系列政策，包括促进产业发展、规范市场秩序、加强人才培养等措施。这些政策的出台进一步推动了中国电竞产业的健康发展，在国际电竞舞台上展现更加强大的实力和影响力。越来越多的海外机构和企业与中国电竞企业展开合作，共同推动中国电竞产业的国际化进程。

中国电竞产业正以惊人的速度和无限的潜力向国际市场迈进，越来越多的中国电竞企业和选手已经踏上了国际化的征程。未来，中国电竞产业将会继续拓展海外市场，发挥电竞在文化"走出去"中的重要作用，展示中国电竞产业的实力和创造力，为世界各国的电竞爱好者带来更多的惊喜和乐趣。

现阶段，中国电子竞技国际化进程呈现以下特点。

其一是快速崛起和快速发展。中国电竞产业自2016年开始迅速发展。从电竞赛事到电竞战队、电竞企业，整个产业生态逐渐完善和发展壮大。一方面，在全球电竞市场中，中国的电竞产业规模快速扩大。据统计，2019年中国电竞产业市场规模达到近1100亿元人民币，占据全球市场份额的54%，中国作为全球电竞最大的市场之一，具有庞大的消费群体和巨大的增长潜力，这也是中国电竞国际化发展的重要基础。另一方面，中国电竞产业的职业化程度高、比赛赛制完备、电竞人才培养体系完善，这使中国电竞从一项文化娱乐活动变为一项产业。同时，中国电竞产业在国际赛事中的成绩也越来越亮眼，赢得全球观众的关注和尊重。

其二是多元化的产品和服务，产业整体实力提升。中国电竞产业近年来发展迅速，涌现出一批具有实力和影响力的电竞企业、战队和选手。中国的电竞产品和服务也在国际上逐渐实现多元化发展，不仅有电子竞技赛事和战队的代表，还有游戏直播平台和电竞培训机构。中国电竞产业的整体实力提升为中国品牌在海外市场赢得认可提供了支持。

其三是强大的技术和丰富的赛事运营经验。中国电竞产业在不断发展和壮大的过程中，积累了丰富的电竞游戏产品制作、设备研发和电竞赛事直转播技术方面的经验，使得中国电竞产业在技术实力和游戏研发领域表现强劲，不仅可以满足国内市场的需求，也为电竞在国际市场中的发展奠定了技术基础。中国电竞赛事公司已经拥有了丰富的赛事组织和运营经验，可以运营具有较高水平、综合性、专业性等特点的大型电竞赛事，如《英雄联盟》全球总决赛等，为电竞在国际市场中的推广和发展提供了有力支撑。

其四是国家层面的政策支持和引导。国家相关部门对电竞产业的政策支持和引导为中国电竞国际化发展提供了有利条件，通过资金支持、举办国际交流活动等举措，为中国电竞企业在海外市场的发展提供了支持和帮助。国家相关部门在规划、政策和法规制定层面积极推动，设定跨境电竞投资、合作和运营的政策导向和优惠政策，为电竞企业提供国际合作和交流的政策保障，创造更加友好的跨境营商环境，同时监管跨境投资和保障合作的合法性和透明度，保障市场公平竞争和消费者权益。促进电竞文化进入国外市场，并扩大中国电竞在国外市场的影响力，加强对本土电竞冠军或联赛的推广与宣传，让更多国际玩家和受众了解和认可中国电竞文化。

总体而言，中国电竞国际化正处于快速发展阶段。中国电竞企业和选手在技术、赛事组织、品牌塑造等方面取得了显著成绩。随着中国电竞产业的不断壮大和国际市场竞争的加剧，中国电竞国际化发展有望继续展现出更多的潜力。

四　中国电子竞技国际化发展的积极探索

全球范围内，亚洲一直是电子竞技发展较为领先的地区，尤其韩国、中国等在竞技氛围、市场规模、产业生态等方面保持着较大优势。Newzoo发布的报告显示，到2022年底，亚太地区电竞收入将达到5.902亿美元，同比增长 17%，占全球收入的 42%。中国市场的收入占全球电竞收入的近三分之一。随着全球电竞新兴市场快速崛起，凭借先发优势和国际化经验，中国电竞国际化探索不断提速。

通过全球化赛事体系搭建、俱乐部国际化运营、赛事内容标准化输出、与国际电竞组织接轨等一系列方式，中国电竞国际化路径正在逐步变得清晰。在 EDG 夺冠、"电竞入亚"等大事件影响下，社会认可度和接受度的提升将使更多的社会资源向电竞产业倾斜，中国电竞国际化发展潜力将进一步提升。

（一）加速搭建全球化赛事体系

赛事是电竞产业的核心，是驱动整体产业发展最关键的因素，对标传统体育赛事运营是当前电竞产业运营的底层逻辑。围绕电竞赛事而产生的版权、赞助、营销、场馆运营等产业链各环节正趋于成熟。基于本土自研电竞项目的全球化赛事体系搭建，是中国电竞国际化探索的最关键一步。

1. 主要项目

中国电竞走向世界涉及的主要项目包括《MLBB》《PUBG Mobile》《AOV》等。目前，与这四款移动电竞项目相关的赛事吸纳各国电竞战队参与，收视率不断刷新，进入 2022 年最受欢迎的电竞项目榜单[①]。

《MLBB》，中文译作《无尽对决》，是一款由沐瞳科技自主研发及发行的多人在线战术竞技类（MOBA）手机游戏。该产品于 2016 年发布，已经面向 200 多个国家和地区发行，全球下载量超过 10 亿次，月活跃用户峰值突破 1 亿人。第四届《MLBB》世界赛（以下简称 M4）共有 16 支战队参赛，覆盖 13 个国家和地区，包括印度尼西亚、菲律宾、马来西亚、新加坡、柬埔寨、巴西、缅甸、土耳其，以及北美地区、拉美地区、中东北非的国家和地区等。M4 共用 12 国语言进行赛事直转播，为全球的电竞观众呈现了一场由中国公司主办的全球电竞赛事盛会。据统计，M4 赛事收视数据再创巅峰，总观看时长超过 7968 万小时，峰值观看用户（PCU）突破 426 万人次，较之 M3 增加 33.5%，这一数据刷新了《MLBB》电竞赛事的 PCU 纪录，排名移动电竞赛事历史第二位，同时进入全球电竞赛事 TOP3。

---

① 数据来源于 Esports Charts，根据赛事观看峰值数据降序排列，不包含中国大陆观赛数据。

《PUBG Mobile》，中文译作《绝地求生》手游（《和平精英》），该项目电竞赛事覆盖全球超 200 个国家和地区，2021 年总观看时长达到 2.17 亿小时，排名全球第五位。2018 年到 2021 年，从举办基础性全民赛事到成功搭建全球职业赛事体系，《PUBG Mobile》先后撬开了东南亚国家和地区、印度、中东地区国家、日韩乃至欧美国家和地区市场的大门。《PUBG Mobile》不仅打造了一个覆盖全球超过 200 个国家和地区的全球性移动赛事，更拥有对应支持业余玩家、半职业选手、职业选手晋升的完整赛事体系。2022 年，《PUBG Mobile》海外收入超过 6 亿美元，海外 App Store 及 Google Play 下载总量预估超过 9000 万次。在亚洲地区（不含中国大陆地区市场）的收入在六大洲中最高，约 2.52 亿美元。在美国地区的收入约为 1.06 亿美元，在所有地区中居首。

《AOV》，中文译作《传说对决》（《王者荣耀》国际版），是一款由腾讯天美工作室和 Level Infinite 共同研发的手游，适用于中国大陆以外市场的 Android、iOS 和 Nintendo Switch 系统。《AOV》是入选 2018 年亚运会、2019 年东南亚运动会、2021 年亚洲室内和武术运动会以及 2021 年东南亚运动会的电子竞技运动项目之一。

2. 重要路径

当前我国移动电竞游戏产品的国际化路径大致可分为三类。一是基于海外成熟端游改编自研的移动端电竞游戏产品，在中国大陆和海外同步发行并构建起全球化赛事体系，最典型如《PUBG Mobile》、《英雄联盟》手游。二是完全针对海外市场需求特点，自行研发与之偏好相匹配的手游，借助手游占领新兴市场并迅速建立起全球化赛事体系，最典型如沐瞳科技的《MLBB》。三是通过代理海外游戏厂商的游戏并同步构建全球化赛事体系，以电竞赛事为平台吸引全球电竞战队同台竞技。以《无畏契约》为例，腾讯在 2022 年底刚拿到游戏版号且游戏尚未上线时，随即开始与选手和战队接洽，计划通过电竞赛事进行全球化长期运营。总体来看，无论是自研电竞游戏产品还是代理电竞游戏产品，我国电竞赛事的全球化体系搭建都在全面提速。

目前，与《MLBB》项目相关的电竞赛事进入中东、南美等地区，全球化进程全面加速。新上线的手游电竞全球化布局也逐步提速，如《英雄联盟》手游上线一年在全球范围内开展 90 多项赛事，吸引超过 6000 支战队参加，官方直播内容时长超 2000 小时，超百万名的全球电竞粉丝贡献了 1000 多万小时的观赛时长。

（二）推进赛事内容制作标准化

从线上传播的维度来看，电竞直播本质上是一个以向观众展现游戏竞技比拼赛况为内容的直转播行业。因此，在电竞赛事体系全球化过程中，处于产业链中游的赛事执行及内容制作企业也纷纷进行全球化布局，持续对外输出中国电竞制作标准。如英雄体育 VSPO 以电竞赛事和泛娱乐内容制作运营为核心，在韩国、马来西亚等国建立电竞制作中心，并承办了 2018 年雅加达第 18 届亚运会电子竞技表演赛、PUBG Mobile 职业联赛等顶级国际电竞赛事。英雄体育 VSPO 围绕赛事导播流程管理、信号传输及本地化定制、虚拟人物实时动作捕捉渲染等形成自研系统及技术标准，以满足多国多地远程同时进行赛事内容制作的需求。随着越来越多的跨国家、跨地区电竞赛事项目的出现，此类赛事内容制作与直转播技术等标准化体系建设，将持续助力我国在推动全球电竞标准化制作进程中发挥关键作用。

（三）加强俱乐部的国际化运营

电竞俱乐部和选手是整个电子竞技生态系统中最核心、最有价值的资源，他们在竞技场上的表现，不仅决定了赛事观赏性，也影响着外界对其所属国的认知。近年来，中国电竞俱乐部和战队在世界赛场上的表现和取得的成绩频频引发关注和热议，如 2021 年《英雄联盟》S11 全球总决赛 EDG 夺冠引发全球瞩目。此外，职业电竞选手在全球不同赛区之间通过转会而引发的人才流通也是推动俱乐部国际化的一个重要原因。目前《英雄联盟》中国赛区与韩国赛区之间的职业选手转会流通非常频繁。

针对海外五国的问卷调研结果显示，即便是在无提示的情况下，受访者对我国电竞战队及选手的认知也处于较高水平。其中，EDG 提及次数高达 290 次、RNG 提及 123 次、上海龙之队（Shanghai Dragon）提及 123 次，位列前三。此外，LNG、IG、LGD、AG、JDG、杭州闪电队（Hangzhou Spark）等提及频次也较高，均超过 50 次（见图 5）。

在选手知晓度方面，在无提示的情况下，海外五国受访者提及频次最高的是简自豪（Uzi）和李晓峰（Sky），频次分别为 88 次和 85 次。此外，

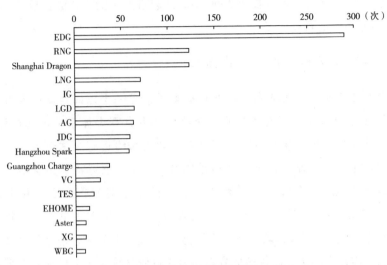

图 5　海外被访者对中国电竞战队认知

王淳煜（Ame Wang）、韦朕（Godv）、张睿达（Faith_bian）等选手提及频次也较高，分别为 65 次、42 次和 35 次（见图 6）。

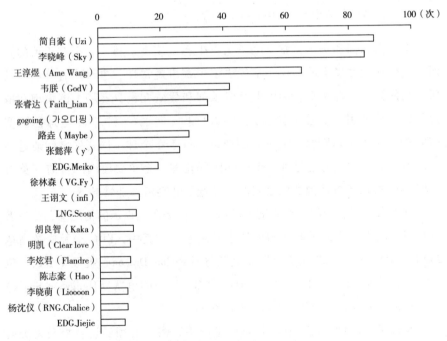

图 6　海外被访者对中国电竞选手认知

这些数据都表明我国电竞俱乐部和选手在国际上已经享有较高的知名度。目前,国内共有22支电竞职业战队在推特开设官方账号(粉丝量总计约130.1万人),反映出我国电竞俱乐部正在尝试进行国际化运营。但从效果来看,近三个月内累计发布8697条推特,被转发28906次、被点赞545422次,传播效能和运营效率都有待提升。

需要关注的是,虽然电竞在中国并不是一个新鲜事物,目前还没有形成一套成熟的商业模式。尤其是电竞俱乐部,作为整个产业链中最关键的要素,从商业运作角度来说,仅仅靠粉丝人气和赛事奖金,难以维持俱乐部的正常运作。无论是面向国内还是国外,探索新的商业模式,如何让俱乐部实现商业化运作,是当前迫切需要解决的关键问题。

（四）积极与国际电竞组织接洽

在电子竞技体育化发展的核心逻辑推动下,我国电竞行业内多个主体积极参与或贴近电竞国际性组织,以此提升中国在电竞规则制定方面的话语权。目前,随电子竞技兴起的国际组织主要包括国际电子竞技联盟(IeSF)、国际电子竞技联合会(GEF)、亚洲电子体育联合会(AESF)等。依托电竞行业内各主体与国际性电竞组织的紧密联系,中国在全球电竞发展的规则制定话语权逐步提升。

国际电子竞技联盟(International e-Sports Federation,IeSF)2008年在韩国首尔成立,最初由韩国、德国等9个国家和地区组成,后来扩展到56个国家和地区,中国也是其成员(2010年国家体育总局信息中心加入该组织)。

国际电子竞技联合会(Global Esports Federation,GEF)。2019年12月在新加坡成立。新加坡全国奥理会秘书长曾成兴(Chris CHAN)当选GEF首任主席,亚奥理事会终身名誉副主席魏纪中等担任联合会副主席。该组织并非由一定数量的国家(地区)会员集体发起,而是个别人士和企业策动,尚无会员加入和活动开展。

亚洲电子体育联合会(Asian Electronic Sports Federation,AESF)是成立于2005年的亚洲新兴电子竞技组织,是亚奥理事会认可的洲际协会。2017年通过换届,中国香港奥委会副主席霍启刚当选主席;在这次换届过程中,中国成为该组织的会员。目前该组织共有25个国家和地区会员。该组织先后推动电子竞技成为雅加达第18届亚运会表演项目和杭州第19届亚运会正式项目。

2022 年，作为电竞国际组织，国际电子竞技联合会（GEF）与欧洲奥林匹克委员会（EOC）建立战略合作伙伴关系。单项体育联合会等组织的建立，也让电竞运动在宏观层面上向传统体育管理靠近，双方交流更加顺畅。随着这一趋势深入，未来入选亚运会、东南亚运动会的电竞赛事项目将逐渐增多。

（五）培育文化贸易竞争新优势

为把握数字经济发展趋势和规律，激活创新发展新动能，推进对外文化贸易高质量发展，更好服务构建新发展格局和文化强国建设，商务部等27 部门于 2022 年 7 月印发《关于推进对外文化贸易高质量发展的意见》。

该文件反映出我国政府有关部门对发展数字文化、扩大出口贸易的高度重视，文件中提及"数字文化"6 次、提及"网络游戏"3 次、提及"电子竞技"1 次。其中，电子竞技作为将重点培育的出口竞争优势领域之一，与游戏、电影、动漫等被共同提及。文件具体表述为"积极培育网络文学、网络视听、网络音乐、网络表演、网络游戏、数字电影、数字动漫、数字出版、线上演播、电子竞技等领域出口竞争优势，提升文化价值，打造具有国际影响力的中华文化符号。"

这不仅反映出国家对电竞发展的强力支持，也标志着电竞将作为国家文化对外贸易的一项重要产品，或将给中国电竞国际化探索带来新的"窗口期"。更为重要的是，该文件也反映出国家对于培育文化贸易竞争新优势的落脚点是"提升文化价值，打造具有国际影响力的中华文化符号"，这给我国电竞国际化发展指明了方向。

五 中国电子竞技国际化的机遇、挑战与策略

随着全球范围内电子竞技发展热潮的兴起，叠加"电竞入亚"、奥林匹克电子竞技周的成功举办，以及线上办赛经验的不断丰富，正在不断向着规范化、产业化发展的中国电竞迎来了走向世界的重要机遇期。

（一）电竞在文化国际传播中的重要机遇

作为全球最大的电竞市场，在中国电竞产业快速发展过程中，各产业

模块都在进行维度升级且相互联动，逐步形成产业内的良性循环。针对海外五国的问卷调研结果显示，多数受访民众认为，中国、韩国等东亚国家的电竞产业发展比较规范、成熟，其次是美国和加拿大等北美国家，以及英国、法国等欧洲国家（见图 7）。这也从侧面反映出中国电竞发展具有较强的先发优势，在一定程度上为电竞产业国际化奠定了基础。

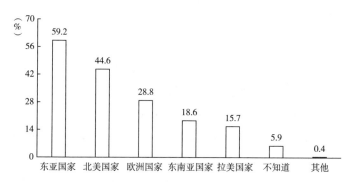

图 7　全球电竞产业发展成熟度认知

　　随着电竞产业链不断细化丰富，其商业价值的提升助推产业壮大。内容授权（游戏研发商、游戏运营商），赛事参与（职业选手、俱乐部、主播解说等），赛事执行（电竞场馆、赛事执行等），内容制作（赛事内容、衍生内容、数据服务等），内容传播（游戏媒体、直播平台等），衍生行业（赞助商、电竞教育、电竞陪练等）等产业链各大模块实现快速发展，在巨大的商业价值牵引下推动产业整体向前发展。无论是内容版权还是商业赞助和俱乐部投资都反映出我国电竞发展的良好势头。此外，国家层面的重视、地方政府的积极扶持，都为电竞产业的健康可持续发展提供了政策保障。

机遇 1：全球新兴市场商业扩张

　　全球电竞复合增长率的放缓、挖掘具有潜力的观众市场、实现非核心观众向核心观众的转换、拓展新的收入方式将会是未来电子竞技在全世界需要面临的新态势。在电竞领域发展迅猛的东南亚地区、南美地区、中东地区等新兴市场，其电竞发展正在迈入中国此前曾走过的高速增长阶段，未来发展潜力巨大。

　　东南亚地区被认为是我国游戏电竞海外最有潜力的市场之一，这里不仅是全球增长速度最快的互联网地区，也是世界第四大游戏市场，文化习惯与中国相近，成为中国电竞的首选之一。目前，我国移动电竞游戏《MLBB》《PUBG Mobile》等在当地取得较大成功。基于网络条件、硬件设备、支付渠道、文化审美等进行的本地化运营是重要的成功经验。

除此以外，南美地区的巴西、阿根廷，中东地区的沙特、阿联酋，南亚地区的印度等也是充满增长活力的新兴市场，也是目前我国电竞产业正在开拓的国家和地区。这些地区的"Z世代"青年群体对于移动电竞的强烈兴趣，与我国在移动电竞发展方面的优势相契合，孕育着新机遇。

机遇2：亚运契机国际交往加强

电子竞技本身是没有国别限制的，参与者从小就能与世界各地的玩家竞技比拼，这种跨文化、跨国家的交流一直是全球电竞爱好者的常态。因此，电竞一直被视为国际交往和文化交流的一门"新语言"。

电子竞技运动成为杭州第19届亚运会的正式比赛项目，推动全球电子竞技市场迎来新一轮增长。在和最高规格洲际运动会的融合过程中，电子竞技在亚洲地区开始牵动更多的相关主体，上到国际性体育组织和各国的主管部门，下到数以亿计的庞大观众，以项目版权方为纽带，正在形成更紧密的关联，并以此形成足以影响亚洲电竞产业未来发展的势能。

以此为契机，电子竞技将在对外文化交流、对内情感凝聚、市场产业影响力辐射、用户生活方式革新等方面扮演着更为重要的角色。而我国电竞行业各主体之间也将更紧密联系，共同就我国电竞国际化发展这一命题展开新交流、形成新共识。同时，在"电竞入亚"契机下我国电竞产业与亚洲其他国家和地区的电竞产业实现强链接，也可帮助国内电竞从业者在俱乐部商业化运作、俱乐部科学管理、职业选手培养体系等方面获取新信息、新经验，从而不断改进国际化发展的方式方法。

机遇3：参与全球电竞规则制定

目前，腾讯、沐瞳等企业在面向全球游戏项目推广、电竞赛事举办等方面形成了一定规模，带动我国自研移动电竞在全球化发展方面取得较大成效。而基于电子竞技向全球展示的国家形象、中华文化也引起各国电竞爱好者的良好感知，可见，电子竞技具备成为文化贸易竞争新优势的潜力。

基于自身电竞发展的丰富经验，以及自研项目在国际上取得的成功，我国在电子竞技全球发展中的规则制定和话语权也占据较大权重。这是未来中国电竞走向世界在更高层面所面临的重大机遇。有业内人士认为，电竞国际化过程中，中国要有从原来规则接受者向规则制定者转变的勇气和魄力。

（二）中国电竞国际化发展面临的挑战

虽然电子竞技在全球拥有广泛的受众基础，但这个产业本身仍处于发展的初级阶段，中国电竞无论是本土发展还是海外拓展都面临诸多挑战：社会层面的电子竞技认知偏差仍然存在，行业层面的商业模式及人才供给等困境有待突破。

挑战1：社会舆论非理性认知风险

社会层面对游戏电竞存在的偏见正在不断消解，但缺乏系统、全面、理性的认知为我国电竞本土发展及海外拓展带来了一定阻力。一方面，社会公众尤其是部分家长对电子竞技的体育竞技精神内核缺乏深入、全面的了解，担忧发展电竞可能对青少年产生不良影响，给政府决策、企业发展造成一定决策负担。另一方面，当前电子竞技带来了民族认同与国家认同，但个别事件中民族主义过激情绪引发的网络冲突及网暴事件偶有发生，恐对电竞国际交往造成负面影响，需要有关部门加以关注和引导。

挑战2：商业模式与人才供给短板

电子竞技正在从一个基于竞赛表演的文化体育产业向拥有更符合社会价值的产业升级。但国内电竞产业仍存在商业盈利模式不清晰（观众基数庞大但流量变现难）、选手选拔培训机制不健全、人才供给缺口较大、假赌赛及饭圈化治理难度大等问题。在"电竞入亚"大背景下，如何推动国内电竞行业规范化发展，为国际化发展持续提供产业势能，成为必须解答的命题。

挑战3：上游产业强监管连带影响

海外媒体关注我国对未成年人游戏时间的规定、对职业电竞运动员的年龄限制等政策，认为这对中国电竞行业发展可能造成职业选手发展断层、国际竞技对抗实力削弱等影响。目前，国内电竞行业内认可"电竞与未成年人脱敏带来的长远发展空间与前景"，但也呼吁针对电竞职业选手培养及青训体系建设开辟未成年人游戏竞技的合规通道，以维持我国在全球电竞实力比拼中的领先地位。

（三）助力中国电竞国际化发展的策略

当前我国电竞国际化发展的积极探索取得一定成效，但整体仍处于起步阶段。在全球电竞浪潮迭起、"电竞入亚"等背景下，继续加强产业化建设、加大政策扶持力度、提升国际传播效能等是助力我国电竞国际化发展的应有之义。

1. 产业层面：夯实基础，善用技术

以电子竞技为载体的文化交流建立在我国电竞产业国际化发展搭建起的沟通桥梁和交往通道之上，因此加强电竞产业化建设、助力产业国际化发展十分关键。只有电竞产业发展好，才能更好发挥其文化交流载体的重要作用。

（1）加强自研 IP 建设，扩大强势项目品类

电子竞技无法回避其本身就是一种以游戏为媒介的竞技性活动的性质，因而电竞产业本身的发展受到游戏 IP 的较大影响。当前全球头部电竞项目仍以欧美端游为主，我国海外电竞项目在游戏原创性、玩法设计等方面略微趋同，需要加强自主研发，推出更多本土原创竞技游戏。同时，扩大在全球头部电竞项目中的竞技优势，也是借助俱乐部和选手拓展文化交流界面的重要渠道。目前，中国电竞俱乐部及职业选手处于优势地位的电竞项目品类相对单一，对于欧美热衷的 FPS 类电竞赛事参与度相对较低，在一定程度上阻碍了文化交流。

（2）注重本地化运营，提升市场占有率

电子竞技用户呈现显著的多样性特征，有先发优势的中国电竞企业在通过电子竞技共性打破文化壁垒的同时，也要重视本地化的运营和发展，才能真正激活新兴市场的潜力。以沐瞳科技的《MLBB》为例，基于低端机型和慢网速的游戏适配、与当地政府的良性沟通关系、对各国文化偏好的差异化处理、对电竞内容生态的维护等，沐瞳科技通过"游戏+电竞"的全方位本地化服务在东南亚取得巨大成功，并向其他国家和地区拓展。

（3）善用数字技术，提高专业化水平

无论是线上赛事内容直转播还是线下沉浸式观赛氛围的打造，都离不开对新型数字技术的运用。近年来，AR、VR、5G 等新技术在电竞赛事直转播中的运用实现了虚实环境的完美融合。科技创新运用为电竞产业发展

构筑更高行业壁垒，为其独立于游戏产业、带动传统体育项目电竞化提供了强大助力，成为基于数字技术运用不断提升电竞赛事内容制作、直转播等专业化水平的有效路径。

2. 政策层面：加大扶持，培育生态

中国电竞走向世界面临复杂的国际环境，除了市场主体自身的努力之外，国家在政策层面的帮扶和生态建设也必不可少。

（1）优化国内生态，完善电竞管理机制

国内市场是电竞产业的根基所在，因此，通过政策为电竞企业构筑一个有利的国内生态十分重要。这一方面需要有关部门在融资、税收、人才培养和对外投资方面出台细化政策，构筑产业集群；另一方面也需要进一步优化监管，完善电子竞技管理制度和监管流程，为国外电竞产品引进、大型赛事审批、产业数据权威统计、电竞科研体系建设等提供支持，为电竞产业生态创造有利于提升其工业化生产能力的友善监管环境。

（2）加强指导，协调解决海外难题

国际环境错综复杂，各国在文化环境、隐私和数据监管、青少年保护等方面差异性大，国际地缘政治冲突风险层出不穷。电竞走向世界与其他产业同样面临的一大难题是对目标国及目标区域的政策、法律、文化等方面的把握不足，建议国家有关部门积极协调我国驻外机构及组织团体，为相关企业提供政策法律援助。同时，也需要强化国家对重点企业的对接指导机制，为电竞企业开拓国际市场提供精准帮助。

（3）搭建沟通平台，促进电竞国际交流

2022年7月18日，商务部等27部门印发的《关于推进对外文化贸易高质量发展的意见》提出加强与各国及政府间国际组织交流合作，拓展文化贸易发展空间，为企业合作搭建平台、创造条件，有关部门也可以牵头与友好国家，特别是共建"一带一路"国家建立文化交流机制，为国内电竞企业与当地同行创造文化交流、互通需求和跨境咨询等服务。

3. 传播层面：加强引导，提升效能

不管是在国内还是国外，我国电子竞技的影响力都是不容忽视的，但如何客观全面地传播其价值值得思考。

（1）对内引导理性认知

基于体育运动的基本传播规律和竞技体育精神，结合互联网属性，建立电子竞技领域专业、权威的传播体系势在必行。应从中央媒体出发，辐射具有新闻出版资质的主流媒体，影响更多社交网络和网络平台内容创作者，形成有监管和监督保障，有温度和深度内容能力，有正向价值传播使命的电子竞技赛事及其衍生内容传播体系。在此过程中，树立优秀电竞从业者的榜样，引导电竞赛事观众，尤其是未成年电竞观众，正确认识电子竞技行业。只有整个行业及全社会形成对于电子竞技的理性认知，才能更好推动我国电竞走向国际舞台。

（2）对外讲好中国故事

目前，中国电竞的对外传播主要以对赛事组织方、电竞俱乐部等的赛况赛果自发传播为主，缺乏权威媒体和行业各主体的协同传播。一方面，建议具备对外传播专业水准及资源的权威机构，加强与电竞行业的对外传播合作，利用现有对外传播渠道为中国电竞企业提供助力。另一方面，权威机构可牵头开展面向电竞领域的对外传播系统性培训，提升行业内厂商、赛事、俱乐部等各主体的对外传播叙事水平。此外，国外 G2 等俱乐部面向中国市场的社交媒体运营及粉丝维护值得学习借鉴，应探索合规途径增强我国电竞俱乐部、选手及粉丝在全球舆论场的活跃度，为讲好中国故事提供助力。

主要参考文献

［1］孙立军，刘跃军．中国游戏产业发展报告2020［M］．社科文献出版社，2020．

［2］夏清华．电子竞技商业模式［M］．武汉大学出版社，2019．

［3］常任琪，薛建新．美国和韩国电子竞技产业发展及启示［J］．体育成人教育学刊，2020，36（02）：56-59．

［4］郑夏童，高崇悦．基于SWOT分析模型的我国电子竞技赛事发展策略探究［J］．当代体育科技，2018，8（10）：183-184．

［5］《2022年全球电竞与游戏直播市场报告》．Newzoo，2022．

［6］戴金明．我国电子竞技体育化嬗变中的难点探析［J］．广州体育学院学报，2021，41（06）：27-31．

［7］李健，范安辉，谭建辉等．后疫情时代我国电竞运动产业发展趋势与推进思路［J］．浙江体育科学，2021，43（06）：63-69．

［8］徐田浩，王龙飞．体验经济视野下我国电子竞技产业的结构升级研究［J］．辽宁体育科技，2021，43（06）：53-58+64．

［9］杨越．新时代电子竞技和电子竞技产业研究［J］．体育科学，2018，38（04）：8-21．

［10］杨越．电子竞技和电子竞技产业的基本介绍与思考［A］．中国体育科学学会．第十一届全国体育科学大会论文摘要汇编［C］．中国体育科学学会，2019：1．

［11］易剑东．中国电子竞技十大问题辨识［J］．体育学研究，2018，1（04）：31-50．

［12］彭雪莲．我国电子竞技产业商业模式研究［D］．湖北省社会科学院，2019．

［13］曲华丽，张源，何金廖等．电竞战队全球合作网络空间结构及其

影响因素 [J]. 热带地理, 2023, 43 (04): 636-645.

[14] 周忠, 周颐, 肖江剑. 虚拟现实增强技术综述 [J]. 中国科学: 信息科学, 2015, 45 (02): 157-180.

[15] 孙勤燕, 刘才金. 韩国电子竞技发展的特点及其对我国的启示 [J]. 体育科技文献通报, 2020, 28 (06): 120-121+124.

[16] 马中红, 刘泽宇. "玩"出来的新职业——国内电子竞技职业发展考察 [J]. 中国青年研究, 2020 (11): 20-28.

[17] 江小涓. 体育产业发展: 新的机遇与挑战 [J]. 体育科学, 2019, 29 (7): 3-11.

[18] 孙瑜康, 吕爽, 崔丹. 区域知识基础理论及其对中国区域创新的启示 [J]. 科学学研究, 2022, 40 (2): 366-375.

[19] 王凯. 新时代体育治理体系与治理能力现代化建设的政府责任——基于元治理理论和体育改革实践的分析 [J]. 体育科学, 2019, 39 (1): 12-19.

[20] 高小平. 国家治理体系与治理能力现代化的实现路径 [J]. 中国行政管理, 2014 (01): 9.

[21] 刘玉, 朱毅然. 新时代我国体育治理的经验审视、时代使命与改革重点 [J]. 天津体育学院学报, 2021, 36 (01): 1-11+36.

[22] 童隆. 电子竞技飞速发展影响下的青年择业 [J]. 人民论坛, 2020 (03): 120-121.

[23] 高照钰. 促进电竞产业发展的税收政策研究 [J]. 税务研究, 2020 (06): 110-113.

[24] 李宗浩, 王健, 李柏. 电子竞技运动的概念、分类及其发展脉络研究 [J]. 天津体育学院学报, 2004 (01): 1-3.

[25] 钱亦舟. 电子竞技产业发展思考 [J]. 体育文化导刊, 2015 (08): 118-123.

[26] 铁钰, 赵传飞. 中国电子竞技产业研究 [J]. 体育文化导刊, 2017 (07): 100-104.

[27] 陈东. 中国电子竞技产业发展研究（1996-2015 年）[D]. 山东大学, 2016.

[28] 李宗浩等. 电子竞技运动概述 [M]. 人民体育出版社, 2005.

[29] 罗宇昕，李书娟，沈克印．体育竞赛表演业的数字化革命：电子竞技职业化的时代困境和未来展望 [J]．中国体育科技，2021，57（03）：93-97．

[30] 戴炎森．电竞简史：从游戏到体育 [M] 上海人民出版社，2019．

[31] 恒一，陈东．电子竞技产业分析 [M]．江苏人民出版社，2017．

[32] 胡文强，李思民，刁嘉慧．我国电子竞技运动发展思考 [J]．四川体育科学，2019，38（3）：111-113，117．

[33] 秦春莉，罗炯，孙逊等．社会资本因素对青少年健康行为的影响研究 [J]．中国体育科技，2016，52（02）：105-114．

[34] 刘士儒．上海市闵行区青少年社会资本状况及其与健康行为关系的研究 [J]．中国儿童保健杂志，2018，26（07）：781-783．

[35] 蒋毅，孙科，熊双．中国电子竞技发展困境的文化阐释 [J]．成都体育学院学报，2022，48（01）：49-54．

[36] 黄鑫．体育法治视域中的电子竞技 [J]．南京体育学院学报，2015（6）：48-52．

[37] 任海．身体素养：一个统领当代体育改革与发展的理念 [J]．体育科学，2018，38（3）：3-11．

[38] 路云亭．从颠覆到再造：电子竞技在中国的存在维度 [J]．体育学研究，2018，1（4）：51-57．

[39] 赵瑜佩，林仲轩．中国电子竞技产业文化概论 [M]．浙江大学出版社，2022．

[40] 耿梅凤．电子竞技归属论 [J]．体育文化导刊，2013（12）：145-148．

[41] 陈昭宇．中韩两国电子竞技俱乐部管理对比研究 [J]．贵州体育科技，2017（01）：13-16

[42] 何威，曹书乐．从"电子海洛因"到"中国创造"：《人民日报》游戏报道（1981-2017）的话语变迁 [J]．国际新闻界，2018，40（05）：57-81．

[43] 游继之，布特．我国电子竞技产业链发展现状及前景研究 [J]．吉林体育学院学报，2018，34（03）：56-62．

[44] 郑敏慧．电竞赛事直播中的著作权主体研究 [J]．网络法律评

论，2017，21（01）：3-15.

[45] 2022年全球电竞与游戏直播市场报告［R］. Newzoo，2022.

[46] 2022年中国电竞行业研究报告［R］. 艾瑞咨询，2022.

[47] 2022年中国体育赛事IP商业化研究报告［R］. 艾瑞咨询，2022.

[48] 2022中国游戏产业未成年人保护进展报告［R］. 中国音数协游戏工委，中国游戏产业研究院，伽马数据，2022.

[49] 2022年中国电竞产业报告［R］. 中国音数协游戏工委，中国游戏产业研究院，伽马数据，2022.

[50] 2022年中国电子竞技用户行为研究报告［R］. iiMedia Research，2022.

[51] 2022年亚洲电竞运动行业发展报告［R］. 腾讯电竞，2022.

[52] 李爱年，秦赞谨. 网络游戏直播监管困境的法律出路［J］. 中南大学学报：社会科学版，2019，25（5）：9.

[53] 李润泽. 网络直播中的互动探析——斗鱼平台"炉石传说"专区中的互动仪式链 理论模型及理论延展［J］. 科技传播，2021，13（9）：4.

[54] 郑夺. 电子竞技概论［M］. 清华大学出版社，2022.

[55] 超竞教育，腾讯电竞. 电子竞技赛事运营与管理［M］. 高等教育出版社，2021.

[56] 孙博文. 电子竞技赛事与运营［M］. 清华大学出版社，2019.

[57] 张轩. 电子竞技史［M］. 电子工业出版社，2019.

[58] 段鹏等. 电子竞技产业概论［M］. 中国传媒大学，2022.

[59] 宣澍，于耀翔，邰峰. 元宇宙与电子竞技产业融合发展的时代机遇、应用前景、风险挑战与对策建议［C］//中国体育科学学会体育信息分会. 2022年第十四届全国体育信息科技学术大会论文摘要汇编，2022：1.

[60] 杨怀民. 电子竞技运动在新媒体时代的形象塑造［J］. 科技传播，2022，14（22）：93-96.

[61] 吕承志，王震，陆瑶等. 浅析我国电子竞技赛事传播的特点及启示［J］. 科技传播，2022，14（14）：121-125+129.

[62] 袁嘉庚. 在亚运会视域下国内电子竞技发展现状分析——以英雄联盟为例［J］. 当代体育科技，2022，12（16）：191-194.

[63] 王祁. 王者荣耀职业联赛（KPL）观众观赛动机对行为意向的

影响分析［D］.上海体育学院，2022.

［64］张梦莹，朱学强，郑阶财.基于SWOT-PEST模型下中国电子竞技发展的现实审视及发展战略［J］.辽宁体育科技，2022，44（03）：62-68.

［65］张利，张泇豪.新时代电子竞技产业发展研究——以王者荣耀为例［J］.文体用品与科技，2022，No.489（08）：196-198.

［66］张良驯，范策，赵丹丹.电子竞技对青年发展的影响及治理对策［J］.青年学报，2022，No.158（02）：57-67.

［67］刘福元.电子竞技场域中政府主体的身份转型与路径重设——从"举办和参与"到"监管和服务"［J］.上海体育学院学报，2021，45（02）：32-42.

［68］陈莱姬.电竞资本论.华东师范大学出版社.2022.

［69］王涛.我国电子竞技产业发展探究［J］.对外经贸，2022，333（03）：60-62.

［70］解伟超，于秋芬.我国电子竞技发展现状及对策研究［J］.产业与科技论坛，2022，21（05）：12-13.

［71］郭琴.电子竞技几个基本问题的理论综述［J］.广州体育学院学报，2021，41（06）：32-36.

［72］徐伟轩.电子竞技赛事的组织与管理探索——以2021《英雄联盟》全球总决赛为例［J］.产业创新研究，2021，75（22）：63-65.

［73］康益豪，王相飞，王真真.我国电子竞技赛事新媒体传播的现状、问题及优化策略［J］.哈尔滨体育学院学报，2021，39（06）：52-57.

［74］黄露漫，朱晓东.电子竞技直播平台的现状与对策分析［J］.中阿科技论坛（中英文），2021，30（08）：46-48.

［75］鲍文轩，李凤新.我国电子竞技市场发展因素分析［J］.体育科技文献通报，2021，29（08）：140-141+144.

［76］马宏智，钟业喜，张艺迪.中国电子竞技产业地理集聚特征及影响因素［J］.地理科学，2021，41（06）：989-997.

［77］孙天阳，杨丹辉.新兴产业最新研究进展及展望——一个文献综述［J］.产业经济评论，2022（1）：105-122.

［78］刘注丰，王兵，郭梦麒等.长江经济带体育产业发展相关研

究——以电子竞技产业为例［C］//中国体育科学学会体育产业分会．第三届长江经济带体育产业发展论坛论文集，2021：1.

［79］曾健博，马成国．长江经济带电子竞技赛事发展研究［C］//中国体育科学学会体育产业分会．第三届长江经济带体育产业发展论坛论文集，2021：1.

［80］王筱卉，宋芹，王一淳．电子竞技蓝皮书：中国电子竞技产业发展报告（2022）［R］．社科文献出版社．2022.

［81］黄琦，罗怡静，陈诗翊．社会工作视域下青少年电竞防沉迷研究［J］．社会政策研究，2023（01）：69-83.

［82］Ron Gard, Elizabeth Townsend Gard, Video Games and the Law, New York：Routledge，2017. 352. Cornish, Intellectual Property：Patents, Copyright, Trade Marks and Allied Rights（3rd Edition）, London：Sweet & Maxwell, 1996.

［83］Drew S. Dean. Hitting Reset：Devising a New Video Game Copyright Regime［J］. University of Pennsylvania Law Review, 2016, （164）. Paul E. Salamanca. Video Games as a Protected Form of Expression ［J］. Ga. L. Rev. , 2005, （40）.

［84］Kevin P. Hales. A Trivial Pursuit：Scrabbling for a Board Game Copyright Rationale［J］. Seton Hall Journal of Sports and Entertainment Law, 2012（22）.

［85］Stokey, N. , and R. Lucas, Recursive Methodsin Eonomic Dnamics. Cambridc y ge, MA：Harvard University Pess, 1989.

［86］Kubler, F. , and H. Polemarchakis. Stationary Markov Equilibria for Overlapping Generations［J］. Economic Teory, 2004, 24, 623-643.

［87］Mas-Colell, A. , and J. Nachbar, "On the Finitenessofthe Numberof Critical Equilibria, With an Application to Random Selections," Journal of Mathematical Eonomics［J］. 1991, 20, 397-409.

［88］Brickell A. Addressing integrity and regulatory risks in esports：The responsibility of the whole esports community［J］. Gaming Law Rev, 2017, 21（8）：603-609.

［89］Niedenthal P. M., Barsalou L. W., Winkielman P., et al. Embodiment in attitudes, social perception, and emotion [J]. PersSoc Psychol Rev, 2005, 9 (3), 184-211.

[90] Skubid A. D. Can some computer games be a sport? Issues with legitimization of eSport as a sporting activity [J]. Int J Gaming Comput Mediat Simul, 2016, 8 (4): 38-52.

[91] Seo Y., Jung S. U. Beyond solitary play in computer games: the social practices of eSports [J]. J Consum Culture, 16 (3): 635-655.

[92] Witkowski E. On the digital playing field: how we "do sport" with networked computer games [J]. Games Culture, 2012, 7 (5): 349-374.

[93] Kilian Kramer, David Wagner, Barbara Scheck. Reaping the digital dividend? Sport marketing's move into esports: insights from Germany [J]. European Journal of International Management, 2021, 15 (2-3).

[94] Fiore Roberto, Zampaglione Domenico, Murazzi Eleonora, Bucchieri Fabio, Cappello Francesco, Fucarino Alberto. The eSports conundrum: is the sports sciences community ready to face them? A perspective. [J]. The Journal of sports medicine and physical fitness, 2020, 60 (12).

[95] 70% of Video Game Developers Not Interested in NFT Gaming [J]. M2 Presswire, 2022.

[96] Pinero Rocio Banos. "Video Game Localisation." TRANS [J]. Journal of Specialised Translation, 2012 (18).

[97] Gao Zan, Zeng Nan, McDonough Daniel J, Su Xiwen. A Systematic Review of Active Video Games on Youth's Body Composition and Physical Activity. [J]. International journal of sports medicine, 2020, 41 (9).

[98] Sousa Caio Victor, Fernandez Austin, Hwang Jungyun, Lu Amy Shirong. The Effect of Narrative on Physical Activity via Immersion During Active Video Game Play in Children: Mediation Analysis. [J]. Journal of medical Internet research, 2020, 22 (3).

[99] Mark R Johnson, Yinyi Luo. Gaming-value and culture-value: Understanding how players account for video game purchases [J]. Convergence: The International Journal of Research into New Media Technologies, 2019, 25 (5-6).

后 记

为深入贯彻落实习近平总书记关于推动数字经济健康发展等重要指示精神，依据中共中央、国务院发布的《国家创新驱动发展战略纲要》，中共中央办公厅、国务院办公厅发布的《关于加强中国特色新型智库建设的意见》等重要文件精神，中央广播电视总台成立"中央广播电视总台国家电子竞技发展研究院"（以下简称"研究院"），旨在建设新时代中国特色新型电竞智库及实践平台，吸引全球电竞产业要素集聚，发挥总台对电竞新业态、新趋势的引领作用。

（一）目标定位

研究院为总台构建电子竞技新业态平台的运营抓手及实施载体，将依托总台优质资源，以平台化策略，整合相关项目及业务；以产业化运作，推动总台在电竞领域开展前瞻性的战略布局。以此为窗口，与电子竞技行业上下游产业生态形成刚性连接，形成对全球电竞要素和资源的吸引力，开创性地打造具有国际一流电子竞技产学研用平台。研究院将充分利用电竞聚集各国年轻一代，把电子竞技与讲好中国故事结合起来，发挥其连接各国、沟通世界、传播中华文化的特殊作用，助力营造更加具有亲和力、充满希望、充满活力的大国形象，不断提升对外传播效果。

（二）职能范围

研究院将坚守总台作为党的意识形态重镇和国家广播电视台的职责定位，通过正面引导，增进社会共识，引领电竞文化正向传播，助力政府管理和社会治理，有效做好政策解读，推动电竞产业健康发展。同时，将充分把握电子竞技行业当前形势和面临的机遇挑战，结合总台媒体资源和品牌优势，以"电子竞技+"推动与技术、文旅、影视、文创、传播等相关产业的创新融合，助力构建复合多元的产业生态体系。此外，研究院将探索发起成立全国性或国际性电竞体育组织机构，引领行业健康、高质量、可持续发展，提升我国电竞主体在全球电竞发展中的话语权。

（三）功能价值

研究院将承担传播、商业、示范、赋能、国际化等五大功能，具体如下。

一是传播功能。依托总台的传播优势和内容制作优势，在电竞领域不断产出优质内容，弘扬社会主义核心价值观，传播优秀传统文化，讲好中国故事，展示中国形象。

二是商业功能。打造电竞产业新品牌，创新电竞技术应用场景，加速形成若干围绕泛电竞发展的新兴产业，逐步形成电子竞技产业前瞻战略布局，通过广告创收、内容变现、文创产品、赛事运营等商业手段，帮助我国电竞主体打造新型商业模式，创造经济效益，实现互利共赢。

三是示范功能。通过电竞业态融合发展业务运营，打造新业态融合示范工程，将新业态融合发展产生的示范效应辐射至全国，形成可复制的商业模式，促进共享经济、平台经济健康发展。

四是赋能功能。以研究院为载体，通过电竞项目与地方政府开展合作，推进地方传统文化产业向数字文化产业转型，赋能区域振兴，实现电竞融合业态助力社会经济发展，促进精神文明建设。

五是国际化功能。面向全球打造具有国际化影响、国际化形象的电子竞技新业态平台，助力构建电竞产业国际化发展新格局，孵化自主产权国际品牌电竞赛事和活动，促进电竞产业要素国际化循环，提升我国电竞国际传播力和影响力。

（四）工作重点

我国作为全球最大的电竞市场，也是全球电子竞技产业治理体系中的重要一环，在培育和引导电子竞技产业健康发展中发挥良好作用，是负责任大国应尽之义务。研究院将持续从八个方面高质量开展工作：其一，凝聚全球专家资源，打造电竞智库；其二，建设国际标准体系，规范产业发展；其三，举办国际会议，实现互学互鉴；其四，发布全球行业报告，洞察发展趋势；其五，完善人才培养体系，输送专业人才；其六，打造自主产权国际品牌赛事，增强产业竞争力；其七，举办国际电竞主题活动，展现正向价值；其八，打造政产学研资融合工程体系。研究院将与电竞行业各主体形成合力，共同促进中国电竞产业健康、有序、高质量发展。

行文至此，本报告已接近尾声。对于全球电子竞技而言，这并非结束，而是一系列探索性研究与实践的开始。从整体上看，本报告立足电子竞技新定义及其基本属性，从电子竞技生态体系的宏观视角出发，对全球电竞发展及电竞生态圈群体展开了深度调研，用新视角、新方法获得了权威的一手资料，并运用标杆（案例）研究、闭门会、数理统计、深度访谈等方式分析探讨研究数据与资料，将理论与实践紧密结合，形成了本报告内容，涵盖全球电竞发展生态体系的综合分析以及头部企业、俱乐部、赛事等产业链构成要素和衍生产业分析，并对国家和人民所关心的"电竞国际化发展"以及"电竞入亚"热点话题进行了专题研究。希望以此促成全球电子竞技研究新的热潮，并借由本报告的发布与各界人士形成合力，共同维护全球电竞行业生态环境，促进电竞的健康可持续发展。积跬步，致千里。希望本报告所做的一点具有开拓性的探索，能为关注电子竞技发展的相关研究者和实践者提供些许启示。受编写时间和能力所限，不足之处请读者海涵。

在相关主管部门的指导下，本报告从立项、编撰到审定，得到了研究院咨询专家、学界业界人士的积极参与和大力支持，在此一并表示感谢！

中央广播电视总台

国家电子竞技发展研究院

2024 年 3 月 12 日

图书在版编目（CIP）数据

全球电子竞技发展报告. 2022~2023 / 骆红秉主编
. -- 北京：社会科学文献出版社，2025.7
ISBN 978-7-5228-3368-2

Ⅰ.①全…　Ⅱ.①骆…　Ⅲ.①电子游戏-运动竞赛-
产业发展-研究报告-世界-2022-2023　Ⅳ.①G898.3

中国国家版本馆 CIP 数据核字（2024）第 047127 号

全球电子竞技发展报告（2022~2023）

主　　编／骆红秉
执行主编／张　弘　何文义
副 主 编／晋延林　张姣怡　刘子溪

出 版 人／冀祥德
组稿编辑／任文武
责任编辑／徐崇阳
责任印制／岳　阳

出　　版／社会科学文献出版社·生态文明分社（010）59367143
　　　　　　地址：北京市北三环中路甲 29 号院华龙大厦　邮编：100029
　　　　　　网址：www.ssap.com.cn
发　　行／社会科学文献出版社（010）59367028
印　　装／三河市尚艺印装有限公司

规　　格／开本：787mm×1092mm　1/16
　　　　　　印张：14　字数：227 千字
版　　次／2025 年 7 月第 1 版　2025 年 7 月第 1 次印刷
书　　号／ISBN 978-7-5228-3368-2
定　　价／98.00 元

读者服务电话：4008918866